초고령사회의
웰에이징과 웰다잉

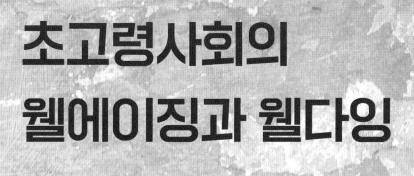

초고령사회의
웰에이징과 웰다잉

한국과 일본의
지혜와 경험을
나누다

김용해 엮음

삶의 마지막 여정을 준비하는 지혜,
지금 필요합니다

도서출판 모시는사람들

초고령사회의 웰에이징과 웰다잉

등록 1994.7.1 제1-1071
1쇄 발행 2024년 8월 31일

기 획   서강대학교 신학대학원
엮은이   김용해
지은이   가마타 도지, 다니야마 요조, 사사키 슌스케, 도미자와 기미코, 가타오카 류,
          김용해, 이진현, 홍경자, 강선경, 김진욱
펴낸이   박길수
편집장   소경희
편집·디자인   조영준
관 리   위현정
펴낸곳   도서출판 모시는사람들
          03147 서울시 종로구 삼일대로 457(경운동 수운회관) 1306호
          전화   02-735-7173 / 팩스 02-730-7173
인 쇄   피오디북(031-955-8100)
배 본   문화유통북스(031-937-6100)
홈페이지 http://www.mosinsaram.com/
ISBN   979-11-6629-206-4   93100

서문

    한국사회는 2018년에 이미 고령사회(65세 이상 인구가 전체 인구의 15% 이상)가 되었고, 2025년에는 초고령사회(20% 이상)에 진입할 것으로 예측하고 있다. OECD(2020)에서는 2045년 한국사회는 65세 이상의 인구 비율이 약 40%를 차지할 것이고, 평균 수명은 100세에 다다를 것으로 전망하고 있다. 초고령사회는 저출산과 평균수명의 증가가 결합된 현상이다. 초고령사회에서도 우리는 가능한 한 행복하게, 죽음을 앞두고도 여한이 없는 인생을 살고자 한다. 인간이 잘 나이 들고, 잘 죽는다는 것, 웰에이징과 웰다잉의 의미는 무엇이고 그 기준은 무엇인가? 국가와 사회는 점점 더 규모가 커진 노령 시민들을 위해 어떤 비전과 정책을 수립할 수 있을까? 이는 현대의 복지국가의 중대한 과제이자 개인들의 오래된 질문이다. 예수회의 인본주의와 교육이념으로 실천적인 방안을 찾고 있는 서강대학교 신학대학원은 우리보다 앞서 초고령사회로 진입한 일본과 이런 문제를 가지고 공동연구를 시작하기로 했다.

    '웰에이징, 웰다잉'이라는 주제로 2024년 3월 15~16일 이틀에 걸쳐 일본 센다이에서 일본 도호쿠대학(日本 東北大學) 문학부와 한국 서강대학교 신학대학원 교수 10인씩 20명이 모였다. 각 대학의 5인이 주제발표를 하고,

다른 5인이 상대국 교수 발표를 논평함으로써 이 주제를 가지고 양국 사회를 서로 배우자는 취지를 잘 살려보려 했다. 이 책은 이 학술대회의 논문과 논평문을 최대한 현장감 있게 살리고 수정 보완한 결과물이다. 언어가 서로 달라서 번역의 문제가 있었지만 도호쿠대학 팀에서 이를 잘 해결해 주었다. 한일 양국의 문화와 언어가 유사하고 상통하는 점이 많아 소통하는데 큰 어려움은 없었다. 본 연구는 주제의 성격상 불가피한 학제 간 연구를 강화하고, 또 두 대학교의 특성을 반영하여, 철학, 신학, 문학, 인류학, 종교학, 사회복지학, 철학 상담 등 전공 간 통섭이 이루어진 점이 특징이다.

제1부 '웰에이징'에서 우리는 동양 전통에 따른 '좋은 늙음의 도'와 공동체를 매개로 한 노인과 청년의 실천적 상생 모델 그리고 조선의 고향과 돌아온 조국 일본 사이에서 시도하는 '생명의 모국 찾기'를 통해 '잘 늙어 감'의 현상을 서로 배울 수 있다. 또한 영성적 요소를 중시한 웰에이징 프로그램 개발 구상과 노인 혐오의 근간인 고착된 세계관의 경계를 허물, '트랜스 소피아'론을 통해 좀 더 이론적으로 접근할 수 있을 것이다. 사사키 슌스케 교수(佐々木隼相, 도호쿠대학, 일본사상사)는 「가이바라 에키켄(貝原益軒)의 시각에서 본 웰에이징(Well-Aging)」이라는 글에서 일본 근대교육학의 개조이며 에도시대의 지식인인 가이바라 에키켄이 바라본 웰에이징을 정리하였다. 그는 건강하게 늙는 비결로 '성인의 도를 배우고, 스스로의 마음에 천지로부터 타고난 인(仁)을 행하여 자신도 즐거워하고, 남에게도 인

을 베풀어 즐거워하게 하는 것'을 강조한다. 늙으면 반복하는 습관을 십분 살려 주변 사람들에게 즐거움을 전달하는 것도 중요하다고 본다. 「웰에이징 프로그램 개발」이라는 글에서 강선경 교수(서강대, 사회복지임상)는 한국의 웰에이징 연구 동향을 살핀 뒤, 노년기와 사회복지 실천 현장에서의 영성의 의미를 고찰하고, 웰에이징을 구성하는 각 요인에 대한 이론적인 논의를 통해 그 타당성을 검토한다. 여기서 말하는 영성은 모든 인간의 '자기초월적 본성'으로, "고립과 자아도취가 아닌, 자신이 인지한 궁극적 가치를 향해 자신을 초월하고, 역으로 다시 현실의 삶에서 자신을 의식적으로 통합하는 경험"(Schneiders, S.M.)에서 자각된다. 영성의 중요성 탐색은 향후 노인의 웰에이징 프로그램 설계를 할 때 자아통합, 우울극복 및 삶의 질 제고에 영성을 강조할 수 있을 것으로 보인다. 도미자와 기미코(冨澤公子, 리쓰메이칸 대학, 신노년학) 교수는 「커뮤니티와의 연결로 늙음을 빛나게」에서 저출산, 초고령화 사회를 쇠퇴의 길로 설명하는 패턴을 넘어, 초고령자를 공동체와의 상호관계 안에서 바라보면 그들은 축제 등에서 협동과 문화의 주체로, 농수산업 등에서는 숙련된 생산자가 될 문화자본으로 볼 수 있다는 네오 지론톨로지(Neo-Gerontology)의 가설로 출발한다. 그녀는 커뮤니티와의 연결로 늙음을 빛나게 한 장수 지역 아마미 군도에 대한 사례를 분석한다. 지역 주민들의 자발적인 생활 태도와 결속력 있는 풍토, 노인들과 청년들의 협력이 돋보인다. 필자는 안심하고 오래 살 수 있는 지역 만들기는 자연자본, 문화자본, 사회관계자본에 주목하는 것이 중요하다고 강조한다. 「초고령시회에서 '웰에이징'에 대한 철학상담적 고찰」에서 홍경자 교수 (서강대, 철학상담)는 초고령사회에서 웰에이징을 가로막는 걸림돌은 노인들에 대한 혐오와 편견이라고 지적하고 철학상담의 방법론은 '세계관 해석'을 통해 늙음에 대한 새로운 이해와 해석을 제시할 수 있다고 논변한다. 노인에 대한 혐오는 인간 안에 있는 죽음에 대한 불안과 공포가 투사된 결과이고, 노인과의 차별화를 통해 정체성을 강화하고 공포에 대처하려는 메커니즘이 작동한다고 본다. 이런 편견과 왜곡을 철학 상담에 기초한 세계관 해석을 통해 극복하고 노화를 자연스러운 삶의 과정으로 이해하고 수용하는 시도를, 경계를 넘어서는 '트랜스 소피아'라는 원리로 전개한다. 가타오카 류 교수(片岡龍, 도호쿠대학, 일본문학)는 「'낯선 나를 만나다'-모리사키 가즈에(森崎和江)의 노년기 삶과 사상」에서 모리사키 가즈에(森崎和江)라는 일본의 시인 겸 논픽션 작가의 노년기 삶과 사상을 다룬다. 조선에서 태어나고 자란 경험을 바탕으로 그녀는 잃어버린 '고향'을 특별한 애정과 책임으로 여겼다. 그녀의 고향은 정신의 원천이지만, 항상 나와 타자가 섞인 카오스, "매일 죽고, 매일 살아나는" 생명의 에로스, 생명의 카이로스를 계속 전개하는 은유이다. 어쩌면 생명은 날마다 '낯선 나'를 만나는 여정일지 모른다.

제2부 웰다잉에서 죽음은 인간에게 슬픔과 두려움을 안겨주지만, 동시에 삶의 의미를 되돌아보고, 진정으로 중요한 가치를 발견하게 해준다는 사실을 배운다. 죽음이 던지는 질문들에 대한 답을 찾는 여정에서 우리는

철학, 사생학, 사회복지학, 종교학, 신학자들의 고유한 체험과 질문을 대면하게 된다. 김용해 교수(서강대 서양철학)는 「죽음은 우리에게 무엇을 말하는가?」에서, 죽음이 우리에게 말하려는 은유를 찾기 위해서 모든 존재자, 즉 식물, 동물, 인간은 물론 우주 안의 모든 존재들의 자기-되어감과 타자-되어감을 함께 성찰할 때 더 깊이 이해할 수 있다고 주장한다. 데스먼드(William Desmond)의 사이론적 존재론에 따르면 죽음은 존재의 '자기 되어감(selving)'의 완성이자 더 큰 존재 공동체로의 환원으로 생각할 가능성이 열린다. 죽음은 개별적 자아의 완성이자 동시에 더 큰 자아로의 탄생이라는 사실을 존재론적으로 해명한다. 「임종 케어에서 슬픔 케어로」에서 다니야마 요조 교수(谷山洋三, 도호쿠대학, 실천 사생학)는 고통자/임종자 케어에 대한 개념 및 실천적 중점이 임종에서 슬픔케어로 변화되고 있음을 보여주고, 공감(compassion) 커뮤니티 또는 공감 시티로 확장됨에 따라 실천적 영역 또한 확장되고 있음을 지적한다. 영적 케어와 종교적 케어의 네 가지 모델을 이론화하고, 종교가 전통적인 제도에서 공공성의 강화 역할을 담당하게 되는 일본 사회의 변화를 소개하고 있다. 김진욱 교수(서강대, 사회복지정책)는 「웰다잉, 초고령사회 한국 복지의 새로운 패러다임」에서 인간은 마지막 단계에서도 행복을 누려야 하지만, 그를 위해서 현재 표준화되어 있는 장기 요양 후 병원에서 임종을 맞이하는 것은 충분할 수 없다는 문제의식에서 출발하여, 죽음의 질을 측정하는 척도를 개발하는 것이 중요하다고 주장한다. 개발된 이 척도를 통해 죽음의 질에 나타난 격차와 불평등을 분석하고, 죽음의 질에 대한 자기결정권 문제를 심도 있게 논의할 수 있으며, 존엄한 죽음을 사회적 의제로 공론화하여 정책 의제를 개발할 수 있다는 것이다. 이 척도에는 전통적 가치관과 이 시대에 필요한 죽음의 방식에 관한 공론장의 논의가 반영되도록 설계되어야 하는 과제가 담길 것이다. 「암 경험을 통해 이야기하는 웰다잉」이라는 병석 인터뷰에서 가마타 도지 교수(鎌田東二, 교토대학, 종교학)는 자신의 대장암 투병 생활 성찰을 통해 웰빙과 웰다잉에 대한 견해를 밝히고 있다. 그는 대장암 4기의 체험을 '갑작스런 수용'이라는 이미지와 '수리고성(修理固城)', '관리하고 통제하여 전환하는 재구축' 과정의 은유로 표현한다. 그는 암투병 과정에서도 아픈 몸을 이끌고 이를 인정하고 고통을 공동체와 나누고 연대하는 공연과 치유적 글쓰기를 한다. 그의 웰다잉은 운명에 자신을 내맡기는 행위로서 삶과 죽음의 의미를 계속 묻는 행위이다. 마지막으로 이진현 교수(서강대, 교회사)는 「좋은 죽음을 돕는 이들을 위한 안내」에서 16세기 예수회원 폴랑코의 『선생복종정로(善生福終正路)』, 즉 '선하게 살다가 복되고 거룩한 죽음을 맞이할 수 있도록 올바른 길을 걷는' 지침서를 소개하고 오늘날 임종사목, 호스피스에 중요한 관점을 제시한다. 성 이냐시오를 임종 시 홀로 두었다는 자책감으로 예수회원들에게 임종의 중요성을 알리기 위해 쓰였다는 이 선종봉사 지침서는 인생의 마지막 단계에 있는 이들을 동행하며 감동과 환희, 사랑과 희망으로 이끈다. 이 정신은 현대의 임종을 앞둔 이들과 가족들에게도 인간의 죽음을 어떻게 바라보고 마주해야 할 것인지 지혜를 제공한다.

끝으로 이 지면의 기회에 서강대학교와 일본 도호쿠대학교, 양교를 이어주시고 학술대회 기간 내내 함께 해주시고 토론을 이끌어주신 김태창 선생님께 깊은 감사의 말씀을 드린다. 김 선생님의 도우심이 없었다면 이 한일간 학술대회도, 이 결과물도 쉽지 않았을 것이다. 양국의 발표자, 논평자, 번역을 맡아 주신 도호쿠대학의 한국 유학생들, 특히 원고 정리와 편집 일을 도와주신 차명희 선생님께 감사를 드린다. 물론 나와 함께 3, 4개월 동안 수십 차례 소통을 하며 이 학술대회를 성공적으로 개최할 수 있도록 물심양면으로 힘써주신 도호쿠대학의 가타오카 류 교수님께도 감사를 드린다. 기꺼이 출판을 허락해 주시고, 원고를 상세히 읽고 수정 제안을 주시고, 아름다운 책으로 만들어 주신 〈도서출판 모시는사람들〉의 박길수 대표님께 감사를 드린다.

2024년 8월
김용해 합장

서문 —— 5

제1부 웰에이징(Well-Aging)

가이바라 에키켄의 시각에서 본
 웰에이징(Well-Aging) / 사사키 슌스케 ——————————— 19
 1. 머리말 ————————————————— 20
 2. 가이바라 에키켄(貝原益軒)에 대하여 ——————— 25
 3. 에키켄의 장수 축하설(賀壽說) ————————— 26
 4. "늙어서는 사람들에게 즐거움을 권하는 중간 역할을 하게 된다"
  —'낙(樂)'의 사상 ————————————— 33
 5. 맺음말—장수를 축하하는 풍경을 상상해 본다 ——— 43
  ○ 논평 / 박병준 ———————————— 45

웰에이징(Well-Aging) 프로그램 개발 / 강선경 ——————— 49
 1. 머리말 ————————————————— 50
 2. 이론적 논의 ———————————————— 53
 3. 한국의 웰에이징 프로그램 사례 분석 및 선행연구 검토 —— 63
 4. 웰에이징 프로그램 개발 ——————————— 66
 5. 맺음말 ————————————————— 70
  ○ 논평 / 이인자 ———————————— 73
  ○ 논평에 대한 답변 / 강선경 ——————— 75

커뮤니티와의 연결로 늙음을 빛나게 / 도미자와 기미코 ──────── 79

1. 머리말─연구의 관점 ──────────────── 80
2. 아마미를 조명하다─역사에 의해 형성된 정체성 ───── 83
3. 초고령자의 자립을 지원하는 커뮤니티 ─────── 87
4. 아마미 초고령자의 노년적 초월(인터뷰 조사) ─────── 90
5. 아마미 섬의 유대(紐帶) 환경─집락구장(集落区長) 설문조사 ─ 92
6. 맺음말─아마미 연구를 통해 전달할 수 있는 것들 ──── 98
   ○ 논평 / 강선경 ──────────────── 100
   ○ 논평에 대한 답변 / 도미자와 기미코 ─────── 102

초고령사회에서 웰에이징(well-aging)에 대한
철학상담적 고찰 / 홍경자 ──────────── 105

1. 문제제기 ──────────────────── 106
2. 혐오 개념의 이해 ─────────────── 108
3. 세계관 해석을 활용한 웰에이징에 대한 철학상담적 방안 ── 113
   ○ 논평 / 우노 아카리 ─────────────── 126
   ○ 논평에 대한 답변 / 홍경자 ─────────── 130

낯선 나를 만나다 / 가타오카 류(片岡龍) ──────────── 133

1. 머리말 ───────────────────── 134
2. 70세의 인터뷰에서 ───────────────── 138
3. '반복해서 출발하는' 생명 ──────────── 144
4. 한일 양국에 불어오는 해풍 ──────────── 148
5. '좋은 아침! 오늘의 나' ──────────── 153
6. 맺음말 ───────────────────── 159
   ○ 논평 / 차명희 ──────────────── 163
   ○ 논평에 대한 답변 / 가타오카 류 ─────── 168

제2부 웰다잉(well dying)

죽음은 우리에게 무엇을 말하는가? / 김용해 —————— **171**
  1. 머리말 ———————————————————— 172
  2. 죽음에 대한 존재론적 해석 ————————————— 173
  3. 맺음말 ———————————————————— 191
    ○ 논평 / 다카하시 하라 ——————————————— 195
    ○ 논평에 대한 답변 / 김용해 ———————————— 199

임종 케어에서 슬픔 케어로 / 다니야마 요조 ————— **201**
  1. EOL 케어, 지역 포괄 케어, 컴패션 커뮤니티 ————— 202
  2. 영적(Spiritual) 케어과 종교적 케어 ———————— 204
  3. 채플린, 임상 종교사 ————————————————— 208
  4. 슬픔 케어 —————————————————————— 211
  5. 누구를 위한 케어인가? ——————————————— 215
    ○ 논평 / 이규성 ————————————————— 217

**웰다잉(Well-dying), 초고령사회를 맞는 한국 사회복지의
  새로운 패러다임** / 김진욱 —————————————— **223**
  1. 늙어 가는 대한민국, 초고령사회의 그늘 —————— 224
  2. 한국 복지국가의 발전과 웰빙(Well-being) 패러다임 —— 227
  3. 사회복지학에서의 죽음 논의 ———————————— 230
  4. 초고령사회를 맞는 한국 복지체계의 대응 방향
    —죽음의 질과 웰다잉 ————————————————— 233
    ○ 논평 / 다나카 유키 ———————————————— 237
    ○ 논평에 대한 답변 / 김진욱 ———————————— 239

초고령사회의
웰에이징과 웰다잉

암 경험을 통해 이야기하는 웰다잉 / 가마타 도지 ──────── **241**

1. 제140회 함께 공공(公共)하는 생명개신미학(生命開新美学)을
   함께 디자인하는 워크숍 ──────── 242
2. 가마타 도지 씨, 암과 마주하며 지은 「신화(神話)와 시(詩)」 ─ 254
3. 남은 생을 걱정할 겨를이 없다
   ─슬픔 케어 전문가가 암 4기 진단을 받고 ──────── 256
   ○ 논평 / 김영훈 ──────── 264

좋은 죽음을 돕는 이들을 위한 안내 / 이진현 ──────── **269**

1. 머리말 ──────── 270
2. 예수회 임종사목, 이냐시오와 초기 동료들의 유산 ──────── 272
3. 『선종봉사지침』 개요 ──────── 276
4. 지침서의 성경적·신학적·영성적 바탕 ──────── 286
5. 맺음말 ──────── 293
   ○ 논평 / 이시가미 린타로 ──────── 296
   ○ 논평에 대한 답변 / 이진현 ──────── 299

참고문헌 ── 302
집필진 소개 ── 315
찾아보기 ── 316

제1부
웰에이징(Well-Aging)

가이바라 에키켄의 시각에서 본 웰에이징(Well-Aging)

—인락(仁樂)·천락(天樂)으로서의 늙음을 함께 즐긴다

사사키 슌스케(佐々木隼相)

1. 머리말

장수가 가능해진 일본 사회에서, 나이를 먹고 오래 사는(='늙어가는')[1] 사람에게 하는 '장수 축하'를 역사적으로 접근하여, 거기서 보이는 '늙음'의 모습을 문제로 삼고자 한다.

역사를 거슬러 올라가면 일본 사회에서 장수가 달성된 것은 지금으로부터 300여 년 전인 에도시대(1603~1867), 특히 17세기 말 이후였다.

도쿠가와(德川)의 전국 통일로 250년 동안 태평성대가 이어진 에도시대는 이전 시대에 비해 사람들이 훨씬 안정적으로 삶을 영위하게 되었다. 18세기 이후 사회 전체의 생산력이 향상되고, 의료의 혜택을 누릴 수 있는 계층이 확대되면서 장수(長壽)의 가능성은 신분, 계층, 지역, 성별의 격차를 넘어 확대되어, 두창 등으로 목숨을 잃기 쉬운 유아기를 극복하고 20세까지 살아남은 사람이라면 60세 이상의 수명을 기대할 수 있게 되었다.[2]

그 이전은 전란이 계속되는 시대의 한가운데서 살인, 유괴, 인신매매 등

---

1 애초에 '늙음'은 특정 연령 이상의 사람들에게만 해당되는 경험은 아니다. 누구에게나 삶의 과정 그 자체가 '늙음'이며, 인생이란 현재진행형인 '늙어 가는' 과정이다. 折原脩三. 1980-1984. 『老いる』 全5巻, 日本経済評論社, 参照.
2 柳谷慶子. 2011. 『江戸時代の老いと看取り』 日本史リブレット92, 山川出版社, 8頁.

이 당연하게 행해지는 사회였다. 무가정권(武家政權)으로서 막부가 성립된 이후에도 한동안은 마찬가지였다. 그 시기에는 너무나도 쉽게 목숨을 빼앗기는 일들이 벌어졌다. 이에 반해 17세기 이후는 비교적 평화롭고 안정된 사회였다.[3]

이러한 시대적 변화는 장수를 축하하는 의례와 관습의 확대 및 보급으로 이어졌다. 원래 일본의 장수 축하 풍습은 중국으로부터 전래된 것으로 쇼무 덴노(聖武天皇; 701~재위 724~749)의 40세 축하를, 확인할 수 있는 최초의 장수 축하 풍습 기록이라고 한다. 그리고 탄생의 축하를 시작으로 50세부터 10년마다 축하하는 의례를 행하게 되었다. 연회를 연다든지, 주악을 베푼다든지, 시가(詩歌)를 짓는 것이 그 의례의 주된 내용이다. 더욱이 무로마치(室町) 시대 말기(15세기) 무렵이 되면 그에 더해 61세(환갑), 70세(고희), 77세(희수; 喜壽), 88세(미수; 米壽), 90세(졸수; 卒壽), 99세(백수; 白壽) 등이 특별한 해로서 축하받게 되기도 했다.[4] 에도시대란 그야말로 장수를 축하하는 문화가 신분과 지역을 넘어 널리 관습화 된 사회였다고 할 수 있다.[5]

이제 이러한 장수 축하의 예를 당시 유자(儒者)와 문인들의 모습을 통해 살펴보자. 예를 들면 당시 문인들 사이에서는 50세, 60세, 70세 등의 생일에 같은 문하의 지기들이 잔치를 열고 축시(祝詩)를 올리는 풍습이 있었다는 사실이 알려져 있다.[6] 또한, 노부모를 위해 명가(名家)의 수시(壽詩)를 받으려고 분주하게 움직이는 사람을 훈계하는 유자 세이타 단소(清田儋叟;

---

3   塚本学, 2001. 『生きることの近世史：人命環境の歴史から』平凡社, 参照.
4   中村義雄, 2009. 「算賀」, 『改訂新版 世界大百科事典』, 平凡社, 参照.
5   柳谷慶子, 前掲書を参照.
6   日野龍夫. 2014. 『江戸人とユートピア』, 岩波書店, 参照.

1719~1785)의 이야기도 있다.[7]

하지만, 이런 사회에서도 장수를 축하하는 것을 달갑게 여기지 않았던 이야기도 알려져 있다. 이에 대해 에도막부에 봉직했던 하야시 호코(林鳳岡; 1644~1732)는 자신을 위해 마련된 수연(壽宴; 장수잔치)에 대해 전혀 기뻐하지 않았다고 한다. 왜냐하면 장수 축하란 바로 자신에게 남은 나이(시간)가 얼마 남지 않았음을 상기시키는 것으로 받아들였기 때문이다.

> 하야시 호코의 자손들은 그를 위해 수연(壽宴)을 베풀었다. 사방에서 폐백을 바치고, 호코의 장수를 축하했다. 축하 선물이 이어지고 자리를 가득 채웠다. 그러나 호코는 기뻐하지 않았다. 어떤 이가 말했다 "어르신의 큰 행복은 현재와 비교할 수 없을 정도입니다. 오늘 잔치의 흥겨운 모습에서 이를 알 수 있습니다. 그런데도 어르신은 어찌하여 기뻐하지 않으십니까?" 호코가 대답했다. "자네는 모르는가? 수연은 죽음으로 향하는 하나의 관문이라는 것을."[8]

정성 들여 준비된 잔치였지만, 호코 본인이 볼 때 그것은 자신의 발밑까지 '죽음'이 임박한 나이에 이르렀음을 선고 받는 것 외에는 아무것도 아니었음을 알 수 있다.

물론 '늙음'을 추하게 여기고, 장수를 행복으로 여기지 못하는 것은 비단

---

7 東条琴台(著), 堀田璋左右·川上多助(共編). 1916.『先哲叢談後編』, 國史研究会, 参照.
8 「子孫為めに寿筵を設く. 四方, 幣を致し寿を称す. その饋, 陳べて坐に満つ. 而るに鳳岡喜ばず. 人曰く, 「翁の厚福, 方今比無し. 今日の盛筵を以て之れを知る. 然るに翁喜ばざるは何ぞや」と. 鳳岡曰く, 「若知らずや, 寿筵は是れ死に瀕するの一関なるを」と」(原念斎(著), 源了圓·前田勉(校註)『先哲叢談』(東洋文庫, 平凡社, 1994年)50頁.

하야시 호코에게 국한된 것은 아니다. 오히려 비슷한 담론을 접하려 한다면 현대사회가 더 쉽지 않을까 생각된다.[9] 또한 그 배경에는 현대사회에서 '젊음'이야말로 최고의 가치라고 여겨지는 풍조를 지적할 수 있을 것이다. 일본의 경우 '젊음'을 중시하는 가치관은 고도성장기(1950년대 후반~) 이후 사회의 미국화(Americanization)에 기인한다고 사회학자 아마노 마사코(天野正子)는 설명한다.

> 미국화(Americanization)는 '근대적' 가치와 고유한 '미국적' 가치가 불가분의 관계를 맺고 있는 것이 특징이다. 전자는 모든 것을 시장이라는 항아리에 던져 넣고 경제적 척도로 측정하는 효율성 중심의 시장주의이다. 후자는 두 가지 측면이 있다. 하나는 성관계에 있어 양적인 '업적'(예를 들면 성교(性交)의 횟수나 시간, 성적 파트너의 수)를 젊음의 척도로 삼고, "섹시한 것이 좋은 것이다."라는 미적 가치의 중시이고, 다른 하나는 의식주를 중심으로 한 라이프 스타일의 기능주의·합리주의가 철저하게 자리 잡은 것이다. 어느 쪽이라도 젊은이 중심의, 젊음을 과도하게 구가(謳歌)하려는 문화임은 분명하다.[10]

'젊음'이 경쟁력 그 자체로 대체되고 생산성의 추구만이 옳다고 여겨지

---

9 예를 들어 저명한 오락소설가 야마다 후타로(山田風太郎; 1922-2001)는 1997년 초판 에세이집 『앞으로 천 번의 만찬』에서 '장수 축하'라는 제목으로 노년기(당시 75세)에 있어 자신의 신체 변화를 염두에 두면서 실제로 자신이 시청으로부터 장수 축하를 받은 경험을 씁쓸하게 묘사하고 있다. 야마다는 "인생이란 '존엄성을 지키기 위한 힘겨루기'인 만큼, 노화 과정에서 심신의 컨트롤이 되지 않은 결과, 늙어서 부끄러운 '무의미한 삶'을 살게 되는 것은 아닐까. 따라서 '장수는 그렇게 축하할 만한 일인가'"라고 독자에게 묻는다.(山田風太郎. 2014. 『あと千回の晩飯』山田風太郎コレクション, 角川e文庫, 参照)
10 天野正子. 2006. 『老いへのまなざし：日本近代は何を見失ったか』, 平凡社, 48頁.

는 사회에서 '늙음'은 설 자리를 찾을 수 없다. 따라서 '늙음'의 현실이나 인생의 의미는 직시되지 않고, 얻을 수 있는 다양한 가치가 버려지게 된다. 현대 일본사회의 기저에는 이러한 '늙음'에 대한 기피감(忌避感)이 깔려 있는 것처럼 보인다.

그러나 간과할 수 없는 문제는 '늙음을 싫어하는 것' 즉 경로(敬老)를 잊은 사회풍조가, '장수를 축하'하는 것도 또한 거세게 부정하는 듯이 작용하고 있다는 점이다. '장수를 축하'하는 문화를 근본적으로 생각해 보면 거기에는 당연히 각각의 생명이 쌓아온 시간을 축하하는, 즉 생명의 활동을 소중히 여기려 한다는 발상이 담겨 있다. 이 의미에서 본다면 예를 들어 어떤 사람의 '탄생을 축하', '성년을 축하'한다는 것과 '장수를 축하'한다는 것에 본질적인 차이는 없을 것이다. 그렇다면 '장수를 축하'하는 것을 특별히 기피하는 것은 각 인간이 살아온 시간의 많고 적음을 기준으로 차별을 두는 것이나 다름없다. 생명 활동에 대해 어떤 기준으로 차별을 한다면 그것은 차별 그 자체의 존재를 사회가 용인하고 마는 것을 의미한다.[11] 이는 뒤집어 말하면 연령의 차이와 상관없이 온갖 생명 활동이 어떤 이유를 근거로 해서 부정되는 것을 가능하게 해 버리는 사회이기도 할 것이다. 즉 '장수를 축하'하는 것을 부정하는 것은 생명 그 자체를 훼손하는 것을 인정하는 것으로 이어진다.

---

11 예를 들면 '종차별(種差別)'을 상상하면 이해하기 쉽다. 철학자 피터 싱어(Peter Singer)는 경계에 있는 인간(유아나 고령자, 장애를 가진 사람들)에 대해서는 인간 사회가 차별을 용납하지 않지만, 그 같은 사회가 동시에 '종(種)'이 다르다는 이유만으로 동물을 차별하는 것을 비판한다.(ピーター・シンガー(戸田清訳). 2011.『動物の解放』改訂版, 人文書院, 参照)

이번 발표에서는 위와 같은 관심을 가지고 '장수를 축하'한다는 것의 의미를 다시 한번 생각해 보고자 한다. 이때 참고할 것은 전 근대 일본을 살았던 유학자 가이바라 에키켄(貝原益軒; 1630~1714)의 사상이다. 그는 85세에 생을 마감하기까지, 그리고 특히 말년에 정력적으로 저술 활동을 하며 수많은 저서를 남겼다. 그리고 실제로 스스로가 장수의 축하를 받는 대상이고, 그리고 "나는 무사히 잘 지내고 있습니다. 그러나 고희를 맞이하는 해가 되어 기력이 더욱 쇠해졌습니다."[12]와 같이 '늙음'에 의한 신체 변화를 체험한 그의 사상으로부터 '장수를 축하'한다는 것의 의미를 다시 한번 생각해 봄으로써, 웰에이징(Well-Aging)에 대해서 이야기하기 위한 준비로 삼고자 한다.

2. 가이바라 에키켄(貝原益軒)에 대하여

　가이바라 에키켄(貝原益軒)은 에도 전기에서 중기에 걸쳐 활약한 유학자이다. 이름은 아쓰노부(篤信), 자는 시세이(子誠), 통칭은 큐베에(久兵衛)이다. 처음에는 손켄(損軒), 만년이 되어 에키켄(益軒)을 호로 사용했다. 출사한 후쿠오카 구로다 번(福岡·黑田藩)에서는 가보(家譜)와 지리지 편찬 업무를 담당했으며, 에도나 교토로의 많은 유학(遊學)을 통해 주자학을 깊이 배울 기회를 가지고, 동시대 유생들과 폭넓게 교류한 것으로 알려져 있다. 오랫동안 주자학을 신봉했으나, 만년에는 사색을 거듭하면서 갖게 된 의문과 비판을 정리하였다.

---

12 「鄙生無恙居申候. 然共古稀之年に至候而, 精力弥衰申候」, 「竹田定直宛書簡(1699年 1月25日付)」, 荒木見悟·井上忠(校注), 『日本思想大系34 貝原益軒 室鳩巣』, 岩波書店, 1970年, 186頁.

에키켄의 학문 및 사상의 특징으로 잘 알려진 것은 '민생일용(民生日用)'의 학문을 지향했다는 점이다. 여러 분야의 저술 활동을 통해 신분과 계급을 뛰어넘어 민중들에게 널리 도움이 되고, 그들의 생활과 안정을 목표로 했다. 주요 저작(著作)으로는 주자학에 대한 자신의 이해와 비판을 서술한 『신시로쿠(愼思録)』, 『다이기로쿠(大疑錄)』, 교육론으로서 『와조쿠도지쿤(和俗童子訓)』, 의학·본초(本草)·양생(養生)에 관한 『야마토혼조(大和本草)』, 『요죠쿤(養生訓)』, 그리고 배움의 즐거움을 설파한 『라쿠쿤(樂訓)』 등이 있다.

3. 에키켄의 장수 축하설(賀壽說)

'경로'라는 단어의 유래는 『맹자』 고자장구 하(告子章句下)에서 제나라 환공(桓公)이 규구(葵丘)에서 맺은 맹약 중 제3조 "노인을 공경하고, 어린아이를 사랑하며 손님과 나그네를 소중히 할 것"[13]에서 비롯되었다. 맹자는 이 맹약에 대해 말하기 전에 천자가 제후들이 지키는 영지를 순시할 때 '양로(養老)'가 제대로 이루어지고 있는지 여부를 점검하고 물었던 것을 언급하고 있다.

> 천자가 순시하며 제후의 영지에 들어가 볼 때 땅이 잘 개간되고, 밭이 잘 경작되고, 노인을 공경하고 현자(賢者)를 존경하며, 재능이 출중한 사람이 각각 높은 지위에 있는 것 같으면 은상(恩賞)이 있다. 그런데, 그 영지에 들어가 볼 때 땅이 황폐하고, 노인은 버림받고, 현자는 쓰이지 않고, 사욕(私慾)이 강

---

13 「三命曰, 敬老慈幼, 無忘賓旅」, 『孟子』 告子章句下(現代語訳は, 小林勝人(訳注) 『孟子 下』, 岩波文庫, 1972年, 298頁に従った).

한 주제넘은 자가 높은 지위에 있는 것 같으면 꾸짖음이 있다.[14]

엄석인(嚴錫仁)은 이 '노(老)'와 '현(賢)'에 대해 "별개의 것이라기보다는 연륜과 함께 지혜와 덕을 갖춘 존재로서 상통하는 개념으로 보아도 무방할 것이다."[15]라고 말한다. 즉, '노인'은 "도덕적인 귀감, 풍부한 경륜과 지혜를 갖춘 존재로 인정하고 있었다." 또한 "노인을 덕과 지혜의 구현자로 생각 했다"[16]는 것이다.

이러한 경로사상을 둘러싸고 실제 『예기(禮記)』의 내칙(內則) 제12에는 노인에 대한 예법이 구체적이고 상세하게 정리되어 있다. 일부 예를 들면, 다음과 같다.

무릇 노인을 돌보는 예법으로는 유우씨(有虞氏) 시대에는 연례(燕禮), 하우씨 (夏后氏) 시대에는 향례(饗禮), 상나라 시대에는 식례(食禮)가 적용되었다. 그 리고 주나라 사람들은 당대까지의 방법을 모두 배워 그 장점을 겸하여 사용 했다. 50대에 대한 양로 의례는 향교에서, 60대에 대해서는 국학에서, 70세 이상에 대해서는 대학에서 행하는데, 이 규칙은 천자부터 제후까지 동일하 다. 80세 이상은 군주의 명령에 따라 한번 무릎을 꿇고 머리를 두 번 땅에 대 고 절하면 된다. 이 예법은 맹인(盲人)들도 마찬가지이다. 그리고 90세가 되 면 절은 다른 사람이 대신하게 된다.[17]

---

14 「入其疆, 土地辟, 田野治, 養老尊賢, 俊傑在位. 則有慶. 慶以地, 入其疆, 土地荒蕪, 遺老 失賢, 掊克在位, 則有讓」, 『孟子』告子章句 下(小林勝人(訳注)『孟子 下』297頁).
15 嚴錫仁. 2015.8. 「儒教における敬老思想と「老人事業」」, 『倫理研究所紀要』24号, 倫理研 究所, 173頁.
16 同上, 173·174頁.
17 「凡養老, 有虞氏以燕礼, 夏後氏以饗礼, 殷人以食礼, 周人修而兼用之. 凡五十養於郷,

이처럼 연령에 따라 예법이 자세하게 기록되어 있다. 이 외에도 먹을 것, 마실 것을 비롯해 일상생활에 있어서도 연령에 따라 극진히 대접하도록 기록되어 있다.

여기서 확인해 두고자 하는 것은 장수 축하는 예법으로 구체적으로 기재되어 있지 않다는 점이다. 이와 관련하여 중국 명대(明代)를 대표하는 문인 귀유광(歸有光: 1506~1571)은 『이씨영수시서(李氏榮壽詩序)』에서 『예기』에 연령에 따른 예법·규정이 있어 연장자가 소중히 여겨졌지만, 거기에는 장수를 축하하는 것은 포함되어 있지 않다고 설명하고 있다.[18]

그런데 에키켄이 83세가 된 때의 저술인 『지고슈(自娛集)』(1712)에 수록된 '장수 축하설(賀壽說)'은 길지는 않지만, 장수 축하(賀壽)에 대한 견해를 담은 글이다. 다음의 글에서 그것을 확인해 보자.

> 『예기』에서 '40세를 강(强)'이라고 했다. 그때가 되면 혈기와 지혜가 강건해지기 때문에 '강'이라고 일컫는 것이다. 100세의 절반에 가까워지면 구신(舊臣)이 된다. 그래서 일본에서는 예로부터 마흔을 '초로(初老)'라고 했다. 일본이나 중국에서는 이 나이가 되어 처음으로 그 장수를 축하하는 것으로 했

六十養於国, 七十養於学, 達於諸侯. 八十拜君命, 一坐再至, 瞽亦如之, 九十者使人受」, 『礼記』內則第十二(竹内照夫. 1977. 『新釈漢文大系28 礼記 中』明治書院, 58頁).

18 鷲野正明. 1984.1. 「寿序における帰有光の詩解釈:引詩による称誉と載道の両立」, 『人文学会紀要』16号, 国士舘大学文学部人文学会, 105頁. 또한 와시노 마사아키(鷲野正明)에 따르면 "생일을 축하하는 것은 육조(六朝) 시대에 이미 행해졌는데, 이는 아이가 태어난 첫 해의 생일에 행하는 '아시(兒試)'라고 불리는 것이었다. 당대(唐代)에 이르러서는 천자의 탄생일을 축하하는 성절(聖節)이 정착되었고, 송(宋) 이후에는 공경대부(公卿大夫)에게까지 확대되었다. 이에 따라 수탄(壽誕) 즉 50세 이상의 장수자의 생일을 축하하는 것이 점차 행해지기 시작했고 명(明) 중기에는 경제적으로 풍요로운 오(吳) 지방을 중심으로 민간에 풍속으로 정착되었다. 수서(壽序)는 원대(元代)의 것이 남아 있다."(同上, 112頁).

다. 그 뒤로는 10년씩 지날 때마다 시기를 정해 축하하는 것이다. 90, 100세 축하도 한다. 고대의 왕공(王公)이나 사대부(士大夫)에 이르기까지 이 연력에 이르면 잔치를 베풀어 축하의 자리를 마련했다. 그곳에서 시를 읊고, 관악기·현악기를 연주하는 연회를 행했다. 이렇듯 축하잔치에는 음악을 사용했다. 중엽 이후 일본과 중국 모두 그러하다. 생각건대, 오늘까지 오래 산 것을 즐기고, 앞으로도 오래 살기를 기원하는 취지로 삼는 것이다. 당연한 것이다. 아주 오래전에는 아직 이런 장수 축하의 풍습이 없었다. 그 후 「행위(行葦)」의 시에 나오는 "자루가 긴 국자로(조상의 혼넋에) 술을 떠서 바치고 장수를 기원한다", "늙어가면서도 행복하게 해주시고, 큰 복을 내려 주소서"와 같이 『시경(詩經)』에는 장수를 기원하는 구절이 적지 않다. 이것이 바로 장수 축하의 기원이라 할 수 있을 것이다.[19]

'장수 축하설(賀壽說)'의 전반부에서 에키켄은 그 역사를 설명하면서 그 기원을 고대 중국에서 찾으려 한다. 그가 장수 축하의 시작으로 제시한 시는 『시경(詩經)』 대아(大雅) 편 생민지습(生民之什)의 「행위(行葦)」[20]이다. 그

19 「礼云. 四十日強. 蓋方其時也. 血気智慮倶剛強. 故号曰強爾. 以其漸近半百而為老成人. 故本邦古来以四十為初老. 和漢以此歳始為賀其寿. 而後以毎至十年為期行其事. 至有九十百歳之賀. 古昔王公迄士夫. 当此時開筵設席. 以為詩詞管弦之宴会. 式燕以楽. 中葉以降和漢倶然. 蓋楽今日之長生. 祈後年之久視之意. 宜乎哉. 上世未有此事. 然如行葦詩所謂酌以大斗以祈黄耇. 寿考維祺以介景福之類. 周詩之中祈寿考之事不少矣. 此可以為濫觴也」,「賀寿説」,『自娯集』巻之一(『益軒全集』巻之二, 国書刊行会, 1973年, 195頁).『自娯集』からの引用の現代語訳は発表者によるもの,『養生訓』『楽訓』については, 松田道雄(編). 1969.『日本の名著14 貝原益軒』中央公論社, 参照しながら適宜修正を加えた.

20 「敦彼行葦 牛羊勿踐履 方苞方體 維葉泥泥 戚戚兄弟 莫遠具爾 或肆之筵 或授之几 肆筵設席 授几有緝御 或獻或酢 洗爵奠斝 醓醢以薦 或燔或炙 嘉殽脾臄 或歌或咢 敦弓既堅 四鍭既鈞 舍矢既均 序賓以賢 敦弓既句 既挾四鍭 四鍭如樹 序賓以不侮 曾孫維主 酒醴

대강은 "조상의 영혼을 맞이하고, 그 넋과 함께 연회를 베풀고, 사의(射儀)를 행하고, 마지막으로 조상의 영혼에 행복을 비는 일련의 제사"[21]라는 내용이었다.

이 시에 대해 『집전(集傳)』에는 "아마도 제사가 끝나고, 부모·형제·노인과 함께 연회를 즐기는 시일 것이다."[22] 또 "선조와 함께 술을 마시며 장수(長壽)를 바라며, 또한 서로 거들어주며, 장수를 누리며 큰 행복을 내려 받는 것이다"[23]라고 되어 있다. 즉, 에키켄은 장수 축하를 이러한 조상 제사와 함께 행해지는 장수를 기원하는 연회와 연결시켜 이해했던 것이다.

계속해서 에키켄은 '장수 축하설(賀壽說)' 후반부에서 일본의 축하의 역사를 간략히 다루면서 다음과 같이 말한다.

> 우리나라 조정에서 왕자(王者)의 축하는 준와·닌묘 덴노(淳和·仁明 天皇)의 때에 시작되었다. 이후 주군과 신하들 사이에서 지속적으로 행해져 왔다. 현재에 이르기까지도 끊이지 않고 있다. 이 점에 대해 생각해보면, 하늘이 주신 수명은 주어진 대로 누려야 한다. 부모로부터 받은 신체는 귀중히 여겨야 한다. 지금 이 몸이 평온무사(平穩無事)하게 노년에 이르렀다. 이것은 인생에 있어 큰 행운이다. 그리고 군자가 하루 동안 세상에 있다고 한다면 하루 동안 좋은 일이 있다. 일 년 동안 세상에 있다면 일 년 동안 좋은 일이 있

維醹 酌以大斗 以祈黃耇 黃耇台背 以引以翼 壽考維祺 以介景福」,『詩経』大雅·生民之什「行葦」(石川忠久. 2000.『新釈漢文大系112 詩経 下』, 明治書院, 141-142頁).
21 石川忠久,『新釈漢文大系112 詩経 下』146頁. 이시가와 다다히사(石川忠久) 씨는 주희(朱熹)의 이해 = 「제사가 끝나고」(후술)라고 한 것은 오류라고 한다. 그러나 이 글에서는 장수를 얻은 사람과 함께 장수를 기원하는 축연(祝宴)이 있었다는 것만을 다루고 있다.
22 「疑此祭畢, 而燕父兄耆老之詩」,『詩集伝』詩巻第十七(吹野安·石本道明. 1998.『朱熹詩集伝全注釈 8』, 明徳出版社, 937頁.)
23 「欲其飲此酒而得老寿, 又相引導輔翼, 以享寿祺介景福也.」,『詩集伝』詩巻第十七, 940頁.

다. 오래 사는 것을 어찌 즐기지 않을 수 있겠는가.[24]

여기에서 에키켄이 장수 축하의 필요성을 어떻게 설명하는지 알 수 있을 것이다. 즉 천지·부모로부터 받은 생명·신체를 온전히 누리려고 하는 것이 곧 행복에 다름 아니었던 것이다.

그래서 에키켄은 주어진 인생에서 보은(報恩)의 의무를 포기한 삶의 방식에 대해 매우 비판적이었다. "이렇게도 짧은 인생이므로 쓸데없는 짓을 해서 시간을 허비하거나, 헛되이 하는 일 없이 인생을 마감해 버리는 것을 애석하게 생각하지 않으면 안 된다."[25]거나 "이런 짧은 세월 동안 하루도 착한 일을 하지 않고, 즐기지 않고, 헛되이 살아서는 안 된다."[26]고 한 것이 이를 보여준다.

이를 감안하면, 에키켄은 장수 축하를 우선 경로나 양로사상의 범주에서 파악하였다고 할 수 있다. 그것은 엄석인이 말하는 '연령에 따른 덕(德)'의 존중이나, 혹은 『예기』 왕제(王制) 제5편에 "…노인을 잘 봉양하고 부모에게 효를 다하지 않으면 안 된다"[27]고 한 것처럼 효의 실천[28]으로서 한 말이

---

24 「本朝王者之賀. 昉乎淳和仁明帝. 自此以降君臣継行. 至今不絶. 夫以天賦之寿数可順享. 父母之遺体可貴重. 今也得此身康寧而至老大. 是人生之大幸. 且君子一日在世. 則有一日之功. 一年在世. 則有一年之功. 其長生豈可不楽乎」「賀寿説」,『自娯集』(『益軒全集』卷之二, 196頁).

25 「かくみじかき此世なれば, 無用の事をなして時日をうしなひ. 或いたづらになす事なくて, 此世くれなん事をしむべし」,『楽訓』卷上, 塚本哲三(校訂). 1917.『益軒十訓 上』, 有朋堂書店, 614頁.

26 「かゝる短きよはひの内を, 一日を善を行はず, たのしまずして, あだにくらすべからず」,『楽訓』卷下, 614頁.

27 「養耆老以致孝」,『礼記』王制第五.(竹内照夫,『新釈漢文大系 27 礼記 上』, 明治書院, 1971年, 207頁)

28 도쿠가와 막부(德川幕府)는 1682년 이른바 '충효예(忠孝禮)'를 세워 '불충불효(不忠不

다. 이는 에키켄의 사상을 관통하는 것으로 여러 곳에서 유사하게 표현되고 있다. "천지로부터 하사 받은 것, 부모가 남겨주신 신체이니 삼가 잘 다스리고 손상되어 버리지 않도록 하고, 천수(天壽)를 오래 지켜야 한다. 이것이 천지·부모를 섬기는 효의 근본이다."[29]

그렇다면, 축복받은 장수자(長壽者)는 참여자들에게 어떤 모습으로 비춰질까? 에키켄은 인간은 '천지의 원기(元氣)'를 받아 태어났다고 한다. "인간의 원기는 본래 천지가 만물을 낳는 기운이다. 이것이 인간 신체의 근본이다. 인간은 이 기운이 없으면 태어나지 않는다."[30] 인간이 태어날 때 얻은 '천지의 원기'를 충분히 살리기 위해 개개인에 부여된 책무는 자신의 생명·신체와 마찬가지로 '천지의 원기'에 의해 생겨난 '외물'을 적절히 받아들여 보양(保養)하는 일이다.

> 인간의 생명을 말할 필요도 없이 하늘로부터 받은 타고난 것이지만, 잘 다스리면 길고, 다스리지 않으면 짧다.[31]

孝)한 자를 중죄에 처하는 것을 공포했다. 이후 효행자에 대한 포상도 정해졌다. 이는 효자 현창(顯彰)을 통해 '효'를 기본 이데올로기로서 스며들게 하여 정치체제의 질서의 유지와 안정을 꾀한 막부 권력의 의도에 따른 측면이 있었다. 이에 따라 부양, 간호를 필요로 하는 노부모에 대해서는 그 자식이 절대적인 책임과 의무를 가지고 부양하는 것이 '효'로 여겨지게 되었다고 지적된다.(大竹秀男,「江戸時代の老人観と老後問題:老人扶養の問題を主として」(利谷信義·大藤修·清水浩明(編). 1990. 『老いの比較家族史』, シリーズ家族史5, 三省堂, 参照)

29 「天地のみたまもの(御賜物), 父母の残せる身なれば, つつしんでよく養ひて, そこなひやぶらず, 天年を長くたもつべし. 是天地父母につかへ奉る孝の本也」, 『養生訓』卷第一, 貝原益軒(著)·石井謙(校訂). 1961. 『養生訓·和俗童子訓』, 岩波文庫, 24頁.
30 「人の元気は, もと是天地の万物を生ずる気なり. 是人身の根本なり. 人, 此気にあらざれば生ぜず」, 『養生訓』卷第一, 27頁.
31 「人の命は, もとより天にうけて生れ付たれども, 養生よくすれば長し. 養生せざれば短かし」, 『養生訓』卷第一, 27頁.

태어나고 나서 음식·의복·주거 등의 외부의 도움에 의해 원기를 받아 생명을 유지한다. 의식주 역시 천지가 만들어낸 것이다.[32]

여기서 주목하고자 하는 것은 생명의 근본은 어디까지나 개인을 넘어선 '천지의 원기'에서 비롯된다고 했다는 점이다. 이러한 인식은 생명은 결코 사유화되는 것이 아니라는 생각으로 귀결된다. "인간의 몸은 부모를 바탕으로 하고, 천지를 시작으로 하는 것이다. 천지·부모의 은혜를 받아 태어나고 또한 길러진 자신의 신체이므로, 자신만이 소유하는 것이 아니다."[33]

그렇다면 장수를 축하하는 것은 '천지·부모'가 준 생명과 신체를 지키고 길러온 개인에 대한 찬사라기보다는 부모에 대한 감사와 함께 생명의 근원인 '천지의 원기'에 대한 찬사와 다름없다. 이에 더해 그곳에서는 축하받는 자도 축하하는 자도 똑같이 '천지의 원기'를 받아 태어났다는 것을 생각한다면 그것은 서로의 장수를 기원하는 공간이라고도 할 수 있다.

4. "늙어서는 사람들에게 즐거움을 권하는 중간 역할을 하게 된다"
—'낙(樂)'의 사상

확인할 수 있는 한, 실제로 에키켄은 50세, 70세, 80세의 수연(壽宴)을 치른 것으로 알려져 있다.[34] 그렇다고 해서, 에키켄이 순탄하게 나이를 먹은

---

32 「生じて後は, 飲食, 衣服, 居処の外物の助によりて, 元気養はれて命をたもつ. 飲食, 衣服, 居処の類も, 亦, 天地の生ずる所なり」, 『養生訓』卷第一, 27-28頁.

33 「人の身は父母を本とし, 天地を初とす. 天地父母のめぐみをうけて生れ, 又養はれたるわが身なれば, わが私の物にあらず」, 『養生訓』卷第一, 24頁.

34 井上忠, 『貝原益軒』, 237-238頁を参照.

것은 아니다. 원래 몸이 약했던 에키켄은 평생을 병에 시달렸고, 또한 형인 라쿠켄(樂軒; 1704년沒=에키켄 74세), 양자 요시후루(好古; 라쿠켄의 친아들, 1700년沒=에키켄 70세), 그리고 도켄부인(東軒夫人; 1713년沒=에키켄 84세, 그는 그로부터 8개월 후 사망했다)을 먼저 떠나보내는 상실의 경험도 있었다.[35]

에키켄은 81세 때 『라쿠쿤(樂訓)』 3권을 지술했다. 그 안에 다음과 같은 문장이 있다.

> 곰곰이 사람의 생명을 생각해 보면, 세상에는 오래 사는 사람이 적다. 어렸을 무렵부터 마흔 살까지 일찍 세상을 떠나는 사람이 많다. 50세를 불요(不夭)라 한다. 불요라는 것은 젊어서 죽는 것이 아니라는 뜻이다. 60세를 하수(下壽)라고 하고 70세를 고희(古稀)라 한 것은 정말 그 말대로이다. 젊은 시절부터 친하게 지냈던 사람들의 얼굴이 눈앞에 보이는데, 많은 이들이 세상을 떠나 버리고 세월이 흘러가는 것은 참으로 슬픈 일이다. 봄이 올 때마다 꽃이 피는 것을 봐도 예전에 있던 사람이 돌아오지 않는 것이 안타깝다. 이를 생각하면 자신이 오래 살았다는 것을 기뻐해야 한다. 흰머리가 하나 둘씩 새로 나는 것을 슬퍼해서는 안 된다.[36]

35 同上, および謝心範, 『養生の智慧と気の思想: 貝原益軒に至る未病の文化を読む』, 講談社選書メチエ, 講談社, 2018年を参照.
36 「世の中の人の命をかんがふるに, 長生の人すくなし. いとけなき時よりよそぢにいる間に, 世を早くする人おほし. 五十を不夭とす. 不夭とすとは, 若死に非ずと云ふ意なり. 六十を下寿とし, 七十を古稀といへるは, むべなるかな. わかき時より, なれむつまじき人々のかずが目の前に見えますが, 其面影目の前なりしも, おほくは亡なり行きて, 年の経ぬるは誠にかなしむべし. 花の春ごとに開くを見ても, 昔の人のかへり来らざるをうらむ. 是を思ひて, わが齢久しきを悦ぶべし. 白髪の新たにして又新たなるを嘆くべからず」, 『楽訓』巻之下, 塚本哲三(校訂). 1917. 『益軒十訓 上』, 有朋堂文庫, 有朋堂書店, 311頁).

『예기』 곡례(曲禮) 편 상(上) 제1절에는 "(사람은 태어나서) 50세가 되면 애(艾)라고 하고, (중요한) 관직을 맡을"[37] 나이가 된다. '애(艾)'는 '머리색이 하얗게 변하는'[38] 상태를 가리킨다. 앞서 살펴본 바와 같이 장수 축하는 40세('强')부터 시작하는데, 그것은 에도시대에 있어서도 초로(初老)로 여겨지는 연령이었다.[39] 에키켄은 여기서 50세는 '불요(不夭)', 즉 젊은 죽음이 아니라고 하며 장수를 달성하는 것의 어려움을 설파하고 있다.[40]

그와 동시에 여기서는 긴 생을 사는 가운데 주변에 있던 가까운 사람들이 하나 둘씩 세상을 떠나고 다시는 돌아오지 않음이 언급되는데, 당연히 그것은 에키켄에게도 매우 괴로운 경험이었음을 짐작할 수 있다. 앞서 언급했듯이 『라쿤』을 저술할 당시 에키켄은 81세, 친형과 양자를 잇달아 잃은 데다 고희가 되어 자신의 쇠해 감을 강하게 자각하고 있던 때였다.

그러나 에키켄은 시간의 경과를 고독을 가져오는 것으로 비관적으로만 바라보지 않았다. 즉, 자기 자신이 오래 살았다는 것에 대한 다행스러움을 새삼 깨닫게 된 것이다. 다시 말해, 자신의 삶의 시간 척도를 받아들이는 중요한 계기야말로 이러한 상실의 체험을 둘러싼 슬픔이었던 것으로 보인다. 그리고 수명에 대한 관심은 현재의 자신의 삶이 대체할 수 없는 일생이

---

37 「人生十年日幼, 学. 二十日弱, 冠. 三十日壮, 有室. 四十日强, 而仕. 五十日艾, 服官政. 六十日耆, 指使. 七十日老, 而伝. 八十九十日耄, 七年日悼, 悼与耄, 雖有罪, 不加刑焉. 百年日期, 頤」, 『礼記』曲礼上第一(竹内照夫. 1971. 『新釈漢文大系27 礼記 上』, 明治書院, 16~17頁).

38 同上, 17頁.

39 新村拓. 1991. 『老いと看取りの社会史』, 法政大学出版局, 参照.

40 また「人間の身体は百年を定められた期間とする. 上寿というのは百歳, 中寿というのは八十歳, 下寿というのは六十歳である. 六十以上は長生きである(人の身は百年を以(て)期とす. 上寿は百歳, 中寿は八十, 下寿は六十なり. 六十以上は長生なり)」(『養生訓』卷第一, 31頁)という.

라는 인식으로 귀결된다. 이를 설명하기 위해 먼저 그가 말하는 '분(分)에 안주하는 것'이 어떤 의미를 갖고 있는지 확인해 보고자 한다.

> 자신의 충분함을 알고 분(分)에 안주하는 사람은 드물다. 이것은 분을 벗어나기를 바라기 때문에 즐거움을 잃게 되는 것이다. 지족의 이치를 잘 생각하고 항상 잊지 말아야 한다. 지족할 줄 안다면 빈천(貧賤)해도 즐겁다. 지족할 줄 모르면 부귀를 누려도 만족할 줄 모르고 즐길 수도 없다. … 분에 안주하여 분에 벗어남을 바라지 말라. 재앙은 또한 여기서부터 일어난다. 어리석다고 할 수 있다.[41]

여기서 말하는 '지족안분(知足安分)'은 예를 들어 그가 양생(養生)의 방법을 설명한 글과 겹쳐서 보면 쉽게 이해할 수 있다.

인간의 신체는 천지·부모에 의해 받은 것인 이상, 손상시키지 않고 잘 지켜서, 오래 살지 않으면 안 된다. 그러기 위해서는 양생을 필요로 한다.

> 무릇 양생의 길은 내면의 욕망을 참는 것을 근본으로 한다. 이 근본에 충실하면 기력이 강해져 외사(外邪)를 범하지 않는다. 내면의 욕심을 절제하지 않고 기력이 약하면 외사에 쉽게 지고, 큰 병에 걸려 천수를 누리지 못한다.[42]

---

41 「我が身の足る事を知りて, 分をやすんずる人まれなり. 是分外をねがふによりて, 楽を失へり. 知足の理をよく思ひて, つねに忘るべからず. 足る事を知れば, 貧賤にしても楽む. 足る事を知らざれば, 富喜をきはむれども, 猶あきたらずして, 楽まず.(…)分を安んじて, 分外をうらやみ願ふべからず. 外をねがふ人は, 楽なくしてうれひ多し. 禍も亦これよりおこる. 愚なりと云ふべし」, 『楽訓』巻之上, 276-278頁.

42 「凡(そ)養生の道は, 内慾をこらゆるを以(て)本とす. 本をつとむれば, 元気つよくして

그러나 '분(分)에 안주한다'는 것은 이런 내욕(內慾)[43]의 절제만을 의미하는 것은 아니다. 이를 '늙음'과 연관시켜 말한다면 스스로의 수명을 자각하고 받아들인다는 것을 뜻한다. 이는 에키켄의 다음과 같은 생각에서 분명히 드러난다. 에키켄은 인간의 수명을 백 년으로 구분된다고 가정하고, 다음과 같이 말한다.

그렇다고 한다면 오래 사는 사람과 일찍 죽는 사람의 생명의 장단(長短)이 같지 않더라도 백 년이라는 시간 안에 결과적으로 생명이 다하는 것, 그것은 천명(天命)의 필연이다. 태어날 때부터 한계가 정해져 있는 것이다. 근심해서는 안 된다. 세상 사람들은 흔히 쇠약해지거나 늙어가거나, 그리고 죽음에 이르는 것을 걱정한다. 이는 그 마음이 방황하여 많은 것을 원하는 것이니 이치를 모른다고 해야 할 것이다.[44]

이러한 수명에 대한 의식을 가짐으로써 그는 현재 자신의 삶이 두 번 다시 얻을 수 없는 소중한 시간이라는 인식에 이르게 된다.

사람의 몸은 금석(金石)이 아니다. 살아 있는 것이지, 최후에 죽지 않는 것은 아니다. 또 다시 태어날 몸이 아니기 때문에 이 세상에 있는 동안은 즐기면

外邪おかさず. 內慾をつつしまずして, 元気よはければ, 外邪にやぶれやすくして, 大病となり天命をたもたず」, 『養生訓』卷第一, 26頁.

43 에키켄에 있어서 '내욕(內慾)'은 다음의 일곱 가지이다. '음식·호색·잠·말을 마음대로 하는 것·희(喜)·노(怒)·우(憂)·사(思)·비(悲)·공(恐)·경(驚)」(『養生訓』卷第一, 26頁).

44 「然則雖有寿夭長短之不斉. 其百年之中. 同帰乎蓋者. 是天命之必然. 稟受之定限也. 不可為憂. 世人往往以衰老濱死為憂. 是其心昏迷多欲而然. 可謂不知常理也」(「鼓缶説」『自娯集』, 253-254頁).

서 살지 않으면 안 된다. 아쉬움으로 지나가 버린 과거의 일은 어쩔 수 없다. 얼마 남지 않은 나이(生의 시간)이니, 지금부터라도 하루라도 빨리 세월을 아끼고, 지난날의 잘못을 반성하며, 오로지 한 줄기의 선(善)을 좋아하고, 그 길을 즐기며 사는 것이야말로 이 세상에 사는 보람이 될 것이다.[45]

에키켄은 노년에 이르러 이렇게 수명에 대해 생각함으로써 대체할 수 없는 현재의 삶을 의식했다. 그것은 시간으로서의 생의 한계를 받아들이는 것이었지만, 포기하는 마음으로 받아들이는 것이 아니라 주어진 생의 시간을 충분히 살도록 하겠다는 의지와 함께였다. 양생의 필요성을 강하게 요구하는 그의 태도에서 이 점이 여실히 드러난다.

그것을 전제로 이러한 삶의 태도를 가진 에키켄에게 '죽음'은 더더욱 피해야 할 대상이 아니었음을 확인해 두고 싶다.

에키켄은 삶과 죽음을 각기 기(氣)의 응집(凝集)과 소산(消散)으로 여겼다.[46] 일단 기가 흩어지면(즉, 죽으면), 그것은 머물지 않고 완전히 소멸한다. 이로써 완전히 새로운 생의 탄생으로 나아가기 위한 끊이지 않는 과정이 진행된다. 즉 죽음은 완전히 새로운 삶을 위한 불가결의 계기였다. "천

---

45 「人の身金石にあらず, 生けるもの終に死なざるはなし. 又二たび生れくる身にしあらざれば, 此世なる間は楽みてこそありぬべけれ. くやしく過ぎしむかしの事は, すべきやうなし. いくばくならぬ齢なれば, 今よりのち, 一日も早く日月ををしみ, 先のひが事をくいて, 飛騨たくみうつ墨なはにあらねども, 唯一すぢに善をこのみ, 道を楽みて過ぐさんこそ, 此世に生けるかひあるべけれ」『楽訓』卷之下, 318-319頁.

46 「生者気之凝聚也. 死者気之消散也」(「死生説」, 『自娯集』卷之七(『益軒全集』卷之二, 317頁). 또한 이러한 에키켄의 기에 대한 이해는 주자(朱子)의 입장과 다르지 않으며, 마찬가지로 제사의 근거를 어렵게 만들고 있다.(辻本雅史近世における「気」の思想史・覚書：貝原益軒を中心に」, 溝辺英章ほか. 1992.『近代日本の意味を問う』知のフロンティア叢書2, 木鐸社, 参照).

지가 시작된 이래로 죽음과 삶은 서로 이어져, 번갈아 가며 멈추지 않는다. … 이것이 천지의 섭리이며 사물의 이치 그 자체이다."[47]

단 한 번의 삶에서 필연적인 죽음으로, 그리고 나서 완전히 새로운 삶으로 반복적으로 진행되는 '천지의 원기'는 가을에서 겨울로 나아가고, 그리고 겨울의 끝에서 봄으로 이어진다는 계절의 변화로 은유적으로 표현되고 있다.

사람이 젊어서부터 노년에 이르기까지 죽음에 가까워지는 것은 사계(四季)의 순환과 같은 것으로, 정한 이치이다. 그런데도 늙음을 슬퍼하고 죽음을 맞이하는 것은 당연한 것이다. 천명(天命)을 알지 못하기 때문이다.[48]

생각건대, 앞에 어려움이 있으면 뒤에 복을 받는다. 즉 마음속으로 기쁨이 있다. 천지의 기운처럼 겨울 동안은 엄숙(嚴肅)해지고 응결된다. 이때 기는 닫혀 버리고 만다. 크게 태화(太和)의 원기를 함축하고 발산하지 않는다. 거의 생기가 없는 것과 같다. 이는 천지가 고통스러워하는 시기이다. 봄이 도래하여 양기(陽氣)가 크고 넓게 뻗어 나가면 만물이 각기 제자리를 찾게 된다. 생각건대, 겨울 동안 이렇게 강하게 응집하지 않으면, 봄이 왔을 때 생명을 발산하는 힘이 이렇게는 되지 않을 것이다. 이것은 천지간에 다행스러운 시기이다.[49]

---

47 「自開闢以来死生相続. 交代不駐. … 是天地之常数. 物理之自然也.」,「鼓缶説」,『自娯集』卷之四, 253-254頁.
48 「人の若きより老にいたり, 死に近きは, 四時の行はるゝが如く, 定まりたるつねの理なり. 然るに, 老をなげき, 死をくるしむは, 理にくらしと云ふべし. 命を知らざればなり」,『楽訓』卷之下317-318頁.
49 「故在易困有享道. … 蓋困厄乎前. 則受福於後. 乃徐有説也. 如天地之気. 冬間厳肅. 窮陰凝結. 方此時陽気閉蔵. 大含蓄於太和元気. 而不発洩. … 殆如無生気. 是天地処困之

여기서 볼 수 있듯이, 새로운 삶을 만들어 내는 과정에 있어 '늙음'과 '죽음'은 그것을 추진하는 중요한 시기로 여겨지는 것이다. 그렇기 때문에 "자신이 오래 살았다는 것을 기뻐해야 한다. 백발이 점점 나는 것을 슬퍼해서는 안 된다"고 에키켄은 말한다. 장수의 기쁨이란 완전히 새로운(brand new) 생명을 만들어내는 일에 관여하려고 노력함으로써 얻어지는 것이다.

하지만 에키켄은 이러한 '늙음'의 고통은 개인적인 체험, 즉 각자가 스스로의 '늙음'의 고통을 갖는 것이라고 생각하지 않았다. 왜냐하면 그 이후에 이어지는 새로운 삶을 둘러싼 기쁨은 결코 개인이 독점할 수 있는 것이 아니었기 때문이다. 에키켄은 타자(他者)와 함께 이러한 삶을 만들어내는 고락(苦樂)을 공유하는 것을 중요하게 여겼다. 그리고 그것이 실현될 때, 하늘도 그 교감의 고리 속에 있을 것으로 보고, 이것을 '진정한 즐거움'으로 생각했다.

> 다른 이의 슬픔과 고통을 헤아려서 그 사람에게 방해가 되는 일을 해서는 안 된다. 언제나 자비로운 마음으로 남을 구제하고 은혜를 베풀되, 남을 방해하거나 괴롭게 하는 것은 하늘이 싫어하는 일이니 삼가야 한다. 남과 함께 즐기는 것은 하늘이 기뻐하는 이치이며 진정한 즐거움이다.[50]

여기에서 말하는 '낙(樂)'이란 에키켄이 중시한 것이었다. 그것은 온갖

時也. 到来春陽気大発暢. 則万物各得其処. 蓋冬間禽聚之厚不如彼. 則来春発生之力不能如此也. 是天地得享之時也」,「困享説」,『自娯集』卷之五, 270頁.
50 「人のうれひ苦みを慮りて, 人の妨となる事を施すべからず. 常に心にあはれみありて, 人を救ひめぐみ, かりにも人を妨げ苦むべからず. 我ひとり楽みて, 人を苦むるは, 天の悪み給ふ所おそるべし. 人と共に楽むは, 天のよろこび給ふ理にして, 誠の楽なり」,『楽訓』卷之上, 271頁.

존재에게 열려 있는 타고난 본성이었다. "현자만이 이 즐거움이 있는 것은 아니다. 모든 사람들에게 즐거움이 있다."[51] "조수초목(鳥獸草木)에도 즐거움이 있다."[52]

그러나 이 '즐거움'을 얻기 위해서는 깊이 궁리하는 것이 필요했다. 타고난 '즐거움'을 활기차게 발휘하기 위해서는 독서를 통해 성인(聖人)의 길을 배우는 것이 강조된다.

> 그러므로 사람은 어려서부터 옛 성인(聖人)의 도를 배우고, 스스로의 마음에 천지로부터 타고난 인(仁)을 행하여 자신도 즐거워하고, 남에게도 인을 베풀어 즐거워하게 하는 것이 좋다. 인(仁)이란 무엇인가? 자비로운 마음을 본으로 삼아 행하는 여러 가지 선(善)을 모두 인이라 이른다. 이것이 바로 옛 성인이 가르치고 행한 사람의 도(道)이다.[53]

하지만 그 목적은 '인(仁)'을 행하여 '천지의 마음'에 부합하기 위함이다. 즉 자신의 삶을 타인의 삶으로 열고, 그렇게 함으로써 서로 삶의 고락을 함께하는 '즐거움', 그것이 또한 천지 안에 있는 만물을 포함한 더 큰 교감의 고리를 만들어 낸다.

---

51 「唯賢者のみ此楽あるにあらず, なべての人も皆これあり」, 『楽訓』卷之上, 268頁.

52 「鳥獸草木にも此楽あり」, 『楽訓』卷之上, 268頁.

53 「この故に, 人は幼より, 古の聖の道をまなび, 我が心に天地より生れ得たる仁を行ひて, みづから楽しみ, 人に仁を施して, 楽しましむべし. 仁とは何ぞや. あはれみの心を本として行ひ出せる諸の善を, すべて仁と云ふ. 仁とは善の惣名なり. 仁を行ふは是天地の御心にしたがへる也. 是すなはち古の聖人のをしへ行ふ人の道なり」, 『楽訓』卷之上, 268頁.

맑은 마음을 가지고 세상의 이치를 잘 알고, 사물을 감동시킬 수 있는 사람은 자신의 마음속에 있는 즐거움을 알고 본으로 삼고, 그때그때 사계절 속에서 천지음양(天地陰陽)의 도가 행해지는 것을 사랑하며, 세상만사를 보고 들을 때마다 눈과 귀를 즐겁게 하고 마음을 유쾌하게 하므로 그 즐거움은 끝이 없어, 손이 춤추고 발이 밟는 곳을 알지 못할 지경일 것이다.[54]

이러한 무한한 '즐거움[天樂]', 그것이 바로 에키켄이 '낙(樂)'이라고 불렀던 것이다.

마지막으로 '낙(樂)'의 사상에서 '늙음'은 어떤 위치를 점하고 있는지 다시 한번 확인해 보자.

곰곰이 생각해 보면 즐거움이 많은 세상인데도, 길을 몰라서 내 스스로의 마음을 괴롭게 하고, 하늘을 원망하고, 남을 비난하는 것이다. 이처럼 길을 알지 못하고 근심이 많은 사람, 방황하는 마음의 어두움이야말로 어리석음이라고 할 수 있을 것이다. … 늙으면 같은 것을 반복하는 버릇이 있으니, 반복해서 말하면서 스스로 마음을 경계하고, 또한 다른 사람에게 즐거움을 권하는 중재자가 되는 것이다. 다시 말하자면, 나나 남이나 타고난 즐거움을 모르고 자신을 헛되게 하고 보람 없이 쇠퇴해 가는 것은 유감스러운 일이다.[55]

---

54 「心明かにして, 世の理をよく思ひ知り, 物に情あらん人は, 我が心にある楽を知りて本とし, 身の外, その時その時四季の中で, 天地陰陽の道の行はるゝをもてあそび, 天地の内なる万のありさまを見聞くに従ひて, 耳目を悦ばしめ, 心を快くし, 其楽極りなくして, 手のまひ足のふむ事を知らざるべし」, 『楽訓』巻之上, 273頁.
55 「じっくりと思へば, 楽おほき此世なるを, 道知らざれば我と心をくるしめ, 天をうらみ, 人をとがむ かく道を知らでうれひおほき人は, くれまどふ心のやみこそむげに愚かなりといふべけれ. … 年老いては, 同じことするならひなれば, あまのたくなはくり

여기서 주목할 것은 늙어서 어떻게 행동해야 하는지에 대한 부분이다. 늙으면 같은 것을 반복하는 습관이 있기 때문에 자각적인 경계의 필요성을 언급한 후, 노인은 주변 사람들에 대해 '즐거움'(타인과 함께 하는 것: 仁樂 / 천지만물과 함께 하는 것: 天樂)을 깨달을 수 있도록 중재할 것을 언급한다. 여기에 에키켄을 통해 생각해 볼 수 있는 '늙음'의 가능성이 있지 않을까?

그리고 그것은 또한 앞 절에서 확인한 장수 축하에서 '늙음'의 모습과 상통하는 것이기도 하다. 즉, 에키켄이 생각한 '늙음'은 장수(長壽)를 체득한 자임과 동시에 생의 즐거움을 타인과 함께 누리고자 하는 안내자이기도 했다. 에키켄이 생각하는 장수를 축하하는 공간이란 즐거움을 함께 나누고, 천지·부모에게 부여받은 생의 시간을 온전히 누릴 수 있도록 기원하는 그런 공간이었을 것이다.

5. 맺음말—장수를 축하하는 풍경을 상상해 본다

본문 서두에서 하야시 호코의 수연(壽宴) 장면을 언급했다. 이상의 내용으로 볼 때 하야시 호코의 경우 '늙음'에 대해 어디까지나 개인적인 차원에서 마주하고 있었기 때문에 장수를 축하받는 것을 기뻐할 수 없었다는 고찰이 가능하다. 하지만 이는 '늙음'을 기피하는 현대사회의 풍조와도 연결된다. '늙음'을 개인적인 차원으로 파악한다는 것은 개인의 능력의 증감(增減)으로 자신의 신체적 변화를 마주하는 것이나 다름없기 때문이다.

시장주의의 근대 이후 사회에서는 생산성이라는 관점으로부터 능력이

かえし、繰り返し話しながら 自ら心をいましめ、又人に楽をすゝむるなかだちとするならし。言い換えれば、われも人も、かく生れつる楽を知らで、身をいたづらになし、さてもかひなく世に朽ちなん事うらむべし。」、『楽訓』卷之下、318-319頁.

나 가치가 판단되고, 거기서 효율성이 최우선시 된다. '코스트 퍼포먼스(cost performance, 價性費)'가 아닌 '타임 퍼포먼스(time performance, 時性費)'라는 말이 등장하는 요즘의 일본 사회에서 이런 가치관으로 볼 때 낙오자로 낙인 찍힐 것 같은 장수 축하에 암담한 마음이 드는 것도 무리는 아닐 것이다.

물론 한 인간에게 주어진 시간은 유한하므로 이를 최대한 활용하고자 하는 것은 당연한 것이라고도 할 수 있다. 그리고 이 관점에 관해서는 에키켄도 마찬가지의 의견을 가지고 있었다. 그러나 여기서 생각해 볼 것은, 그리고 에키켄으로부터 생각해 볼 수 있는 것은 이러한 개인의 시간 유한성에 대한 자각이 온갖 생명을 낳고 살리는 큰 존재와 움직임에 대한 은혜의 정을 더욱 강하게 했을 것임을 쉽게 상상할 수 있다는 것, 그리고 그와 관련된 즐거움을 타인/천지만물과 함께하고자 생각했다는 것이다.

그리고 보면 에키켄의 장수 축하의 경우 그것은 한 인간의 장수를 축하하면서도 또한 그 기쁨, 행복을 자리를 함께하는 사람들과 공유하고 있었음에 틀림없다. 그리고 동시에 근심 또한 혼자의 것이어서는 안 되며, 함께 했을 것이다. 다른 사람과 함께 각자의 근심과 즐거움을 나눔으로써 삶을 서로 살리는 것이 가능하다. 또한, 그러한 관계가 미래에 전혀 새로운 생이 끊임없이 탄생할 것이라는 확신으로 이어진다. 에키켄을 둘러싼 장수 축하의 연회석이란 바로 이런 것이라고 상상해 본다.

박병준

먼저 서강대와 일본 명문대학 도호쿠가 함께 학술대회를 개최하게 되어 개인적으로 매우 기쁘게 생각한다. 학술대회를 준비하고 초청해 주신 관계자 여러분께 진심으로 감사의 말씀을 전하고 싶다.

이 글은 도호쿠대학 사사키 슌스케(佐々木隼相) 선생님의 논문 「가이바라 에키켄(貝原益軒)의 시각에서 본 웰에이징(Well-Aging)：인락(仁樂)·천락(天樂)으로서의 늙음을 함께 즐긴다」의 논평이다. 일본 역사와 문화에 대해 문외한인 제가 더구나 철학 분야가 아닌 글을 논평하는 것이 적절한 일인지 의심스럽다. 그러나 맡은 바 책임을 다하기 위해서 몇 가지 궁금한 점을 질문하는 것으로 논평을 대신할까 한다.

사사키 선생님은 늙음의 문제와 관련하여 에도 시대의 장수 축하 풍습을 언급하면서 당시 장수를 긍정적으로만 보지 않고, 부정적으로 보는 시각도 존재했음을 지적한다. 특히 늙음을 기피하면서 "수연은 죽음으로 향하는 하나의 관문"으로 이해한 하야시 호코를 언급한다. 이에 따르면 늙음이 부정적으로 생물학적인 죽음을 연상시키는 것에 머물지 않고, 나아가 젊고 늙음에 따라 생명 활동을 평가함으로써 "생명 자체를 훼손하는" 결과를 초래한다고 지적하고 있다. 이렇게 생각하는 근거가 무엇인지 구체적으로 밝혀주었으면 한다.

한편 사사키 선생님은 아마노 마사코를 인용함으로써 현대사회의 늙음에 대한 폄하 사상이 미국화에 있는 것으로 본다. 사회학자 아마노 마사코에 의하면 미국화는 '시장 중심의 근대적 가치'와 '성과 섹시함을 강조하고 기능주의와 합리주의를 표방하는 미국적 가치'가 결합된 사회 현상이며, 이런 사회 풍토 속에서 사람들은 젊음을 우선적 가치로 추구하며, 자연스럽게 경쟁력 없는 늙음은 사회에서 설자리를 잃게 된다. 이런 분석과 관련하여 사사키 선생님은 개인적으로 어떤 입장을 가지고 있는지 좀 더 자세히 듣고 싶다. 과연 성과 섹시함을 강조하는 것이 늙음을 폄하는 사회 현상과 긴밀한 관계가 있는지 궁금하다. 또 이런 경향이 일본에서 뚜렷이 나타나고 있는 것인지, 그리고 그것이 미국의 영향을 받은 것인지 궁금하다.

사사키 선생님은 웰에이징과 관련하여 가이바라 에키켄의 사상을 소개한다. 사사키 선생님은 이를 통해 오늘날 어떻게 사는 것이 건강한 늙음인지를 살핀다. 건강하게 잘 늙는 것은 다음과 같다. 무엇보다도 장수는 축하할 일이며, 이는 경로사상과 맥을 같이한다. 노(老)와 현(賢)은 서로 통하며, 노인은 "도덕적인 귀감과 풍부한 경륜과 지혜를 갖춘 존재"요 "덕과 지혜의 구현자"이다. 그런 만큼 장수는 그 자체로 축복받은 일이요 행복한 일이다. 특히 천수(天壽)를 오래 지키는 것이 효(孝)의 근본이기에 몸을 잘 살펴 오래 사는 것은 인간 도리에 해당한다. 물론 장수가 항상 즐거움만을 주는 것은 아니며, 주변 사람들이 먼저 세상을 떠남으로써 고독해질 수 있다. 그렇다고 이를 비관적으로만 보지 말고, 오히려 자신이 오래 살았다는 사실을 다행으로 여겨야 한다. 기쁘고 건강하게 잘 늙기 위해서는 분(分)에 넘치는 행동을 삼가야 하며, 장수와 관련해서도 마찬가지다. 생에 엄연한 한계가 있음을 받아들이고, 죽음에 순응하는 태도를 가져야 한다. 또 살아 있는 동안에는 바로 현재의 삶이 일회적임을 자각하고 이를 소중하게 여겨야 한다. 늙으면 머리카락이 하얗게 변하듯이 늙음에 수반하는 변화를 받아들일 줄 알아야 한다. 특히 기쁘고 즐겁고 건강하게 늙기 위해서는 "성인(聖人)의 도를 배우고, 스스로의 마음에 천지로부터 타고난 인(仁)을 행하여 자신도 즐거워하고, 남에게도 인을 베풀어 즐거워하게 하는 것"이 무엇보다도 중요하다. 늙으면 반복하는 습관이 생기는데, 이를 십분 살려 매사 "주변 사람들에 대해 즐거움을 깨달을 수 있도록 중재할" 것을 권고한다. 결과적으로 웰에이징의 요체는 "생의 즐거움을 타인과 함께 누리는 것"이요 타인에게 그 안내자가 되는 것이다.

사사키 선생님은 웰에이징의 본질을 기쁨을 타인과 함께 나누는 장수 축하에서 보는 듯하다. 그런데 현대사회는 이와 정반대의 길을 가고 있다. 오늘날 우리 사회는 가족과 지인들이 함께 잔치를 벌이는 수연과 고희연의 풍습이 점점 사라지고 있다. 이는 역설적이지만 평균 수명이 늘어난 탓도 있다. 그래서 더는 환갑잔치의 의미가 사라져 버렸다. 한편 모든 것을 간소화하는 경향과 핵가족화도 이에 한몫 하고 있다. 오늘날 일본 사회에서 이런 장수 축하 풍습이 여전히 전통으로 내려오고 있는지 궁금하다. 과연 이런 풍습이 고령화된 일본 사회 안에서 실제로 의미 있게 작동하고 있는지 사사키 선생님의 의견을 듣고 싶다.

끝으로 웰에이징을 이해하기 위해서는 늙음이 무엇인지에 대한 현상학적 고찰이 필요해 보인다. 오늘날 복잡하게 얽혀 있는 사회 구조 안에서 늙음의 문제는 다양한 접근이 필요해 보인다. 늙음에는 생물학적으로 많은 변화가 수반된다. 그리고 필연적으로 죽음이 따른다. 이로 인한 고통과 불편함과 두려움과 불안이 우리가 웰에이징 할 수 없도록 방해한다. 웰에이징을 위해서 이런 문제에 대해 좀 더 적극적인 관심이 필요하다. 현대사회에서 노인들은 고립되어 있다. 이와 관련하여 고독사의 문제가 사회의 새로운 문제로 급속히 떠오르고 있다. 이 문제 해결을 위해서 사회적 차원의 노력도 필요하지만, 늙음과 죽음과 고독에 대한 근본적인 철학적 성찰이 우선 수행되어야 한다. 사사키 선생님의 글도 바로 이런 성찰의 일환이라고 생각된다.

웰에이징(Well-Aging) 프로그램 개발

―사회복지 실천과 영성

강선경

1. 머리말

한국사회는 1960년 이후 산업화, 도시화를 겪으면서 급속한 경제성장을 이룩하였다. 이러한 성장은 의료와 보건, 교육을 포함한 다양한 분야의 발전에 긍정적인 효과를 주었다. 그 결과 건강수명, 기대수명이 모두 늘어나게 되어 노인 인구는 점진적으로 증가하였다. 한국사회의 노인 인구 증가 속도를 살펴보면, 지난 2000년에 고령화 사회(65세 인구 7% 이상)에 진입하였고 2018년에는 고령사회(65세 인구 14% 이상), 이후 2025년에는 초고령사회(65세 인구 20% 이상)에 진입할 것으로 예측되었다. OECD에서는 2045년 한국사회는 65세 이상의 인구 비율이 가파르게 증가해 전체 인구의 약 40%를 차지할 것으로 보았으며, 평균 수명은 100세에 다다를 것으로 전망하였다.[1]

한편 서구화의 물결은 사회적인 측면에서 고령화가 품고 있는 문제에 자연스레 노출되었고, 노인문제는 곧 사회문제로 자리 잡았다. 흔히 노인의 문제를 "노인의 4고(四苦)"라 부르며, 경제적 어려움을 뜻하는 빈고(貧苦), 건강 악화로 고통을 겪는 병고(病苦), 가족, 친구와 같은 주변인의 상실에 따른 고독고(孤獨苦), 사회적 역할 상실을 의미하는 무위고(無爲苦)의 위험

---

1   통계청. 2020. 「2019 고령자 통계 보도자료」, 서울: 통계청.

에 처한다. 노년기 상실은 생활만족도에 치명적인 영향을 미친다.[2] 이에 학계와 실천 현장에서 노년기 삶을 부정적인 시각에서 긍정적인 시각으로 전환하기 위해 현대 노인에게 오래 살아야 하는 의미와 죽음을 준비하는 방법에 대하여 교육했다. 이러한 노력은 노년기 잠재력 개발 및 문제 예방을 강조함에 따라 노년의 삶의 질을 높이는 결과로 나타났다.[3]

다시 말하면, 노년기를 단순히 죽음에 이르는 시간이 늘어난 것으로 치부하는 것이 아니라, 남은 삶을 어떻게 하면 더 행복하고 의미 있게 살아갈지에 대한 질적인 측면인 '웰에이징'에 초점을 두기 시작했다. 그러나 연구자마다 웰에이징을 "성공적 노화, 생산적 노화, 액티브 에이징" 등 다양한 용어로 번역한다는 점에서 볼 수 있듯이 일치된 이해가 부족하고, 이 개념을 신체적, 정신적, 사회적인 측면에서 상이하게 조명하고 있다. 그런 가운데서 가장 일반적인 것은 인간은 단순히 오래 살고 싶은 욕구를 넘어 인간답게 살고자 하기에 "건강하고 행복한 삶을 갖추기 위한 노력"을 웰에이징의 정의로 자리매김하고 있다.[4]

김경주는 웰에이징의 특징을 소개하였는데,[5] 첫 번째로 노화 현상을 자연스럽게 받아들이고 능동적으로 수용하는 것이라고 하였다. 두 번째로는 나이가 들어가는 과정을 부정하지 않고 긍정적인 의미를 찾으려고 노력하는 것이며, 마지막으로 신체 기능의 약화 및 쇠퇴를 부정하지 않고 긍정하

2   이진우. 2013. 「'인간 극복'과 니체의 트랜스휴머니즘」, 『니체연구』 24, 87-118쪽.
3   Holstein, M.. 1993. Productive aging: A feminist critique. *Journal of Aging & Social Policy* 4, pp.17-34.
4   김경호. 2012. 「웰에이징: 노년의 삶에 대한 여헌 장현광의 성찰」, 『동양고전연구』 49, 109-136쪽.
5   김경주. 2021. 「한국 다섯 지성인의 삶 속에 녹아든 웰에이징 탐구」, 연세대학교대학원 박사학위논문.

는 것이라 하였다. 따라서 웰에이징의 핵심은 노화를 불치병으로 인식하지 않고 자연스러운 흐름으로 인지하여 노화의 과정 안에서 종속되지 않고 신체적, 정신적인 건강을 유지하는 것을 핵심으로 여긴다. 또한 대인관계의 중요성을 부각하기도 하는데, 건강한 삶을 영위하는 필수적인 요소로 가족, 부부, 친구 등과 함께 기쁨과 행복을 나누고 느끼는 것은 중요한 작업이라 할 수 있다. 이에 웰에징의 범위는 다차원적인 것으로 신체적인 건강을 유지하는 것 이상의 심리적, 사회적, 실존적 관점까지 확장할 필요가 있겠다.

한국의 웰에이징에 관한 선행연구를 살펴보면 삶의 만족, 심리적 안녕감, 노후 준비, 성공적 노화 등의 변인을 탐색하는 연구들이 진행되어 왔고, 나아가 웰에이징의 개념 및 철학을 고찰하는 연구[6]와 웰에이징 척도개발 연구[7]가 진행되었다. 제시된 연구들은 웰에이징의 학술적 차원의 의미는 있지만, 실제 노인을 위한 사회복지 실천 현장에 보급되어야 하는 프로그램 설계를 위해 참고하기에는 일부 한계가 있다. 게다가 실험 연구를 통해 검증된 김영희 등의 웰에이징 프로그램은 신체적, 사회적, 심리적 측면을 다루고 그에 대한 효과성을 입증하였지만,[8] 노년기 웰에이징을 위한 자아통합을 검증하기에는 미비한 측면이 있다.

6   고영삼. 2016. 「고령화 문제의 해결법으로서 디지털 에이징 정책에 대한 탐색적 연구」,
    『디지털융복합연구』 14(11), 115-123쪽; 김명숙. 2010. 「한국인의 죽음에 대한 인식과
    태도에 관한 철학적 고찰」, 『유학연구』 22, 73-108쪽; Diener, E., & Chan, M. Y. 2011.
    Happy people live longer: Subjective well-being contributes to health and longevity.
    Applied Psychology: Health and Well-Being, 3(1), pp. 1-43.
7   김경호, 김지훈. 2008. 「삶의 만족도가 성공적 노화에 미치는 영향: 유배우자 노인을 중
    심으로」, 『한국가족복지학』 13(2), 87-106쪽; 안정신, 강인, 김윤정. 2009. 「한국 중노년
    성인들의 성공적 노화 척도 개발에 관한 연구」, 『한국가족관계학회지』 13(4), 225-245쪽.
8   영희, 박금숙, 진은영. 2019. 「지역사회 재가노인을 위한 웰에이징 프로그램의 효과」,
    『한국간호연구학회지』 3(4), 25-35쪽.

본 연구는 사회복지 실천 현장에서 웰에이징 프로그램이 활용되기 적합한 요인들을 선별하기 위해 이론적으로 검토하고, 사회복지 실천과 영성의 관계를 탐색하여 노년기 웰에이징 설계를 할 때, 영성의 중요성을 강조하고자 한다. 사회복지 실천과 영성의 관계를 입증하기 위해 다수의 연구가 진행되었다. 예컨대, 노인의 영성과 자아통합의 관계를 실증한 연구[9]와 여성 노인을 대상으로 한 영성의 유용성에 관한 심층연구,[10] 독거노인의 영성과 우울 및 삶의 질의 관계[11] 등의 연구결과가 노년기 영성의 중요성을 뒷받침하고 있다.본 연구는 한국의 웰에이징 연구 동향을 살핀 뒤, 노년기와 사회복지 실천 현장에서의 영성의 의미를 고찰하였고, 웰에이징을 구성하는 각 요인의 이론적인 논의를 통해 타당성을 확보하였다. 이러한 탐색은 향후 노인의 웰에이징 프로그램 설계를 위한 참고자료를 제공하는 것을 목적으로 한다.

2. 이론적 논의

1) 웰에이징 연구 동향

(1) 웰에이징의 개념 연구
웰에이징의 개념은 기존에 논의되어 온 생산적 노화, 활동적 노화, 성

---

9   신동민. 2013. 「노인의 영성이 자아통합감에 미치는 영향: 사회적 지지의 조절효과를 중심으로」, 『영성과 보건복지』 1(2), 49-76쪽.
10 이소원, 김찬우. 2016. 「여성노인이 경험한 영성의 유용성에 관한 질적연구」, 『노인복지연구』, 139-164쪽.
11 허윤, 문유선, 손봉기, 이상규, 이강, 노현진, 김도훈. 2008. 「한국의 일 지역 독거노인에서 종교성 및 영성이 우울 및 삶의 질에 미치는 영향」, 『노인정신의학』 12(2), 87-94쪽.

공적 노화 개념을 통해 유추할 수 있다. 첫 번째로 생산적 노화는 Butler & Gleason[12]의 정의를 많이 따르며, 사회에서는 급여를 받으며 일하거나 봉사를 하고, 가정 내에서는 가족을 돕고 본인의 삶을 독립적으로 유지할 수 있도록 하는 개인의 능력이라고 본다. 이러한 시각은 노인을 사회 속 부담의 존재가 아니라 생명적인 역할을 담당하는 노동자 또는 기부자 등의 긍정적인 시선으로 바라보는 개념이라고 평가된다. 그러나 경제학적인 논리에만 초점을 두었다는 점에서 비판이 제기되며, 이는 개인적인 사정상 경제활동에 참여가 어려운 노인들은 설명할 수 없다는 비판이 뒤따른다.

두 번째로 활동적 노화 개념이다. 이는 생산적 노화보다 광의의 개념을 담고 있으며, 나이가 들어가면서 삶의 질을 증진하기 위해 건강, 사회참여, 안전과 관련되어 있는 기회를 활용하는 것을 의미한다.[13] 그러나 앞서 살펴본 생산적 노화와 마찬가지로 사회 활동에 대한 압박으로 인해 돌봄이 필요한 노인을 소외시킬 수 있다는 우려가 있는바, 사회에 이득이 되지 못한다는 이유로 부정적인 태도를 유발한다는 것에 주의해야 한다.

세 번째로 노화 연구에서 지배적인 담론을 차지하는 성공적 노화 개념이다. 이 개념을 제시한 Rowe & Kahn은 성공적 노화의 기준을 "장애와 질병이 없는 상태", "신체적, 인지적으로 높은 수준의 기능을 유지", "사회적이고 생산적인 참여" 등 세 가지로 제시하였다.[14] 그러나 다수의 실험을 통해 Rowe & Kahn이 제시한 개념에 따른 실제 노인이 지각하는 성공적 노화의

---

12 Butler, R. N., & Gleason, H. P. 1985. *Productive aging: Enhancing vitality in later life.* Springer Pub. Co.

13 WHO. 2001. *The World Health Report. Mental health: New Understanding*, New Hope, Geneva.

14 Rowe, J., & Kahn, R.. 1998. *Successful aging.* New York: Random House.

개념은 상당한 괴리가 있는 것으로 나타났다.[15]

이상의 노화 담론을 통한 웰에이징의 개념적 접근은 공통적으로 노인의 사회 활동을 강조하고 있다. 하지만 다수의 학자가 비판하였듯이, 개인의 건강 등의 사유로 인해 사회참여가 원활하지 못한 경우 웰에이징의 기준에 부합하지 못하게 된다는 한계가 있다. 따라서 좀 더 폭넓게 웰에이징의 개념을 정립하기 위해서는 사회참여와 더불어 다른 요인들을 함께 고려하는 것이 타당하다.

한국에서도 웰에이징에 대한 연구가 다수 이루어졌다. 1990년대 이후 진행된 노화 연구와 관련해서 사용된 용어를 망라한 고영삼은 노화에 대한 인식의 변화를 종합하여 웰에이징이라는 용어를 도출하였다.[16] 다수의 문헌에서는 웰에이징을 "긍정적 노화(positive aging), 항노화(anti-aging), 생산적 노화(productive aging), 성공적 노화(successful aging)"로 제시하였다.

그리고 성공적 노화의 개념을 정의하고자 문헌연구를 통해 웰에이징 특성을 통합적으로 정의한 홍현방은 웰에이징을 제대로 정의하기 위해서는 개인의 발달과 수준을 반드시 고려해야 한다고 하였으며, 특히 사회적 관계, 심리적 발달, 신체적·정신적 건강을 포함시켜야 한다고 주장하였다.[17] 그동안의 노화 및 웰에이징의 연구가 서구에 중점을 둠으로써 한국에 적용하는 데에 제한이 있다는 점에 착안하여 김경호는 조선 유학자(여헌 장현광)의 삶 속에서 웰에이징을 개념화하는 작업을 시도하였다.[18] 그 결과 노

15 Bowling, A. 2011. Do older and younger people differ in their reported well-being? A national survey of adults in Britain. *Family Practice* 28, pp. 145-155.
16 고영삼. 2016. 「고령화 문제의 해결법으로서 디지털 에이징 정책에 대한 탐색적 연구」, 『디지털융복합연구』 14(11), 115-123쪽.
17 홍현방. 2002. 「성공적 노화개념 정의를 위한 문헌연구」, 이화여자대학교 박사학위논문.
18 김경호. 2012. 「웰에이징: 노년의 삶에 대한 여헌 장현광의 성찰」, 『동양고전연구』 49,

년의 삶은 자기완성의 시간이고, 웰에이징을 자기완성을 위한 존엄한 노년으로 간주하는 것으로 나타났다. 이에 현대사회 노인도 마찬가지로 존엄한 존재로서 자신을 재발견하고 실현해 나갈 것을 제언하였다.

기존에 성공적 노화의 개념이 실제와는 괴리가 있다는 주장과 흐름을 같이한 안혜정은 노인과 심층 면담을 통해 웰에이징의 개념화를 위한 연구를 진행하였다.[19] 참여자들은 늙는다는 것은 중년기에서 노년기로 이동하는 단계적인 전환의 의미가 아니라, 삶을 지속적, 과정적으로 경험하는 것이라고 하였다. 또한 개인적인 차원에서는 수용이 따르지만, 사회적인 차원에서는 무능함이라는 대조적인 결과를 가지고 왔다는 점을 구명하였다. 끝으로 웰에이징을 판단하는 관점은 다양하였으며, 대개 타인과 비교 및 의미 등의 관점을 택하여 자신의 노화를 평가한다는 사실을 밝혔다.

(2) 웰에이징 척도 개발 연구

앞서, 노화를 설명하는 전통적 이론과 웰에이징의 개념 도출을 위한 연구를 기반으로 한국에서는 크게 세 개의 척도가 개발되어 사용되고 있다. 첫째, 성공적 노화의 개념을 그대로 적용하여 구성요소를 선별하여 척대를 개발하였다. 둘째, 우리나라 문화에 맞는 척도를 개발하고자 전통적인 가치를 반영하고 제작한 척도이며, 이 척도는 기존의 다양한 논의를 바탕으로 나타난 구성요소를 모두 종합한 사례이다. 셋째, 사회 활동만을 강조하는 것에 추가로 심리적 안녕 등의 심리적 특성을 포함하거나, SOC 척도를 함께 사용한 사례도 있다.

109-136쪽.
19 안혜정. 2013. 「한국 노인에게 늙는 것과 잘 늙는 것의 의미: 성공적 노화 개념의 비판적 고찰을 중심으로」, 중앙대학교 석사학위논문.

이상의 사례를 종합하면, 국내에서 수행된 웰에이징 연구를 분석해 보았을 때, 웰에이징은 단순히 사회참여만을 기준으로 그 개념을 제시하기에는 무리가 있다는 것을 파악하였다. 즉 사회적(지위), 신체적(건강), 심리적(인지)인 중요성만을 강조하는 것보다는 개인차를 고려해서 웰에이징을 실현할 수 있도록 하는 영성의 중요성도 포함해야 할 필요가 있다. Erikson이 생애주기 발달 특성에서 주장하였듯이, 노년기에는 자아통합이라는 과업을 달성해야 하고 노년기를 긍정적으로 바라보고 수용할 수 있는 태도를 지니는 것이 첫 출발이 될 것이다. 따라서 노년기 실존적 요인에 해당하는 영성을 추가로 탐색하고자 한다.

2) 노년기 영성

노년기 신체적인 건강이 가장 중요하게 작용할 수 있겠으나, 개인의 차이를 간과할 수 없다는 점에서 정신적, 영성의 차원을 웰에이징의 요소로 설정하여 신체적인 나약함마저 있는 그대로 수용할 수 있게 된다면, 노화를 외형적인 쇠퇴로 간주하는 단편적인 시각에서 내적인 성숙을 이루어 가는 과정으로 이해하는 새로운 관점을 수립할 수 있게 된다. 즉 노년기는 감소와 쇠퇴, 상실과 같은 부정적인 측면만 존재하지 않고, 노년기에 접어들어서야 비로소 성취할 수 있는 영역이 있음을 새롭게 조명할 수 있게 된다. 그것은 자아통합으로 노화에 따른 상실을 긍정적으로 받아들임으로써 성공적으로 수행할 수 있다. 이러한 수용이 가능하기 위해서는 초월과 통합이 필요하다. 이를 달성하기 위해 작동하는 것은 영성이며, 영성은 인간의

존재성 안에 내재해 있고, 영적인 성장은 인간의 발전을 향한 투쟁이다.[20]

영성의 속성은 의미, 정체성, 유대감, 변화, 초월 등 추상적인 용어 속에서 이해된다.[21] 영성 체험은 특정한 시공간에서 특별한 이들에게만 나타나는 현상이 아니라 일상에서 모두에게 자연스럽게 드러난다. 영성은 의식의 근원으로 초월적인 또는 개인의 외부에 있는 불특정한 힘을 체험하는 것이다. 그러나 영성과 종교성은 유사하면서 대조되는 개념으로 여겨지며, 종교의 유무와는 관계없이 형성되는 인간의 본성이고 누구에게서든 발견될 수 있다는 특징이 있다.

이상의 특징을 비롯해 영성의 개념을 정의한 학자들의 주장을 살펴보면, Joseph은 영성은 인간존재의 밑바탕이며, 모든 인간의 본성이자 존재의 근거라고 하였다.[22] 즉 영(靈)은 초월적이자 인간존재의 근원이다. 그러므로 영(靈)과의 관계, 영(靈)을 자각하여 생겨나는 영적인 요구의 발현을 영성이라고 한다. Schneiders는 고립과 자아도취가 아닌, 자신이 인지한 궁극적 가치를 향해 자신을 초월하고, 역으로 다시 현실의 삶에서 자신을 의식적으로 통합하는 경험이라고 하였다.[23] 이는 궁극적인 지평을 발견하여 자신을 변화시킬 수 있는 길을 찾음으로써 전인적인 삶의 고결함과 의미를 부여하는 가능성이다. 이상의 정의를 종합하면, 영성은 인간의 발달 과정에

20 신동민. 2013. 「노인의 영성이 자아통합감에 미치는 영향: 사회적 지지의 조절효과를 중심으로」, 『영성과 보건복지』 1(2), 49-76쪽.

21 Crisp, R.. 2010. Spirituality and Social Work: Contemporary Social Work Studies, U.K.: Ashgate Publishing Limited.

22 oseph, M. V.. 1988. Religion and Social Work Practice. Social Casework 60(7), pp. 443-452.

23 Schneiders, S. M.. 1990. Spirituality in the Academy. in Modern Christian Spirituality: Methodological and Historical Essays, Edited by Hanson, B. C., Atlanta Georgia: Scholars Press.

서 긍정적인 에너지로 작용하며, 노년기 노화 과정에 수반되는 다양한 어려움을 대처하여 의미 있는 삶을 살아가도록 하기 위한 중요한 역할을 한다는 것을 알 수 있다.

노년기의 성공적인 삶을 유지하기 위해 필수적인 요소는 신체적, 경제적 문제만이 아니다. 전술했듯이, 노화로 인한 상실을 긍정적으로 수용하고 주관적인 차원에서 자신의 삶에 얼마나 만족하는지가 중요하다. 즉 자기효능감 등의 심리사회적 기능은 신체적 건강을 능가한다고 하였으며, 노인은 신체적 기능이 상실된다고 할지라도, 자기효능감과 같은 스스로에 대한 기대를 유지한다면 노년기 건강한 삶을 영위할 수 있게 된다. 그러나 계량과 실증 같은 방법론이 강조되는 사회과학에서는 영성을 다루고 측정하기에 한계가 있다. 이에 사회복지 실천과 영성의 관계를 모색하고자 한다.

3) 사회복지 실천과 영성

통합심리학적 관점에서 영성은 핵심요소이며, "존재의 대둥지(Great Nest of Being)"로 여겨진다.[24] 개개인의 인격을 통합하고, 전체성을 지향하여 타인과 세상 그리고 개인이 이해하고 있는 실재의 궁극적 근거와 상호 간의 만족스러운 관계를 추구한다.[25] 김용해는 영성 개념의 올바른 이해는 인간이 스스로 자신이 영성적 존재임을 인식하는 실존의 자각이 전제되어야 한

24 Wilber, K.. 2000. Integral Psychology: Consciousness, Spirit, Psychology, Therapy, Boston: Shambhala.
25 Canda, E. R., and Furman, L. D.. 2010. Spiritual Diversity in Social Work Practice(2nd ed.), New York: Oxford Univ. Press.

다고 하였다.[26] 영성적 실존이 의미하는 바는 절대자, 궁극적 가치 및 사실 앞에서 자신의 한계를 깨닫고 그 실재와 실존적 관계의 힘을 통해 자신의 한계를 극복하여 근원적 실재와 일치 또는 그것에 도달하는 것을 목적으로 삼는 것이다.

영성은 실존적, 수직적/수평적, 인간학, 사회복지학 등 네 가지 차원으로 나누어 파악할 수 있다. 첫째, 실존적 영성은 신(神) 또는 지고의 가치 (supreme values)와 초월적인 관계에 해당하는 종교적 영성과 자기와 타자와의 관계에 속한다. 둘째, 영성을 수직적/수평적 측면으로 개념화한 Morberg는 신과의 관계에서 종교적 안녕을 수직적이라 하였고, 종교적인 것은 아니지만 삶의 목적과 만족에 대한 안녕감을 수평적 측면의 영성이라고 하였다. 셋째, 영성을 둘러싼 논쟁에서 학문적으로 두 가지의 접근을 취할 수 있다. 교의신학에서 밝히는 것처럼 "위로부터 오는 정의", 그리고 인간학은 "아래로부터의 정의"를 추구하는 것으로 구별한다. 즉 교의신학에서의 영성이란 "은총으로부터 연유된 삶"이고, 인간학의 영성은 "인간 그 자체로의 활동"이다. 다시 말하면, 영성이라는 개념은 신과의 관계를 뜻하기도 하지만, 삶의 만족과 같은 인간 자체의 활동을 의미하기도 한다. 이러한 논점들 속에서 마지막으로 사회복지학의 관점을 제시한 Carroll은 영성은 초월적 또는 궁극적인 실재와 관계를 의미하는 1차원적인 것을 넘어서 자기변화를 실현할 수 있도록 동기를 부여하는 온전함과 에너지를 제공하는 핵심적인 특성을 의미하는 본질로 영성을 개념화했다.[27]

26 김용해. 2008. 「현대 영성의 초월철학적 이해」, 『가톨릭철학』 10, 123-152쪽.
27 Carroll, M. M.. 2001. Conceptual Models of Spirituality. in Transpersonal Perspectives on Spirituality in Social Work, Edited by Canda, E. R., and Smith, E. D., New York: Haworth Press.

전체론적 관점을 대표하는 환경 속의 인간(person in environment, PIE)에 근거해 사회복지사들은 클라이언트를 이해하려고 노력하지만, 사회복지 실천 현장에서 인간을 이해하는 데에는 전체론적인 관점을 초월해 영성을 다룰 필요가 있다는 문제가 제기되었다.[28] 미국의 경우 2008년 미국의 사회사업교육위원회(Council on Social Work Education, CSWE)에서 사회복지 교육정책과 인가 기준을 개정하였다. 기존에는 사회복지 실천 현장에서 중요하게 여겨지는 것을 클라이언트의 다양성을 기준으로 강조하였지만, CSWE는 이러한 윤리적 원칙에 더해 종교의 다양성 존중, 영적 발달에 대한 지식을 주요사항으로 추가한 기준을 채택했다. 이는 클라이언트 체계 내 영성은 사회복지 교육의 목적과 직접적인 관련을 맺고 있다는 것을 명백하게 한 사례이다. 사회복지가 생심리사회적 관점에서 생심리사회영적 관점으로 변화하는 것은 영적인 문제는 임상에서 클라이언트의 강점과 약점을 이해하는 데 타당한 렌즈를 제공한다.[29] 이는 인간을 창조적으로 통합된 총체적 인간으로 인식하는 관점으로, 이로써 개개인은 인격적 통합의 깊은 이해가 이루어진다. 그렇다면 사회복지 실천에서 영성의 보편적인 타당성을 위해 필요한 노력은 무엇일까? Canda & Furman은 "초관점적 접근(transperspectival approach)"에 의한 이해가 필요하지만, 영적인 체험을 신뢰하고 다양성을 인정하는 태도가 더욱 중요함을 강조했다.[30] 이에 사회복지 실천에서 영성을 이해하고 적용하기 위해서는 다음의 선결 조건이 요

28 김용환, 김승돈, 최금주 역. 2007. 「사회복지에 있어서 영성의 개념화」, 『영성과 사회복지실천』, Edited by Canda, E. R.. 1998. *Spirituality in Social Work*, 경기: 양서원, 21-39쪽.
29 Cornett, C.. 1992. Toward a more Comprehensive Personology: Integrating A Spiritual Perspective into Social Work Practice. *Social Work* 37(2), pp. 101-102.
30 Canda, E. R., and Furman, L. D.. 2010. Spiritual Diversity in Social Work Practice(2nd ed.), New York: Oxford Univ. Press.

구된다. 첫째, 종교와 영성을 구분하는 것이다. McKernan에 따르면 종교는 영적인 신념이 특정한 제도와 양식으로 확립되고, 신자들 간 공통된 의례와 교리 및 수행체계가 포함된 사회화 과정이 갖추어져 있다.[31] 반면 영성은 인간의 자기개발과 잠재력을 담고 있는 핵심적인 성품이고 인간이 삶의 의미를 추구하는 자기초월적인 차원이다. 둘째, 종교성, 종교정향과 개념적인 구분을 짓는다. 이윤복은 종교성을 개인과 대중의 종교적 태도라고 하였다.[32] 특정한 종교적 신념의 정도 또는 종교 조직의 몰입도, 종교 활동 참여 정도 등 종교가 없다고 해서 영성이 없다고 할 수 없으며, 종교단체에 속한다고 해서 비종교인보다 영성이 높다고 평가하는 것은 섣부르다. 일각에서 영성과 종교성을 필요충분조건으로 받아들이고 있지만, 영성과 종교성은 존재의 가치에 대해 생각하고 물질적인 것을 초월한 삶을 영위하도록 하는 인간의 초월적인 삶의 근간이다.[33]

사회복지 실천에서의 영성을 다음과 같이 정의하였다. 영성은 인간의 특정한 부분으로 여길 수 없는 인간존재의 본질/전인적인 특성이다. 영성은 의미나 도덕성, 신(궁극적 실재)과의 관계에서 발전에 관심을 갖는 인간의 한 측면이다. 또 영성은 신비한 경험같이 자아와 육체적 한계를 초월하는 것을 의미하는 초월적 경험이다. 따라서 사회복지 실천에서 영성을 다루고자 하는 것은 기존에 강조하는 문제와 증상을 대증적으로 해결하는 것을

31 McKernan, M.. 2007. Exploring The Spiritual Dimension of Social Work. in Spirituality and Social Work: Selected Canadian Readings(pp. 93-110), Edited by Coates, J., Graham, J. R., and Swartzentruber, B., Toronto: Canadian Scholars' Press Inc.

32 이윤복. 2011. 「노인의 종교성과 삶의 질에 따른 연구: 자아존중감, 자기효능감의 매개변수를 중심으로」, 백석대학교 기독교전문대학원 박사학위논문.

33 박지숭. 2013. 「중노년기 나이 인식과 영성적 경험이 삶의 만족도에 미치는 영향」, 『영성과 사회복지』 1(1), 57-78쪽.

탈피하고 완전성, 전체성을 향한 인간의 발달에 유념하면서 접근하는 데에 유용하게 적용된다.

3. 한국의 웰에이징 프로그램 사례 분석 및 선행연구 검토

1) 한국의 웰에이징 실험 연구 사례

이 절에서는 실제 웰에이징 프로그램을 통해 노인의 성공적 노화를 도모할 수 있는 방안을 연구한 김영희 등의 연구[34]를 살펴보겠다. 이 연구는 재가 노인을 대상으로 성공적 노화와 함께 대두되고 있는 노인의 웰에이징을 달성하고자 신체적, 사회적, 심리적 차원에서 체력, 고독감, 주관적 건강, 성공적 노화를 위한 효과적인 프로그램 구성 체계를 설계하였다. 웰에이징 프로그램의 효과성을 입증하기 위해 실험군 35명, 대조군 36명을 대상으로 총 12회기를 진행하였다. 그 결과 웰에이징 프로그램에 참여한 노인은 상지근력, 정적 균형감, 동적 균형감, 주관적 건강상태, 고독감은 유의한 차이가 있는 것으로 확인되었으며, 프로그램 구성은 아래와 같다.

웰에이징 프로그램에 참여한 노인은 대조집단의 노인보다 신체적, 심리적, 사회적 측면이 일부 나아졌다. 그러나 해당 연구의 가설 중 성공적 노화 정도의 집단 간 차이에는 유의미한 차이가 없는 것으로 나타났다. 그 이유는 프로그램 내용이 신체적인 것과 참여자 간 활동성을 측정하는 것에 국한되었기 때문이라고 볼 수 있다. 따라서 성공적 노화 척도는 두 대조군

---

34 김영희, 박금숙, 진은영. 2019. 「지역사회 재가노인을 위한 웰에이징 프로그램의 효과」, 『한국간호연구학회지』 3(4), 25-35쪽.

의 차이를 담지 못하는 것으로 사료된다. 실제 척도의 하위 요인은 "자기효능감, 자녀의 성공, 부부간의 동반자적 삶, 자기통제를 잘하는 삶" 등 개인적 요인(자기효능감, 자기통제), 환경적 요인(자녀, 부부)으로 구성된 바, 프로그램 내용과 척도의 적합성의 오류가 있음을 추측할 수 있겠다.

<표1> 웰에이징 프로그램

주차	회기	내용	강사	시간(분)
1~12	12회	· 교육 - 치매 예방 - 건강한 노화를 위한 영양 교육 - 건강 및 웰니스 관리 - 노인의 구강 건강 - 심폐소생술 - 노인의 안전 관리	- 간호학 교수 3명 - 치과의사 1명	45
		· 운동 - 건강 체조	- 체육 전공자 1명	15
		· 활동 - 인생곡선 그리기, 팀워크 - 지압 - 모자이크 - 레크리에이션 - 웃음치료 - 음악치료 - 역할놀이 & 의사소통 게임 - 다른 사람 칭찬하기	- 간호학 교수 & 실버 인지 놀이 지도자 3명 - 레크리에이션 지도자 1명 - 웃음 치료사 1명	120

출처: 김영희 외, 2019, 27쪽.

기존의 웰에이징 프로그램에 영성 콘텐츠를 추가하기 위한 고민이 필요하다. 영성은 삶과 존재의 의미와 목적을 추구한다. WHO에서는 새로운 건강의 개념으로 '전인적 안녕'을 규정하였다. 전인적 건강이란, 인간의 신체와 심리에 더해 영성이 최상으로 어우러진 상태를 뜻한다. 전술했듯, 영성은 자존감과 삶의 만족 그리고 안정감을 증진하여, 삶의 문제와 불확실성 등의 두려움을 대처한다. 또한 삶의 적응에 도움이 됨에 따라 정신건강

치료에 많이 활용된다.

사회복지 실천에서의 영성은 삶의 만족도를 높이기 위한 초월의 노력으로 이해되며, 영성 수련(명상, 호흡)을 통해 마음의 안정감을 찾는다.[35] 영성은 우울, 불안, 고통을 수반하는 정신적 스트레스와 실존적 위험에서 의미를 제공하고, 이는 인간의 기능에 영향을 미친다. 따라서 초고령사회를 앞둔 한국사회에서 노인의 웰에이징을 위해서는 학계와 실천 현장 모두 영성의 중요성을 인지하고 부각하는 노력이 따라야 하며, 프로그램 설계를 할 때, 신체적, 심리적, 사회적인 측면만을 고려하는 것을 넘어 실존적 요소인 영성을 포함하는 시도가 필요하다.

2) 웰에이징 영성 프로그램 제안을 위한 선행연구 검토

노인의 웰에이징 영성 프로그램의 타당성을 확보하기 위해서 선행연구의 결과를 바탕으로 프로그램을 제안하고자 한다. 사회복지 실천에서의 영성은 종교성과 다소 차이가 있는 개념이므로 비종교인까지 아우를 수 있는 검증된 활동이 객관성과 보편성을 담보할 것으로 판단된다.

요가는 정신건강 수련에 따른 초월의 의미가 내재하지만, 기존의 연구는 신체의 기능 증진에만 초점을 맞춘 것을 비판한 김재구[36]는 65세 이상 노인 20명을 대상으로 사전-사후 검사를 통해 요가와 정신건강의 관계를 분석하였다. 연구 결과 요가 수련은 우울 지수를 통계적으로 유의하게 감소시

---

35 김형록. 2013. 「불교명상과 통합된 청소년 분노조절 프로그램 개발을 위한 이론적 고찰」, 『불교학보』 64, 197-223쪽.

36 김재구. 2013. 「12주간의 요가 수련이 고령자의 운동기능과 정신건강에 미치는 영향」, 『코칭능력개발지』 15(3), 161-168쪽.

키는 것을 확인하였다.

또한 사회복지 실천 현장에서 노인들의 심리와 정서적인 치유를 돕고자 명상 상담을 적용하여 사회복지의 통합적인 접근을 시도한 신정란[37]은 연구 참여자의 삶의 경험 속 고통을 이해하고 명상 상담을 적용해 치유 경험을 탐색한 결과 명상 상담은 부정적 생각을 긍정적으로 변화시켰다. 즉 고통을 이해하는 과정은 고통으로부터 자유롭게 하였으며, 상담자들이 주체적인 삶을 살아갈 수 있도록 하였다.

마지막으로 감사 성향에 주목하면서 감사하는 사람은 긍정적 정서, 삶의 만족도, 스트레스 대처 역량 등이 높다고 하였다. 이를 실증적으로 검증한 강현도와 성윤정은 기존의 감사 성향의 대상이 아동, 청소년에 국한한 것을 비판하면서 정신병원에 7년 이상 장기입원 중인 노인 16명을 대상으로 감사일기 쓰기가 우울과 행복에 어떠한 변화를 주는지 연구하였다.[38] 그 결과 감사일기는 노인의 우울을 낮추고 행복을 높이는 것으로 밝혀졌다.

4. 웰에이징 프로그램 개발

웰에이징 프로그램의 구성요소는 기존의 프로그램에서 강조하는 신체적, 사회적, 심리적 요인에 실존적 요인을 추가하였다.

첫째, 신체적 요인은 건강증진 모델에 근거하여 운동과 영양으로 구분했다. 이 모델은 노년기에는 올바른 생활습관과 구조적 인프라를 갖출 필요

---

37 신정란. 2020. 「여성노인의 명상상담 치유경험에 대한 내러티브 탐구: 명상상담과 사회복지 통합적 접근」, 『자연치유연구』 5(1), 37-50쪽.
38 강현도, 성윤정. 2023. 「감사일기 쓰기가 장기입원 중인 만성 조현병 노인 환자의 우울과 행복감, 감사성향에 미치는 영향」, 『고령자.치매작업치료학회지』 17(1), 87-96쪽.

를 주장한다. 노년기는 영양 문제와 건강상태가 대체로 취약해져 이에 맞는 서비스를 전문가로부터 제공받아야 한다. 즉 영양사의 중재와 개입을 통해서 영양 상태를 지속적으로 점검하고 식생활을 개선하면, 질병 악화를 방지할 수 있으며, 이를 위해 지속적인 교육이 필요함을 시사한다.

한국의 노인들도 대체로 노년기의 자연스러운 현상인 신체 기능의 감소와 경제적인 이유로 인한 불균형한 식단을 섭취하는 것으로 알려졌다. 2021년 국민건강영양조사에서 고혈압, 당뇨, 이상지혈증 등의 만성질환으로 사망하는 사례가 80%에 육박하는 것으로 보고되었다. 이러한 질환은 70대 이상의 노인들에게서 더욱 유발되었고 이는 식생활 관리의 중요성을 말해주는 사례이다. Abbott et al.[39]은 노인은 균형 잡힌 영양을 섭취하면 노화를 늦출 수 있다고 보고한바, 2022년 7월 「노인·장애인 등 사회복지시설 급식 안전 지원에 관한 법률」을 제정하였고, 노인의 급식을 관리하고 지원하는 사업을 추진했다. 따라서 웰에이징 프로그램에서는 영양 교육과 식단 제공에 유념해야 한다. 또한 노년기 운동은 가장 중요한 건강 행위로 개인의 생활양식 변화에 주요한 역할을 한다. 운동은 심혈관 질환, 고혈압, 당뇨와 같은 만성질환뿐만 아니라 암으로부터의 위험을 줄이고, 낙상 위험을 감소시키는 등 단순히 신체적인 기능을 넘어 인지를 높이고 우울, 불안 등을 낮추어 삶의 질을 개선하는 것으로 조사되었다.[40] 그러므로 체조나 산책과 같은 운동은 웰에이징 프로그램 개발에 필수요인이라 볼 수 있다.

39 Abbott R. A., Whear R., Thompson-Coon J. 2013. Effectiveness of mealtime interventions on nutritional outcomes for the elderly living in residential care: *A systematic Review and Metaanalysis. Ageing Res Rev* 12, pp. 967-981.
40 김은희, 박상갑, 홍가람. 2019. 「범이론모형과 장수 운동프로그램이 고령 고혈압여성의 건강관련체력, 혈압 및 내중막두께에 미치는 영향」, 『한국사회체육학회지』 75, 465-475쪽.

둘째, 사회적 요인이다. 최근 노화에 있어 심리사회적 요인 및 환경적 요인을 강조하는 연구가 진행되고 있다.[41] 이러한 흐름은 사회적 노화 이론을 통해서 조명할 수 있다. 사회적 노화 이론이란, 노년기 사회화와 삶의 만족과의 관계 및 사회와의 상호작용과 개인의 삶의 관계를 설명하는 것이다. 마찬가지로 적극적 사회참여는 노인의 다차원적인 영역(질병에 의한 장애 위험, 질병, 인지적 기능, 신체적 기능)에서의 성공적 노화를 도와준다고 하였다.

이에 노년기 자원봉사 활동 참여가 성공적 노화의 중요한 기제로 대두되고 있으며, 활동 이론에 근거해서 자원봉사 활동이 노인의 사회적 은퇴로 인한 역할 상실을 대체할 수 있다고 하였다. 즉 노년기 자원봉사 활동은 긍정적인 자아 개념을 심어주고 성공적인 노후생활을 도와준다. 백옥미는 노년기 자원봉사 활동은 노인이 생애 기간 축적한 지식과 기술을 다음 세대에게 전달하는 것으로, 사회적 보상과 인상을 받아 자아 존중감을 높이고, 사회적 차원에서 노인의 인적 자원을 활용한다는 긍정적인 기능을 한다고 보고하였다.[42] 이러한 자료는 웰에이징 프로그램 개발에 있어 노인의 자원봉사 활동 참여가 중요함을 시사한다.

셋째, 심리적 요인을 살펴보면, 노년기는 노인 차별과 노화 불안에 따른 심리적인 타격이 크다. 노인 차별은 사회교환 이론으로 탐색할 수 있으며, 인간관계는 주관적인 비용·편익분석에 따라 행동을 취하는 방식이 다름을 의미한다. 은퇴 후 사회적인 역할을 상실한 노인의 경우 관계 내 효과성과

---

41 Whitson, H. E., Purser, J. L., & Cohen, H. J. 2007. Frailty thy name is… Phrailty?. *The Journals of Gerontology Series A: Biological Sciences and Medical Sciences* 62(7), pp. 728-730.

42 백옥미. 2014. 「노년기 자원봉사활동 참여궤적에 따른 신체적, 정신적 건강과의 관계」, 『노인복지연구』 66, 239-351쪽.

효율성이 떨어진다는 것을 의미하며, 이러한 시각은 노화 불안으로 이어지는데, 늙는 것을 부정적으로 받아들여 노인의 환경에 적응하지 못하게 되어 정신적 장애를 일으킬 수 있다.

웰에이징 프로그램 중 심리적 프로그램을 개발할 때에는 단순한 여가 수준에 머무는 서비스를 제공하는 것보다는 치료적 개입이 수반되어야 한다. 이은숙 등은 노인의 상실, 우울 등의 심리적 갈등을 해소하고자 일반적인 원예치료와 회상 기반의 원예치료를 비교하여 어떠한 활동이 노인의 자아통합감을 증진하는지 검증하였다.[43] 그 결과 두 기법 모두 노인의 우울을 낮추고 생활만족, 자아존중감, 자아통합감을 높였으나, 회상 원예치료가 통계적으로 유의미하다고 보고하였다. 이러한 결과를 바탕으로 웰에이징 심리 프로그램에 (회상)원예치료는 적합하다고 할 수 있다.

넷째, 실존적 요인이다. 노년기는 다른 시기보다 절망과 무기력함을 많이 느낀다. 앞서 살펴본 신체적, 사회적, 심리적 요인을 충족한다면 절망과 무기력에서 벗어날 수 있겠지만, 개개인의 특성에 따라 해당 요인을 충족하기 어려운 노인도 존재하기 마련이다. 이에 웰에이징 프로그램의 실존적인 측면은 영성을 강조한다. 영성은 기본적으로 자기초월을 의미하며, 기본가치 이론에서 설명하는 자기초월적 가치란 자신과 가까운 집단을 비롯한 모든 인간 그리고 자연과 연결된 것을 뜻한다. 즉 자기초월적인 사람이란 자기중심성이 약하고 타인 및 사회적 관계에 많은 관심이 있고 자기중심적인 가치보다는 영적 경험을 중요하게 여긴다.[44]

43 이은숙, 조문경, 윤지원. 2008. 「회상을 도입한 원예치료 프로그램이 노인의 심리적 및 생리적 변화에 미치는 영향」, 『원예과학기술지』 26(2), 177-188쪽.
44 Leary, M. R., Tipsord, J. M., & Tate, E. B.. 2008. Allo-inclusive identity: Incorporating the social and natural worlds into one's sense of self. In H.A. Wayment & J.Baure (Eds.),

노인이 초월을 형성했을 때, 죽음의 불안이 감소하고, 의미 있는 활동이 증가한다. 또한 대인관계의 긍정적인 변화가 나타나며, 자기를 수용하고 지혜 등으로 인한 삶의 의미와 만족감을 느낀다. 이처럼 노년기 실존적 요인의 영성은 중요하다. 위의 연구 결과를 참조해 요가, 명상, 감사일기로 설정하였다.

이상의 웰에이징 프로그램 개발을 위한 이론과 선행연구 검토를 바탕으로 본 연구에서 제시하는 웰에이징 프로그램은 다음과 같다.

구분	구성	내용
신체적	영양	-영양 및 식습관 교육 -식단 제공(최소 1끼)
	운동	-신체적 건강 유지 및 낙상사고 등 예방 교육 -스트레칭, 산책, 근력운동
사회적	자원봉사	-사회참여와 자원봉사의 이해 -사회활동과 대인관계 -어린이집, 학교 등 자원봉사 참여
심리적	(회상)원예치료	-자기효능감, 자아존중감, 자아통합감의 이해 -과거의 나와 현재의 나 마주하기
실존적	요가	-초월과 영성의 이해 -과거와 현재를 수용하고 긍정
	명상	
	감사일기	

5. 맺음말

한국사회의 급속한 노인 인구 증가는 다양한 사회적 문제를 낳았다. 이는 지금도 계속되는 문제이다. 정부에서는 이를 해결하고자 연금, 일자리

Transcending.

등의 분야를 재정비하기 위한 노력에 박차를 가하고 있다. 그럼에도 한국 노인의 현실은 OECD 자살률 1위, 빈곤율 1위라는 국제 데이터가 대변해주고 있다. 노인 인구 1,000만 명이 다가오는 '노인 사회'에서 노인을 둘러싼 환경적 구조뿐만 아니라 개인적 요인을 간과하는 것은 앞서 살펴본 노인의 어두운 현실을 가속화하는 것이나 다름없다.

이에 다차원적인 측면에서 노인의 건강한 삶을 위한 웰에이징의 요구는 갈수록 높아지고 있으며, 실제 한국의 다수의 노인복지관에서도 웰에이징 프로그램이 이루어지고 있다. 하지만 다량의 연구 문헌에서 지적하듯, 대부분 신체적, 심리적, 사회적인 요인만을 다루는 등의 한계로 노년기 발달 단계의 특성으로 주목받는 자아통합과 초월을 담기에는 부족한 부분이 있다. 이를 보완하기 위해 본 연구는 노화를 설명하는 전통적인 이론 고찰부터 한국사회의 웰에이징 연구를 분석하였고, 사회복지 실천과 영성의 관계를 통해 웰에이징 프로그램에 영성을 포함할 것을 제안하였다.

전술한 선행연구에서 보고한 요가, 명상, 감사일기는 사회복지 실천에서 유용하게 다룰 수 있는 영성 프로그램으로 채택하였다. 사회복지 실천에서의 영성이란 종교성과 일부 의미는 같이하지만, 개념적 차이가 있다. 영성의 의미는 문제를 해결하는 것이 아니라 수용에 근거한 완전성과 전체성에 도달하는 것이다. 그러므로 요가와 명상과 같은 일종의 수련 활동, 감사일기와 같이 자기효능감을 증진하는 활동은 웰에이징 프로그램과 결합했을 때 상당한 효과를 얻을 수 있으리라 예상된다.

따라서 본 연구에서는 노년기 웰에이징 프로그램 개발을 위해 학술적 타당성을 확보하고자 건강증진 모델, 사회적 노화 이론, 사회교환 이론, 기본 가치 이론, 노인초월 이론의 이론적 근거를 바탕으로 신체적, 사회적, 심리적, 실존적 요인을 프로그램의 주요 요인으로 구성하였다. 이러한 구성체계가 의미하는 바는 기존의 웰에이징 프로그램에 실존적 요인을 추가함으로써 신체적으로 건강하지 않으면 참여하기 어렵다는 한계를 극복할 수 있게 하였다. 그리고 노화, 역할 상실, 죽음 등으로 인한 불안과 우울에 개입하기 위해서는 단편적인 여가활동 프로그램 참여가 아닌 치료적 개입이 중요하다는 점을 강조해 기존 연구와의 차별성을 가졌다. 제시된 통합적 접근의 웰에이징 프로그램은 노년기 삶의 질을 높이기 위한 단초가 될 것으로 기대한다.

이러한 논의가 있음에도 본 연구의 한계점은 영성을 측정하는 도구의 부재이다. 물론, "Spiritual Well-Being Scale; SWBS 영적 안녕감 척도", "Daily Spiritual Experience Scale; DSES 일상 영적 경험 척도"가 있지만, 이 두 척도는 비종교인에게는 적합하지 않다. "Spirituality Assessment Scale; 영성 평가 척도"는 여성만을 대상으로 구성된바, 남녀 모두에게 대입하기에 무리가 있으며, 아직 확인적 요인 분석을 통해 검증되지 않았다. 이 외에도 한국의 연구자들이 다수의 영성 척도를 개발하였으나, 종교성과 구분하기에 경계가 모호하다. 따라서 종교인과 비종교인의 영성을 측정할 수 있는 측정 도구 내에서의 구성 체계의 타당성과 신뢰성을 검증하는 노력이 요구된다.

이인자

 강선경 교수의 연구논문을 잘 읽었습니다. 저는 사회복지를 전공하지 않아서 잘 모르겠지만 이런 좋은 프로그램이 진행될 수 있다면 너무 좋을 거 같습니다. 저는 오늘 논평이라기보다는 참여하신 분들과 여러 가지 이야기를 나누는 시간으로 삼고 싶습니다. 저는 한국 사람입니다. 일본으로 유학을 와서 공부를 하고 학교에서 가르치면서 지금까지 일본에서 살고 있습니다. 가끔 한국을 방문하기도 하는데, 오늘 내일 이틀에 걸친 이 학술대회를 통해 한국을 더 잘 이해할 수 있게 되어 기쁩니다.

 한국에서 실제로 웰에이징 프로그램을 통해 노인의 성공적 노화를 도모하고 있다는 사실이 매우 놀랍습니다. 우리 일본에서도 이런 프로그램이 도입되어 적용된다면 정말 좋을 것 같습니다. 제가 잘 이해를 못해서 몇 가지 질문으로 시작하겠습니다.

 첫째, 이런 프로그램은 어디서 이루어지고 있나요? 둘째, 그렇다면 프로그램 대상은 누구인지요? 셋째, 프로그램이라는 것은 굉장한 것인데, 이런 것이 행해지고 있다는 것이 놀랍고 더 알고 싶습니다, 자세히 설명을 해주면 좋겠습니다.

 특히 웰에이징 프로그램의 실존적인 측면에서 영성을 강조하고 있습니다. 여기서 영성은 자기초월적이고 자기중심적인 가치보다는 노인들의 영적 경험이 중요할 거 같습니다. 그리고 영성을 측정하는 척도가 부재하다고 하였는데요, 제 생각에는 양적으로 측정하기보다는 질적인 측정도 필요하다고 생각됩니다. 숫자로 심리적, 영적인 가치를 표현하기 힘들 수도 있겠습니다.

일본도 초고령화 시대가 열리면서 정부도 그렇고 많은 단체나 여러 영역에서 웰에이징에 대한 고민이 많습니다. 강선경 교수님이 제안하시고 현재 한국에서 실행되고 있는 프로그램에 대한 관심을 우리 일본에서도 가졌으면 하는 바람을 전하며 저의 논평을 마치겠습니다. 감사합니다.

강선경

이인자 교수님의 논평 감사합니다. 구체적인 질문을 해주셔서 답변부터 하겠습니다.

첫째, 웰에이징 프로그램은 한국의 경우에는 종합사회복지관이나 노인 센터에서 진행되고 있습니다. 한국은 각 지자체, 각 구마다 사회복지관을 운영하고 있습니다. 종합복지관뿐만 아니라 특정 대상을 중심으로 하는 노인복지관, 장애인 복지관이 있습니다. 지역 중심의 복지관이 운영되고 있다고 생각하면 되겠습니다. 지역에 사시는 노인들이 매일 복지관으로 나오셔서 여러 가지 활동과 점심식사를 하고 친목을 하면서 하루일과를 보내고 있습니다.

여러 가지 활동 중 하나가 웰에이징 프로그램일 수 있습니다. 어떻게 하면 잘 늙어갈 수 있을까? 사회복지사들과 노인들이 중심이 되어 함께 프로그램에 참여하고 있습니다. 또한 사회복지사나 운영자는 이러한 프로그램이 좀 더 노인들의 신체적, 심리적, 사회적 특성에 맞도록 개발하고 있으며 요즘은 영적인 측면까지 추가하면서 웰에이징에 부합하도록 프로그램을 짜고 있습니다. 그러한 측면에서 오늘 발표한 내용은 좀 더 다듬고 연구해서 노인들에게 정말 필요하고 유익한 프로그램과 활동이 되기를 바라는 마음입니다.

둘째, 본 프로그램의 대상은 바로 노인입니다. 첫 번째 답변과 겹칠 수 있겠습니다. 당연히 지역사회에 사시는 노인들이 주 대상입니다. 건강하시고 혼자 움직이시는 활발한 노인들이십니다. 그러나 혹시 집에서 홀로 계시는 노인들은 사회복지사들이 직접 찾아가서 어떤 어려움이 있는지 살펴보고 제일 기본인 의식주 해결이나 건강에 이상이 없는지 알아봅니다. 그런 분들에게는 그들의 욕구나 요구에 맞는 관리를 해줍니다. 본 프로그램에 관심을 보이시면 당연히 복지관으로 나오시고, 여러 활동 및 친목을 통해 본인들의 삶을 더욱 더 의미 있게 보낼 수 있도록 독려합니다.

셋째, 논평자께서 본 프로그램에 대한 자세한 설명을 부탁하셨습니다. '프로그램'이라고 하면 너무 거창한 듯이 보이지만, 그리고 '복지관'이라고 해서 '관'의 성격을 생각하면 관공서 같은 느낌이 들고 좀 딱딱한 감이 온다고 하셨습니다. 하지만 여기서 말하는 복지관은 센터를 의미하는 것이기도 하고 그냥 모임으로 생각해도 좋을 만큼 그 지역사회(커뮤니티)에서 함께 모이는 장소라고 여겨도 되겠습니다. 혼자 집에 있지 말고 밖으로 나와서 다른 사람들과 어울리면서 잘 늙어 가자는 취지의 모임 정도로 우선은 쉽게 생각해도 좋을 것 같습니다.

이런 취지에서 본 프로그램을 잘 만들어서 특히 노인들의 신체건강, 정신건강, 기본적인 의식주 등의 욕구를 해결하고자 하는 것입니다. 노년기는 감소와 쇠퇴, 상실과 같은 부정적인 측면만 존재하지 않고, 노년기에 접어들어서야 비로소 성취할 수 있는 영역이 있음을 새롭게 조명할 수도 있기 때문입니다. 노화에 따른 상실을 긍정적으로 받아들임으로써 성공적인 웰에이징을 할 수 있겠습니다.

오늘날에는 초고령사회로 접어들면서 잘 늙어 감이 화두가 되고 있습니다. 어떻게 하면 건강하게 잘 늙어 갈 수 있을까? 기존의 웰에이징 프로그램에 영성을 추가하는 프로그램이 많이 개발되고 있습니다. 영성은 삶과 존재의 의미와 목적을 추구하기 때문입니다. 제 논문에서도 밝혔듯이 영성은 자존감과 삶의 만족 그리고 안정감을 증진하여, 삶의 문제와 불확실성 등의 두려움을 대처합니다. 또한 삶의 적응에 도움이 됨에 따라 정신건강 치료에 많이 활용됩니다. 특히 사회복지 실천에서의 영성은 삶의 만족도를 높이기 위한 초월의 노력으로 이해되며, 영성 수련(명상이나 호흡)을 통해 마음의 안정감을 찾을 수 있습니다.

따라서 초고령사회를 앞둔 한국사회에서 노인의 웰에이징을 위해서는 학계와 실천 현장 모두 영성의 중요성을 인지하고 부각하는 노력이 뒷받침되고 있습니다. 그리고 이러한 프로그램 설계를 할 때, 신체적, 심리적, 사회적인 측면만을 고려하는 것이 아니라 실존적 요소인 영성을 포함하는 시도가 필요한 것입니다. 이것으로 논평자의 답변이 되었으면 합니다.

커뮤니티와의 연결로 늙음을 빛나게

—장수 지역 '아마미(奄美) 군도'에 대한 학제적 연구

도미자와 기미코(富澤公子)

1. 머리말―연구의 관점

1) 네오 지론톨로지(Neo-Gerontology)로부터의 접근

지금까지의 노년학에서는 초고령자를 ①생명 및 생활력의 쇠퇴, ②건강 장애의 확대, ③현역 세대의 사회보장 부담 증가로 인식하고 있다. 그 결과, 출산과 교육비 등을 압박하여 저출산 및 고령화 사회의 악순환을 거쳐 사회는 쇠퇴의 길을 걷는다고 거시적으로 설명한다. 그러나 초고령자의 고령화는 또 다른 가능성을 내포하고 있다.

미시적으로 커뮤니티 단위로 연구하면, 초고령자는 축제 등에서의 협동과 문화의 주체이며, 농림수산업 등에서의 숙련된 생산자이다. 그들이 쌓은 숙련도, 판단력, 문화력을 문화자본으로 평가한다면, 초고령자는 풍부한 문화자본을 쌓고 삶의 지혜를 살려 건강장수를 실현하면서 다음 세대의 건전한 발달을 지원하는 등 선순환의 중심이 되는 지역 사례가 존재할 것이다.

본 연구에서는 아마미(奄美)를 대상으로 후자의 사례가 성립할 수 있는 조건을 연구한다. 초고령기에도 '평생 현역'으로 살아가며 삶의 보람을 창출할 수 있다고 한다면, 고령화에 따른 건강 장애 등을 극복하고, 차세대와의 상호 학습을 통해 건강 장수 사회를 전망하는 플랫폼의 토대를 마련할 수 있지 않을까. 그렇게 되면 기존의 통설을 지탱해 온 경제 및 경영 이론을 넘어서는 관점을 찾을 수 있을 것이다.

2) 노년적 초월로부터의 접근

본 연구에서의 초고령자 이해는 J. Erickson이 생애주기 제9단계의 발달 과제로 삼은 '노년기 초월(Gerotranscendence)'에 주목한다.

<표 1> 생애주기표

에릭슨의 생애주기 각 단계 발달 과제와 위기		
I 초고령기	노년적 초월	
II 노년기	통합 vs 절망	예지
III 성년기	생식성 vs 자기몰입	돌봄
IV 성년전기	친밀성 vs 고독	사랑
V 사춘기	정체성 vs 혼란	충성
VI 학동기	근면성 vs 열등감	재능
VII 유희기	자발성 vs 죄악감	결의
VIII 아동기	자율 vs 부끄러움, 의혹	부끄러움, 의혹
IX 유아기	기본 신뢰 vs 기본 불신	희망

노년적 초월은 스웨덴의 톤스탐 박사가 제시한 이론[1]으로, 중년기를 유지하는 것이 성공적 노화라는 '활동 이론'에서, 노년기에도 긍정적인 발달이 있다는 것을 양적 및 질적 측면에서 밝히고 있다. 노년기 초월 이론에서 노년기의 행복감이 높아지는 것도 노년기 초월 이론으로부터 이해할 수

---

1   トーンスタム, L. 2027. 『老年的超越；歳を重ねる幸福感の世界』, 冨澤公子・タカハシマサミ訳, 晃洋書房(Gerotranscendence；A Developmental Theory of positive Aging, Springer, 2005).

있으며, 초고령기의 심성과 행복감을 풀어내는 중요한 이론이라고 생각한다. 필자들의 실증 연구에서는 '자아초월', '우주적 초월', '집착의 초월'의 세 차원이 추출되고 있다. '집착의 초월'은 북유럽의 조사에서는 나타나지 않았으며, 일본인의 고유한 심성으로 생각된다.[2]

3) 늙음의 가치와 커뮤니티에 조명하는 접근법

최근의 장수 연구에서는 유전 요인은 25%로, 75%는 환경요인(식습관, 운동, 긍정적인 마음)이지만, 1) 환경요인 중 삶의 터전인 커뮤니티 특성에 주목하지 않고, 2) 건강 장수자의 노년의 가치(경험과 지혜, 잠재능력)에 주목하지 않고 있다. 3) 장수 지역에 왜 건강 장수자가 많은지, 그 지역 요인과 지원(支援) 요인에 주목하지 않는 등 지금까지의 선행연구에서는 커뮤니티에 주목한 삶의 보람과 행복감, 건강장수 연장, 건강 장수마을 조성의 길은 보이지 않는다.

본 연구에서는 다음과 같은 방법을 사용하여 장수 지역 '아마미'의 지역 요인과 지원 요인으로 행복한 노년을 해명(解明)한다.

① 학제적 방법: 심리학, 노년학, 사회학, 경제학, 경영학, 문화경제학, 민

---

2 冨澤公子, 2009a. 「奄美群島超高齢者の日常からみる『老年的超越』形成意識」, 『老年社会科学』 30, 477-488頁.
   冨澤公子. 2009b. 「ライフサイクル第9 段階の適応として「老年的超越」;奄美群島超高齢者の実態調査からの考察」, 『神戸大学大学院人間発達環境学研究科研究紀要』 2, 327-335頁.
   冨澤公子·Masami Takahashi. 2010. 「奄美群島超高齢者の「老年的超越」形成に関する検討:高齢期のライフサイクル第8 段階と第9 段階の比較」, 『立命館大学産業社会学論集』 46(1), 87-103頁.

속학 등 학제적 분야의 성과를 종합적으로 고찰한다.

② 실증적 방법: 다양한 조사 방법 및 문헌 조사(장수로 이어지는 금일적(今日的) 맥락), 현장조사(자연, 거주 공간, 축제, 습관 등 커뮤니티의 특성을 영상으로 기록), 인터뷰 조사(초고령자, 가족, 축제 관계자 등을 대상으로 한 장수요인), 설문조사(고령자, 초고령자, 집락(集落)의 구장(区長)을 대상으로 한 장수지역 및 지원요인) 등을 이용하여 실증한다.

또한 아래의 논고는 필자의 지금까지의 저서 및 논문으로 구성되어 있다.[3]

2. 아마미를 조명하다―역사에 의해 형성된 정체성

1) 아마미의 지역사회와 초고령자를 바라보는 시선

(1) 아마미의 집락(섬)에 주목

현재 많은 지역 공동체는 인간관계의 '연결'과 '결속'을 잃고, 지혜를 모으는 지식을 상실하여 사람들이 고립되고, 지역의 지속적인 발전이 점점 더 어려워지고 있다. 특히 도시 지역에서는 지역 고유의 문화가 붕괴되고,

---

3   冨澤公子·Masami Takahashi. 2014.「長寿とコミュニティの役割：奄美群島の幸福な老い」,『2012 年度公益財団法人ユニベール研究助成豊かな高齢者社会の探求』22, 1-15頁. 冨澤公子. 2019a.「奄美群島における長寿の地域要因と支援要因の分析」,『国際文化政策』10, 71-93頁.
冨澤公子. 2019b.『奄美のシマ(集落)にみる文化資本を生かした地域経営：長寿と人間発達を支える伝統と協働のダイナミズム』, 名古屋学院大学大学院博士論文.
冨澤公子, 2020.『長生きがしあわせな島〈奄美〉DVD 付』, かもがわ出版.
冨澤公子, 2021.『幸福な老いを生きる：長寿と生涯発達を支える奄美の地域力』, 水曜社.

이웃과의 교류관계와 사회관계 자본에 있어서 수평 연결도 세대 간의 수직 관계도 사라지고 있다. 그 속에서 고령자 및 초고령자는 지역에서 설 자리를 잃어 가고 있다. 그들의 인생 경험과 삶의 보람, 잠재 능력은 평가받지 못하고, 전통을 현재에 살리는 장으로서의 축제나 전통, 노하우를 다음 세대에 전승할 기회가 없다. 그러나 일본 커뮤니티의 실태를 자세히 연구하면, 많은 어려움에 직면하면서도 축제나 전통문화, 관습 등의 (무형의) 문화 자본을 계승하여 '연결'과 '결속'이라는 견고한 커뮤니티를 발견할 수 있다. 그 대표적인 예로 아마미의 섬의 커뮤니티에 주목한다.

(2) 초고령자의 잠재력과 행복감에 조명

경제성장 위주의 사회에서는 효율성과 젊음을 중시하여 초고령자의 경험과 잠재능력은 주목 받지 못하고 부정적인 측면만 평가되어 왔다. 이러한 경향은 다음 세대의 사회보장 비용 등의 증가에 주목하는 결과를 가져 왔고, 나아가 세대 간 이해관계의 대립을 피할 수 없는 것으로 고정화시키는 요인이 되기도 했다.

본 연구의 대상인 초고령자는 노화에 따른 기능 저하 등 심각한 측면이 강조되기 쉽지만, 지역 생활에서 보면 다양한 잠재능력과 문화적 가치를 이끌어 가는 사람으로서의 측면이 부각된다. 필자는 노화와 관련된 경험과 지혜, 노년적 초월 등의 잠재적 능력과 허약해지는 신체에 적응하면서 이타성과 세대성이 높아지는 행복감에 주목한다.

2) 아마미 군도의 개요[4]

아마미 군도는 가고시마현(鹿児島県) 오시마군(大島郡)에 속해 있으며, 본토에서 멀리 떨어진 섬들이 징검다리와 같이 이어진 섬들로 이루어져 있다. 8개의 유인섬(가케로시마, 요로지마, 도쿠노시마 등과 12개의 시읍면)이 있다. 인구는 104,281명(국가조사. 2020), 인구의 39.7%가 아마미시에 거주하고 있다. 고령화율은 35.0%. 아열대의 온난 다습, 태풍의 상습지이다. 산업 및 소득은 농업(사탕수수, 과일), 오시마 명주, 흑당 소주가 주요 산업이다. 아마미의 역사는 '아만유', '아지유', '나하유', '야마토유'로 4구분 된다. 그 중, '나하유' 14~16세기는 류큐왕조의 지배의 시대였다.

'야마토유'는 사쓰마 번이 지배하던 시대로, 19세기 후반까지 지속되었다. 번(藩)의 재정 확보를 위해 설탕섬으로 갇혀 가장 비참한 시대였다. 게다가 제2차 세계대전 이후 8년간은 미군 직할 시대로 열악한 환경이 극에 달했다.

3) 집락(섬)의 경관과 생활, 축제, 풍습

시마섬의 경관은 기도(祈祷)의 공간(신의 산, 신의 길, 기도처)과 일체화되어 있다. 한 달에 두 번(음력 1일과 15일) 성묘를 하는 것이 일반적이며, 조상은 항상 가까운 존재이다. 일상생활에서는 '도토가나시'라는 조상신에게 감사하는 말을 자주 사용한다. 바다 건너편에 오곡백과를 가져다주는 네

---

4   鹿児島県大島支庁. 2021. 『令和3年度奄美群島の概要』. http://www.pref.kagoshima.
jp/aq01/chiiki/oshima/chiiki/zeniki/gaikyou/r3amamigaikyou.html

리야카나야(신의 나라)가 있다고 믿는다.

섬의 중심에는 공민관과 스모도장(土俵)이 있다. 공민관은 사람들이 모여서 서로 배우는 장소이다. 도장은 섬의 상징이며, 풍년제의 풍년스모, 경로행사, 전통민요인 섬노래와 팔월춤(八月踊り)이 성대하게 펼쳐지는 장소이다. 사람들에게 축제는 '하레'의 장이며, 삶의 에너지를 재생하는 환희의 장이며, '게'의 일상을 무사히 보내는 역할을 담당한다. 아마미 사람들의 사고방식을 나타내는 관습으로 '一重一瓶(일중일병)'[5]이라는 것이 존재한다. 이는 연회 때 각자 먹을 중과와 술을 가져오는 것으로, 이러한 대등 및 평등의 관습은 현재 아마미 사람들의 생활 전반에서 볼 수 있다. 아마미는 역사적으로 봉건제도의 지배를 받지 않았기 때문에 자치력을 활용한 통치 관습이 뿌리내리고 있다. 본가, 분가라는 의식이나 신분의 상하 관계가 없고, 대등하고 평등하며 공평한 분배 등 개인의 개성을 존중하며 대범하게 생활하고 있다.

4) 아마미의 장수 다자녀화

아마미의 독자성은 장수 다자녀화 경향에 있다. 이즈미 시게치요(泉重千代) 씨 등 세계 최고 장수자를 배출한 섬으로 백수자율(10만 명당 100세 이상 인구)은 189.44명으로 전국 평균 72.13명의 2.6배에 달한다.(2022)[6] 12개 시군구 모두 전국 평균을 상회하고 있다. 〈표3〉 또한 이번(2013~2017)의 결과

---

5   石川雅信,「奄美の家族と「一重一瓶」」, 村武精一・大胡欣一, 1993.『社会人類学から見た
    日本』, 河出書房新社, 142-154頁.
6   鹿児島県,「本県の百歳以上高齢者の地区別状況」(2022.9.9付) http://www.pref.
    kagoshima.jp/ab13/kenko. fukushi/koreisya/koreika/rouzinnnohi.html(2022.12.1.).

를 이전(2008~2012)과 비교하면 12개 시·정·촌 중 9개 시·정·촌에서 출산율이 증가하고 있다.[7] 아마미에는 장수는 행복, 아이는 보물이라는 행정과 이웃이 지원하는 풍토가 있다.

〈표2〉 백수자 비율과 총 특수출자 비율(출처: 도미자와, 2020)

大和村	366.30	伊仙町	2.46
天城町	296.79	徳之島町	2.40
与論町	258.96	天城町	2.28
龍郷町	257.47	知名町	2.26
伊仙町	230.04	喜界町	2.16
徳之島町	219.96	和泊町	2.15
喜界町	168.20	龍郷町	2.13
瀬戸内町	167.52	与論町	1.99
奄美市	163.66	瀬戸内町	1.922
知名町	158.79	宇検村	1.90
宇検村	125.16	奄美市	1.88
和泊町	113.99	大和村	1.83
전국	72.44	전국	1.43
출전: 기리시마현(2022)의 자료를 저자가 재구성		출전: 후생노동성(2020)의 자료를 저자가 재구성	

3. 초고령자의 자립을 지원하는 커뮤니티

1) 초고령자 자립: 문화자본과 경제자본의 재분배

초고령자들이 섬의 축제나 전통 행사에 참여할 수 있는 여력이 생긴 것은 한편으로는 자급자족 경제라고 할 수 있는 풍부한 자연력과 농림어업의

---

7   厚生労働省, 2020. 「平成25年-平成29年 人口動態保健所·市区町村別統計の概要」(令和 2.7.31付).

발전이 있고, 다른 한편으로는 제2차 세계대전 이후 일본 사회에 보급된 연금 등 사회보장제도와 건강보험제도의 역할이 크다. 또한 섬사람들과 행정의 배려도 있다. 초고령자는 연금을 수입의 기본으로 하면서 지자체의 축하금 등과 함께 의식주, 이동, 교류 등에 사용할 수 있는 경제력을 가질 수 있다. 그림과 같이 신뢰할 수 있는 커뮤니티 기반에서는 차세대(경제자본)와 초고령자(문화자본)의 각 자본의 상호 분배가 가능해진다. 특히 현금수입이 적은 아마미의 경우, 연금제도와 건강보험제도의 충실로 초고령자가 지역에서 활동할 수 있는 기회가 생겼다.

〈표3〉 문화자본과 경제자본의 재분배 체계

	〈초고령자층〉			〈차세대(현역)〉	
전통제례문화, 산업문화, 생활문화	*재주와 문화의 체득 *문화자본의 핵	⇐경제 문화 ➡		*연금 · 위로금 *경제자본의 핵	경제적 기초
	⇨ 소득의 움직임 ➡ 문화의 움직임				

출처: 도미자와, 2021

〈표3〉와 같이 초고령자는 전통 및 제례문화, 노동 및 생활의 지식과 노하우, 장인의 역량 등(무형) 문화자본을 축적하고 있는 존재이며, 섬의 문화자본과 경제자본의 재분배 시스템에 기여하고 있는 것으로 보인다. 초고령자를 지역산업과 문화를 재생산하는 주체로 주목하면 연금제도를 긍정적인 측면으로 평가할 수 있다.

2) 초고령자를 지원하는 결속력 있는 풍토

초고령자를 지원하는 섬의 결속에는 예를 들어, (1) 행정에 의해 세워진

무인시장에서 초고령자는 수확한 채소를 팔아 삶의 보람과 현금수입을 얻는다. (2) 초고령자가 생산한 야채와 과일을 매주 한 번씩 섬의 젊은 세대가 청과물 시장에 납품하는 시스템을 구축했다. 세대 간 작업을 분담하여 성게 채취는 젊은 세대, 인내심이 필요한 성게 껍질을 벗기는 작업은 노인들이 각각 담당하여 소득을 분배하고 있다.

이처럼 섬의 결속은 초고령자가 단순히 부양받는 존재가 아니라 잠재력을 발휘하고 지역사회에 기여할 수 있는 역할의 장으로 기능하며, 사람들은 초고령자의 자립의식을 자연스럽게 지원하고 있다.

3) 아이를 키우는 결속력 있는 풍토

아이들은 주변의 따뜻한 지원 속에서 섬의 문화를 배우고 성장한다. 사람들은 아이들의 성장을 섬의 기쁨으로 공유하며, 아이들이 자라기 좋은 환경을 조성하고 있다. 예를 들어, (1) PTA(Parent-Teacher Association)는 초, 중, 고등학교 모두 섬의 모든 주민(독거노인 포함)이 가입하여 아이들의 교육 환경을 지원하고 있다. (2) 운동회에는 부모뿐만 아니라 친척과 섬의 주민들도 참여하며, 초고령자도 참여한다. (3) 전통 행사인 채찍춤(ムチモレ踊), 벼밟기춤(稲擦り踊り) 등을 고령자가 지도하고, 어릴 때부터 전통행사의 즐거움을 체험할 수 있도록 한다. (4) 입학식(초 1), 졸업식(중 3) 밤에는 학교, 직장, 친척, 동호회 사람들이 모여서 축하해준다. 중학교 졸업 후에는 부모를 떠나기 때문에 성대하게 치러진다. 섬의 결속력에서 장수 및 다자녀화를 실현하고 있는 요인을 알 수 있다.

4. 아마미 초고령자의 노년적 초월(인터뷰 조사)

1) 조사 방법

아마미 초고령자의 노년적 초월에 관한 분석과정은 다음과 같다. 첫째, 명확하게 밝혀진 노년적 초월 관계 프로세스를 기본으로 한다. 둘째, 카테고리(category)를 생성한다. 셋째, 개념(concept)을 생성한다. 넷째, 로우데이터를 기반으로 한다.

군도 내 2개 마을의 자택 거주 초고령자 11명(남성 4명, 여성 7명, 85세~101세)과 독거노인 7명을 대상으로 실시했다. 자택을 방문하여 60~90분 정도 면담 조사하였으며, 분석은 M-GTA(수정판 Grounded Theory Approach) 방법으로 진행했다.[8] M-GTA(수정판 Grounded Theory Approach)의 특징은 개개인의 이야기에 밀착하여 개념을 만들어 낸다는 점이다. 이 과정은 항상 분석 주제에 밀착하여 개념과 개념의 관계를 카테고리로 정리하고, 각 카테고리의 상호검토를 통해 핵심 카테고리로 포괄적으로 수렴하고, 최종적으로 전체그림으로 정리하여 이론화한다.

8　木下康仁. 1999.『グラウンデッド・セオリー・アプローチ；質的実証研究の再生』, 弘文堂. 木下康仁. 2003.『グラウンデッド・セオリー・アプローチの実践；質的研究への誘い』, 弘文堂.

2) 결과: 목표는 100세

<표4> 전체도

정신세계		
〈노년적 초월〉		
〈우주적 경험〉 24. 도덕은 현재형으로 지속 25 조상님을 봉양	〈자아초월〉 21. 부모, 자녀 재 정의	〈집착에의 초월〉 22. 집착과의 거리 23 관대한 적응
일상생활		
〈사회적인 행위〉		
10. 사회와 연관된 행위 11. 역할이 있는 나 12. 관계를 맺고 있는 기쁨 13. 소소하게 주위를 위한 공헌		
〈확립된 생활 스타일〉 1. 100세까지 살아감 2. 공부하는 일상생활 3. 생활의 리듬을 유지하 는 의지력 4. 음식에 신경쓰는 것 5. 도구와 지혜의 활용	⇕ ⇔ 목표는 ⇔ 100세 ⇕	〈긍정적인 인생관〉 6. 미래 지향적으로 살아감 7. 즐거웠던 고령기 8. 젊을 때부터 노력한 것 9. 장수는 획득하는 것
〈부정적인 면〉		
14. 신체와 관련된 부정적인 말 15. 동시대의 노인이 없다는 고독		
형성기반		
〈환경인자〉 16. 가족과 이웃에 소속되어 있음 17. 밭이 있음 18. 아마미의 자연 과의 일체감 19. 자연의 공포	⇔	〈형성인자〉 20. 전쟁으로부터 얻은 앎

출처: 도미자와(2021)

11명의 이야기를 M-GTA 법으로 분석한 결과, '목표는 100세'라는 핵심
개념이 도출되었다. '일상적 행위' 차원, '형성 기반' 차원, 그리고 이들이 정
신세계로 연결되는 차원으로 계층이 구성되었다. 중심층은 일상 활동에서
'목표는 100세'라는 핵심 개념이 있다.

3) 이야기 정리

아마미 초고령자의 이야기에서 3단계로 구성된 노년적 초월의 형성 모델이 제시되어 노년적 초월 이론을 실증하는 결과를 얻었다. 초고령기의 노년적 초월은 긴 삶의 과정에서의 기쁨과 슬픔, 수많은 위기를 극복해 온 삶의 행위에서 엮어낸, 나이와 함께 깊어지는 지(知)-정(情)-의(意)의 성숙으로도 해석된다. 또한 늙음과 죽음을 눈앞에 둔 유한한 삶 속에서 조상이나 지금은 고인이 된 사람들과 관계를 맺고, 한편으로는 자녀와 손자녀와의 관계에 미래를 맡기게 된다. 노년적 초월은 인생의 말년에 이르러 삶의 의미를 되묻는 시간의 깊은 통찰의 증거이자 노년의 역량이라고도 할 수 있다. 그것들이 영적 발달을 촉진하고, 주변에 대한 감사와 행복감을 높이며, 초고령기의 성공적 노화를 형성해 나간다는 연관성이다.

아마미 초고령자의 정신세계는 다양한 기쁨과 위기, 위협과 대면하면서 나이가 들어감에 따라 초월적 정도가 깊어지고, 노년적 초월에 도달하는 과정으로 이끌려 간다.

5. 아마미 섬의 유대(紐帶) 환경—집락구장(集落区長) 설문조사

1) 조사방법 및 결과

조사 대상자는 아마미 12개 읍면동 전 마을(373개) 구장(区長)을 대상으로 실시했으며, 응답률은 56.3%였다. 조사기간은 2017년 5월 26일~6월 20일이며 필자가 소속된 기관의 승인을 받아 실시하였다. 분석은 SPSS를 사용했다.

(1) 집락의 유대 상황

〈표5〉 유대 상황

	정말 그렇다	비교적 그렇다	그다지 그렇지 않다	전혀 그렇지 않다
공민관은 편하게 사람이 모이는 장소다	68.1	26.5	2.9	2.5
옛날부터 아는 사람들이 많이 살고 있다	58.0	30.7	8.3	2.9
결속 등을 다지는 지역의 문화가 남아있다	25.1	57.1	16.3	1.5
수확한 야채를 나누는 습관이 남아있다.	28.9	50.5	17.6	2.9
장볼 때 공공교통을 이용할 수 있다.	33.2	43.6	21.8	1.4
정월, 축제 등에 모이는 기회가 있다	37.9	37.9	21.2	3.0
고령자의 활동이 활발하다	29.1	38.9	23.2	8.9
여성의 활동이 활발하다	20.0	40.5	29.8	9.8
옛날의 자연이나 마을 풍경이 남아있다	14.1	44.7	35.7	5.5
유턴으로 젊은이가 마을에 돌아온다	10.3	38.9	40.9	9.9
신사와 절이 신변 가까이에 있다	10.1	16.1	40.7	33.2
쌀과 야채 등은 구입하지 않고 생활한다.	1.5	14.9	47.5	36.1

(출처: 후지사와, 2021)

자연환경과 결실의 습관 등 12개 항목에 대해 해당되는(상당히, 비교적) 응답이 높은 순서대로 나열한 결과이다. '수확한 채소 등을 주고받는 풍습', '축제 등의 모임 기회' 등, 섬이라는 공동의 장이 문화 교류를 낳는 환경이 되고 있었다. 특히 '공민관은 친근한 모임의 장소'라는 응답이 90%를 넘어섰으며, 마을의 자치와 정보를 긴밀하게 교류하고 함께 배우고 성장하는 장이 되어 사람들의 유대감을 강화하는 요인이 되고 있다.

(2) 섬의 공동 및 연중행사

공동행사가 많은 순서대로 '청소 및 풀베기', '묘지 관리', '소방훈련'을 통해 많은 지역에서 환경보전 및 자치단체 방재(防災) 등의 활동이 이루어지고 있음을 알 수 있다.

〈표6〉 공동 및 연중행사

〈공동행사〉	
청소, 풀베기	260
묘지관리	121
소방훈련	115
도로유지	107
마을내 약제 살포	83
마을 운영	77
바퀴벌레 약만들기	46
〈연중, 전통행사〉	
학교 직원 환송연	226
학교행사	220
축제, 풍년제	211
마을 행사 계승	197
정월행사	193
체육대회, 운동회	178
경로회	165

(출처: 도미자와, 2021)

연중 및 전통행사로는 학교 교직원 환송회, 문화제 등 학교행사의 학교 관련 행사가 상위권을 차지했으며, 축제 및 풍년제, 마을 고유의 행사 계승, 설날 행사로 이어진다. 특히 학교행사가 상위권을 차지하고 있는 것은 학교가 지역의 구심점이 되어 지역사회의 결속력을 강화하는 요인으로 작용하고 있다.

(3) 사회관계 자본

사회관계 자본은 신뢰, 상호부조, 지역력 등 6개 항목으로 질문했다. 〈표7〉은 '해당된다'의 상위부터 나타낸 것으로 '인사를 주고받는다' 96.8%, '마을 사람들은 신뢰할 수 있다' 92.5%, '함께 활동한다' 87.8%, '도와주면 그 사람이 도와준다' 86.0%, '어려운 사람에게는 도움을 준다' 85.0%로 모두 80%를 넘었다.

	정말 그렇다	비교적 그렇다	그다지 그렇지 않다	전혀 그렇지 않다
서로 인사 한다	58.3	38.5	3.0	0.2
이웃을 신뢰한다	36.9	55.6	6.4	1.1
환경미화에 함께 참여한다	33.5	54.3	9.6	2.6
서로 도움을 주고 받는다	33.3	52.7	12.9	1.1
곤경에 처한 사람을 도와 준다	32.3	52.7	14.1	0.9
서로 협력하는 생활을 한다	18.9	51.9	26.5	2.7

(출처: 도미자와, 2021)

(4) 경로와 고령자 평가

경로와 고령자 평가를 다섯 가지 항목으로 질문하여 '해당한다'가 높은 순으로 나타낸 것이 〈표8〉이다. '장수를 기뻐하는 습관이 있다' 91.3%, '마을의 노인들의 생활이 편해졌다' 90.0% 이하로 모든 항목에서 70%를 넘어 경로와 고령자에 대한 평가가 높았다.

〈표8〉 경로와 노인의 평가

	정말 그렇다	비교적 그렇다	그다지 그렇지 않다	전혀 그렇지 않다
고령자를 존경하는 습성이 남아 있다	45.9	45.4	8.20	0.5
고령자 생활이 전보다 편해졌다	46.7	43.3	7.82	2.18
건강하게 장수하는 사람이 많다	21.7	56.5	20.1	1.7
경로회행사에 젊은이도 참가한다	23.3	51.1	20.5	5.1
삶이 즐겁다는 고령자가 많다	15.4	56.6	26.4	1.6

(출처: 도미자와, 2021)

(5) 장수의 지역 요인: 경제 자본에 의존하지 않는 아마미의 풍요로움

건강 장수의 지역 요인에 대해 질문한 결과, '자연환경이 좋다', '이웃 등과의 교류가 있다', '친숙한 사람이 있다', '부모를 소중히 여긴다', '연중행사의 기회가 많다' 등이 상위권을 차지했다. 이는 자연 자본(자연, 음식), 사회관계 자본(교류, 친숙함), 문화자본(축제, 전통행사)으로, 경제자본으로 측정할 수 없는 아마미의 풍요로움을 엿볼 수 있었다.

<표9> 건강장수의 지역적 요인

자연환경	158	고령자를 존경함	100
교류가 있음	148	역할이 있음	72
친한 사람이 많음	140	일할 장소	60
부모를 소중하게 함	120	절과 신사와의 연결	38
연중행사	150	경제적 풍요	37
신선한 음식	120	자식과 손자녀가 많음	36
현금이 적어도 생활할 수 있음	95	축제와 전통의 계승	79
외로움을 느낄 수 없는 환경	78	기타	18

(출처: 도미자와, 2021)

⑹ 통계적 검증으로 본 노인의 존재감

집락의 유대와 고령자에 관련 항목을 카이제곱검정(カイ二乘檢定)한 결과는 다음과 같다.

① 집락의 유대와 고령자 평가의 관련성: 유대가 강한 집락의 고령자 평가가 높고, 유대가 약한 마을의 고령자 평가가 낮다.($p < 0.001$)

② 집락의 유대와 노인 클럽 가입률의 상관관계: 유대가 강한 집락의 노인 클럽 가입률은 높고, 유대가 약한 집락의 가입률은 낮다.($p < 0.001$)

③ 건강 장수자와 전통 및 관습 계승의 연관성: 건강 장수자 수와 전통 및 관습 계승은 유의미한 연관성이 있다.($p < 0.001$)

④ 노인클럽 가입률과 '경로당에 젊은 사람도 많이 참여한다'는 유의미한 상관관계가 있다.($p < 0.001$)

⑤ 노인클럽 가입률과 '사회적 관계 자본'의 많고 적음은 유의미한 상관관계가 있다.($p < 0.05$)

이를 통해 노인 클럽의 활동이 지역에 기여하고 있는 실태와 집락의 유대, 전통문화를 추진하는 원동력이 되고 있다는 점, 커뮤니티와 고령자의 유대감이 섬의 발전에 기여하고 있다는 점 등을 확인할 수 있었다.

2) 요약—아마미로부터의 발신

안심하고 오래 살 수 있는 지역 만들기는 그 지역이 걸어온 역사와 지역 고유의 자연, 즉 자연 자본 및 문화 자본, 사회관계 자본에 주목하는 것이 중요하다는 것을 알 수 있었다. 아마미의 사례를 돌아보면, 아마미에서는 제2차 세계대전 이후 고난의 경험, 가혹한 억압과 탄압, 태풍 등의 재해의 그림자를 짊어지면서도 지역의 전통문화를 지키고 산업과 생활을 창조적으로 발전시키기 위한 꾸준한 노력을 기울여 왔다. 이러한 노력은 전후 민주주의, 사회보장제도 등의 법제도 아래에서 꽃을 피우며 개인과 공동의 균형 잡힌 커뮤니티의 장이 구축되어 왔다.

후쿠하라 요시하루(福原義春)는 "'장소'에는 지역 고유의 역사가 있고, 전통과 관습에 바탕을 둔 문화가 있다고 하자. 그리고 그 지역의 고유한 문화에는 각 지역의 사람들을 움직이는 '장소의 의지'라고 할 수 있는 힘이 있다"고 논하고 있다.[9] 이를 아마미섬에 대입하면, 아마미의 역사와 전통, 관습과 신앙 등을 포함하여 구축된 아마미의 섬이라는 '장소'와 '장소의 의지'가 섬사람들의 장수와 행복한 노후의 요인이 되고 있다는 것. 이러한 사실을 발견할 수 있다.

역사와 고단한 삶에서 형성된 사람들의 정신성이 고유한 문화를 꽃피우

---

9   福原義春. 2010. 「銀座の街と資生堂」, 『国際文化政策』, 1−6頁. "『場』には地域固有の
     歴史があり, 伝統や習慣に裏打ちされた文化があるとする. そして, その地域の固有の
     文化には, それぞれの地域の人々を動かす「場所の意思」というべき力を持っている)」"

고 삶의 기반에 결속력을 강화하는 '장'을 형성하며, '장의 의지'가 초고령자의 상실감과 취약성을 넘어 '목표는 100세'라는 장수와 행복감 형성에 기여하고 있다는 발견이었다.

6. 맺음말―아마미 연구를 통해 전달할 수 있는 것들

일본의 근대화 과정에서 잃어버린 전통 공동체가 가지고 있던 풍부한 관계성(사회적 관계자본의 중층성)의 기능은 아마미에서는 '목표는 100세'라는 장수와 행복감 형성에 기여하고 있다. 안심하고 오래 살 수 있는 환경조성은 그 지역이 걸어온 역사, 자연 등 지역 고유의 문화 자본에 주목하는 것임을 알 수 있었다.

야나기타 구니오(柳田國男)는 축제의 기능에 대해 "가장 큰 역할은 공동의 기쁨을 주는 것이며, 그것을 다음 세대에 물려주는 점에 있다"고 논하고 있다.[10] 아마미에서는 축제나 전통 및 연중행사가 장수자에게 역할을 부여하고, 교류 속에서 다음 세대와 교류하며 서로 배우고 성장하는 환경이 장수를 긍정적으로 즐기는 요인이 된다는 것을 확인했다.

아마미의 장수 및 다자녀화에서 배울 수 있는 의미는 커뮤니티의 연결 속에서 장수가 귀하게 여겨지고 초고령자의 역할의 장과 잠재능력을 살리고, 나아가 '아이는 지역의 보물'이라는 가치관이 안심하고 아이를 키울 수 있는 환경 조성에 기여하고 있다.

변방의 땅, GDP 경제지표는 낮은 지역인 아마미가 '장수 및 다자녀화'를

---

10 柳田國男. 2004. 『柳田國男全集第31卷』, 444-447頁, 筑摩書房. "最大の働きは共同の歡喜を与えることであり, それを次世代に讓る点にある."

실현하고 있는 것은 인생 100세 시대의 행복 사회의 모습을 묻고 있는 것은 아닐까. 또한 필자는 장수 지역인 교토부(京都府) 교탄고 시(京丹後市)에서도 아마미와 유사한 인터뷰 조사 및 설문조사를 실시해 왔다.[11] 집락 공동체를 기반으로 축제와 전통 및 연중행사가 계승되고 있으며, 고령자 클럽은 그 추진 주체로서 지역 환경의 미화, 축제 개최, 커뮤니티의 연결과 유대감 등 풍부한 사회관계 자본 형성에 기여하고 있는 것으로 밝혀졌다.

교탄고시의 이야기를 분석한 결과, 핵심 개념으로 '자녀와 연결되는 행복'이 도출되었다. 그 배경 요인으로는 지역 전통산업인 단고직물(丹後織物)의 부흥 속에서 동거가 가능한 양질의 주거환경이 조성되어 3세대, 4세대 동거와 사촌결혼이 많은 등 자녀 및 친척과의 일상적인 교류가 있다. 또한 도노 시(遠野市) 초고령자의 이야기에서 '지금이 최고'라는 행복감이 도출되었다. 그 배경 요인에는 과거 대가족 제도의 생활과 기근과 가뭄에 시달린 생활을 경험한 후 현재의 생활상의 안정이 가져다 준 평온한 심경이 자리 잡고 있다.

이처럼 초고령자의 이야기에서 도출된 핵심 범주는 그 지역 특유의 역사와 산업, 일과 일상적 활동의 기반에서 생성된 심경의 표출로 볼 수 있다. 각각의 지역 생활에서 초고령자의 행복감은 젊은 시절과는 다른 가치관과 세계관의 형성 속에서 젊은 층과는 다른 행복감을 생성하는 모습을 발견할 수 있다. 초고령기에 지역사회와의 관계 속에서 노년은 빛을 발하는 것이 아닐까.

---

11 冨澤公子・Masami Takahashi. 2016. 「健康長寿と幸福な老いの環境要因：長寿地域「京丹後市」を事例とした実証研究」『2014年度助成ジェロントロジー研究報告』, 12, 112-117頁. 冨澤公子. 2018c. 「長寿地域における長寿の地域要因と支援要因の分析：京丹後市を事例として」『大阪ガスグループ福祉財団調査・研究報告集』, 31, 13-19頁.

강선경

 저출산 고령화 위기가 심화되는 가운데 인류가 일찍이 경험하지 못한 국가 소멸의 어두운 그림자가 한국을 뒤덮고 있습니다. 한국 통계청이 지난 달 28일 발표한 '2023년출생·사망통계'에 의하면 2023년 출생 수는 2022년보다 7.7% 감소해 처음으로 23만 명을 밑돌았습니다. OECD 38개국 중 총합출산율이 1명 미만인 국가는 한국이 유일하며, 2021년 기준 OECD 평균 1.56명의 절반 수준입니다.

 초고령화 현상은 저출산 현상과 표리부동의 관계에 있습니다. 우리나라는 2025년 초고령사회에 진입해, 2030년에는 고령화율이 25%에 이를 전망입니다. 65세 이상 인구가 전체 인구의 20%가 넘는 초고령사회에 도달하기까지의 기간은 영국이 50년, 독일이 36년이지만 한국은 불과 7년입니다. 세계에서 가장 빠르게 고령화되고 있습니다.

 초고령사회와 지역소멸 위기 속에서 고령자가 겪고 있는 케어와 의료의 어려움을 해소하기 위해 「의료, 돌봄 등 지역돌봄 통합지원에 관한 법률」이 최근 국회를 통과했습니다. 고령자가 평소 살고 있는 장소에서 의료, 간병, 돌봄, 주거 등의 종합적인 지원을 받으면서 그 지역에서 쾌적하게 살 수 있도록 하는 것을 목표로 하고 있습니다. 2019년 선도사업을 실시하고, 2023년부터는 12개 지방자치단체를 대상으로 노인 의료, 돌봄 통합 지원을 실증사업으로 추진하고 있습니다.

이 통합지원법의 의의는 노령, 장애 등으로 일상생활에 어려움을 겪는 국민이 살고 있는 곳에서 건강한 생활을 유지할 수 있도록 지원하는 기반을 구축한 것입니다. 또한 그동안 단편적으로 제공되던 보건의료, 장기의료, 일상생활 돌봄 등의 지원을 대상자 중심으로 지역에서 통합적으로 연계하여 제공하는 절차를 정비하였습니다. 이를 실현하기 위해 기초자치단체에 전담 조직을 설치하고 통합 지원, 정보 시스템을 구축, 운영하여 집행력을 강화했습니다. 또 2년의 준비기간을 확보함으로써 법 시행의 완성도도 높였습니다.

제가 토론하는 발표문이 바로 위의 내용을 담고 있어서 매우 흥미롭게 읽었습니다. 제목에서 알 수 있듯이 커뮤니티와의 연관성을 통해 노령을 빛내는 장수 지역 아마미 군에 대한 연구였습니다. 한국의 상황과 비교하여 몇 가지 질문을 하고 싶습니다.

첫째, 아마미 지역 초고령자의 자립을 지원하는 커뮤니티에는 어떤 법적 근거가 존재할까요?

둘째, 지역 주민의 자발적인 생활 태도에서 결속력 있는 행위는 어떻게 형성되고 지속될 수 있었을까요?

셋째, 이 지역의 장수 다자녀화도 굉장히 흥미롭고 중요하다고 볼 수 있습니다. 아마미 지역 말고도 이런 곳이 있나요?

넷째, 인터뷰 조사 대상자나 문화 교류를 하는 노인 주민 대부분이 건강해야 한다고 생각되는데, 건강하지 못한 노인들에 대한 지역에서의 돌봄 형태는 무엇이 있을까요?

안심하고 오래 살 수 있는 지역을 만들기 위해서는 자연자본, 문화자본, 사회관계자본에 주목하는 것이 중요하다는 발표자의 요약에 동의하며 저의 토론을 마치겠습니다.

논평에 대한 답변

도미자와 기미코(富澤公子)

관심을 보여주신 논평에 감사를 드리며 다음의 질문에 대한 답을 드리고 자 합니다.

아마미 지역 초고령자의 자립을 지원하는 커뮤니티에는 어떤 법적 근거 가 존재하는지에 관한 질문에 대한 답입니다. 일본은 노인복지법에 따라 일본 전역에 걸쳐 노인을 위한 개호 제도, 요양 보호 등은 후생노동성을 주 체로 하여 도도부현, 시정촌에 걸쳐 이루어집니다. 예부터 고령인구가 많 았기에 노인에 대한 지원은 오래전부터 이루어져 왔다고 볼 수 있습니다. 요양보호는 2000년 4월 이후, 공적인 개호서비스 보장 체제의 개호보험제 도로 시행되고 있습니다. 종류는 거택, 비거주형의 거택 서비스, 지역 밀착 형 서비스 등이 있습니다. 개호보험 이외의 공적 개호서비스 보장도 여러 제도가 존재하고 있어 개호보험제도를 보완하고 있으며 구체적으로는 노 인복지법에 따른 복지 조치, 장애인종합지원법에 의거한 자립지원급부, 생 활보호법에 근거합니다.

두 번째 질문은 지역 주민의 결속력 있는 행위는 어떻게 형성되고 지속 되는지에 관한 것입니다. 지역 주민의 자발적인 생활 태도에서 결속력 있 는 행위형성은 발표에서 설명한 바와 같이 지역의 고유한 문화인 축제를 통하여 지역 주민의 공감대를 고취시킵니다. 지역의 정신적 가치면에 있 어서도 노인의 장수를 축하하고 어린아이를 보물처럼 여기는 마을 문화가 있습니다. 그리고 자연 안에서 이웃과 나눠 먹는 상생의 관계와 소통이 전통적으로 있었는데 그런 점을 이유로 들고 싶습니다. 셋째 질문은 출산율에 관한 것이었지요. 최근에 소식화가 문제입니다. 정책적으로 소식화를 극복하려고 정부에서는 노력을 하고 있습니다. 한 가지 분명한 사실은 육아 돌봄 지원, 아동 지원금이 많은 곳, 여성이 일할 수 있는 노동 조건을 갖추고 있는 지역의 출산률이 높은 것 같습니다.

넷째 질문은 건강하지 못한 노인들에 대한 지역에서의 돌봄 형태에 관한 것이었습니다. 간단히 말씀드린다면 건강하지 못한 노인은 요양보호시설이 있으며 방문 간호도 있습니다. 그리고 주민끼리 협력이 잘되어 서로가 서로를 케어하기도 합니다. 감사합니다.

초고령사회에서 웰에이징(well-aging)에 대한 철학상담적 고찰[*]

홍경자

[*] 이 논문은 2022년도 정부의(교육과학기술부 학술연구조성사업비) 재원으로 한국연구재단의 지원을 받아 수행된 연구임(NRF-2022S1A6A3A01094924). 또한 이 논문은 2023년도 서강대학교의 교내 지원 사업으로 수행된 연구임(202310036).

1. 문제제기

바야흐로 세계는 의학 혁명에 힘입어 평균 수명의 증가로 100세 이상 인구가 급증하는 '호모 헌드레드(homo hundred)'로 명명되는 초고령 시대로 접어들고 있다.[1] 한국 사회는 출산율 감소와 평균 수명 증가로 전 세계에서 가장 빠르고 광범위하게 고령화가 진행됨으로써, 인구 구조의 급격한 변화를 겪는 중이다. 문제는 노후를 준비하지 않은 채 맞이하는 장수란 재앙이라는 냉혹한 현실에 있다. 이러한 현실에 가세하여 세계는 미래에 대한 우울한 전망과 발언들을 쏟아내고 있다. 예컨대 경제 성장에 먹구름이 드리울 것이라든지, 인구 고령화는 인류에게 잿빛 미래가 될 거라는 부정적 시나리오의 등장과 함께 개인의 삶 차원에서도 '노후 난민', '노후 파산', '고독사' 같은 부정적인 표현들이 자주 언급되곤 한다.[2] 고령화에 대한 대비 없이 빠른 속도로 늙어 가는 한국 사회에서 노인들의 위치는 OECD 평균 노인 빈곤율 1위(평균의 4배), 노인 자살률 1위(평균의 3배), 쉬고 싶어도 일해

---

1   호모 헌드레드라는 말은 사람을 뜻하는 homo와 숫자 100을 뜻하는 hundred를 결합하여 만든 합성어로서 100세 장수가 보편화되는 시대의 '인간상'을 일컬어 2009년 UN이 발표한 '세계 인구 고령화 보고서'에 처음 등장한 신조어였으나, 어느새 이 말은 지금의 현실이 되고 있다.(유선종·최희정. 2023. 『초고령사회 뉴노멀 시리즈: 新노년의 삶, 웰에이징 트렌드』, 박영사, 20쪽.

2   P. H. Irving, *The Upside of Aging*; 2016. 『글로벌 고령화, 위기인가 기회인가』, 김선영 옮김, 아날로그, 13쪽 참조.

야 하는 노년 1위(75세 이상 초고령층 인구 고용률 5년 연속 1위)라는 불명예스러운 수치들이 이를 상징적으로 대변해 주고 있다.[3] 여기서의 문제는 가난과 질병, 고독 속에서 긴 노년의 시기를 보내는 노인에 대해 사회나 가족이 그들을 짐스러운 존재로 바라본다는 데 있다. 이런 사회에서는 정상성과 유용성의 측면에서 노인을 불필요한 존재로서 과소평가하고 멸시하며 치유불가능한 죽음의 선고자로 인식한다는 점에서 문제의 심각성이 드러난다고 할 수 있다.

"변화하는 세계 속에 유배된 이방인"[4]이라고 불리는 노인은 젊은이들만 살아가는 행성에 어느 날 갑자기 불시착한 외계인이나 경제 능력이 없는 폐품으로 취급받음으로써 노년에 대한 부정적인 사회적 인식은 더욱 확산 일로에 있다.[5] 이와 같은 부정적 인식은 소외와 고독, 결핍과 타인에 대한 의존이 노후의 숙명이라는 미래에 대한 두려움이나 불안으로 연결된다. 두려움과 불안은 건강하지 못한 여러 행동을 유발한다. 이를테면 나이를 인정하려 하지 않고, 과잉 보상에 매달리며, 심한 경우 노년을 혐오(Abscheu, disgust)함으로써 노인에 대한 낙인 및 차별과 배제를 노인 스스로가 정당화하며, 나아가 이러한 부정적 인식을 자기 안에 내재화함으로써 자기 자신에 대한 혐오로 바뀌면서 자기 비하로 이어지기도 한다. "노년에 대한 인식은 죽음 자체보다 더 큰 혐오의 감정을 불러일으킨다."[6]는 보부아르(Simone de Beauvoir)의 말은 노인에게 비생산적이고 쓸모없는 존재로

---

3 최현숙·정윤수·이근후. 2018. 『노년공감』, 정한책방, 4쪽 참조.
4 S. Beauvoir. 2002. 『노년, 나이듦의 의미와 그 위대함』, 홍상희·박혜영 옮김, 개정판, 책세상, 770쪽.
5 앞의 책, 755쪽 참조.
6 앞의 책, 759쪽 참조.

받아들여지는 노년을 심리적으로 얼마나 끔찍하게 인식하고 있는지를 극단적으로 보여준다. 그러나 여기서 더 주목해야 할 것은 혐오와 죽음이 따로 분리되지 않고 서로 긴밀하게 연결되어 있다는 것이다. 혐오의 대상은 썩어 가는 시체이며, 혐오는 이를 '회피하는 감정'이자 '거부하는 감정'이기 때문이다. 혐오는 생명과 죽음 사이를 오가는 경계선에 있는 감정으로서 그 이면에는 죽음의 불안과 공포가 짙게 드리워져 있다.

이 글은 사람들이 가지고 있는 노화에 대한 혐오가 웰다잉(well-dying)과 웰에이징(well-aging)을 가로막는 강력한 장애가 되는 원인이라고 진단하고, 이 감정이 인간의 내면에서 어떻게 역겨움을 일으켜 스스로 회피하도록 만드는지 사회구조적인 맥락을 살펴볼 것이다. 그런 다음 철학 상담의 방법론인 '세계관 해석'의 관점에서 혐오에 담긴 믿음이 비합리적이라는 사실과 함께 이를 기반으로 나이 듦에 대한 새로운 이해와 해석을 통해 어떻게 잘 늙어갈 수 있는지에 대해 철학상담적 방안을 모색해 보고자 한다.

2. 혐오 개념의 이해

혐오는 대부분의 인간 삶에 큰 영향을 끼치는 감정 가운데 하나로서, 자연적으로 주어진 본성이라기보다는 사회적으로 형성된 감정으로 매우 복잡하게 이해되는 개념이다. 누스바움(Martha Nussbaum)은 혐오의 개념을 '원초적 혐오(primary disgust)'와 '투사적 혐오(projective disgust)'로 분류한다.[7] 원초적 혐오는 특정한 감각 경험의 신체 생리적 반응에서부터 나오는

---

7   M. C. Nussbaum. 2016. 『혐오에서 인류애로』, 강동혁 옮김, 뿌리와이파리, 54쪽 이하 참조; 2018. 『지혜롭게 나이 든다는 것』, 안진이 옮김, 어크로스, 113-119쪽 참조.

감정으로서 몸에서 배출되는 분비물이나 노폐물인 시체, 구토, 오물, 벌레, 피 등과 같은 동물성이 자신을 오염시킬 수 있다는 가능성에 두려움을 느낄 때 형성된다. 즉 혐오는 외부의 사물이나 상황에 대한 접촉이 자신을 오염시킬지도 모른다는 사실에 대한 극도의 증오감이다. 이 점에서 혐오는 자아와 타자의 상상적 경계 짓기의 산물이라고 할 수 있다. 진화심리학적 관점에서 볼 때 인류는 생존에 위협이 되는 물질인 세균, 바이러스와 같은 물질이나 원주민을 위협하는 이주민과 같은 이질적인 대상 등에 대한 경계심을 높여야 했다. 이에 인간은 몸에 혐오의 감정을 새겨 자기 보호와 생존의 수단으로 삼는 방식으로 진화해 왔고, 인간의 몸 안에 혐오 감정 발현 기제가 자연스럽게 새겨지고 장착되었다.[8] 이처럼 방어 기능을 갖는 원초적 혐오는 인류학적으로 문화와 훈육을 통해 사회관습에 내재한 자연스러운 감정으로서 사회의 경계 짓기와 안전을 확보하는 순기능의 역할을 하는 유효한 감정으로 여겨져 왔다.

그런데 이러한 원초적 혐오는 시간이 흐르면서 점점 더 복잡한 문화적 형태를 취하면서 동물성과 죽음으로부터의 도주가 훨씬 심각한 문제가 되기 시작한다.[9] 누스바움은 사회구성원들의 심리가 반영된 이와 같은 혐오를 '투사적 혐오'라고 부른다. 역겨운 속성을 특정 집단이나 개인에게 전가하는 투사적 혐오에는 타자의 더러움에 대한 망상과 자신의 깨끗함에 대한 망상이라는 이중의 망상이 작용한다.[10] 그러나 투사의 양 측면은 모두 거짓된 믿음에 근거하고 있으며, 둘 다 위계의 정치에 이바지한다. 투사적 혐오는 특정 집단을 원초적 혐오의 대상으로 단정하고 순수하고 깨끗한 집단과

---

8   전중환. 2019. 『진화한 마음』, 휴머니스트, 86쪽 이하 참조.
9   M. C. Nussbaum. 2020. 『타인에 대한 연민』, 임현정 옮김, 알에치코리아, 146쪽 참조.
10 M. C. Nussbaum, 『혐오에서 인류애로』, 56쪽 참조.

분리함으로써 그 집단을 혐오스러운 집단으로 배척하며 낙인찍는 논리로 이용한다는 문제점이 있다. 자신을 순수한 것으로 타자를 더러운 것으로 표상하려는 이 투사적 혐오는 부패, 냄새, 분비물 같은 역겨운 물질을 특정 부류에 투사하여 그들을 예속시키는 전략으로 사용함으로써 자신의 동물성을 '부정'하게 하는 전략과 그들을 분리해서 '예속'시키려는 전략으로 이용하기 때문이다. 전통적인 혐오의 대상이었던 흑인, 여성, 게이, 레즈비언을 동물성으로 오염된 존재로 치부하여 개인이나 집단의 존엄성을 부정함으로써 열등한 존재로 대상화한다. 혐오는 특정 집단을 배척하기 위한 사회적 무기로 정당화함으로써 자기에게 내재해 있는 역겨운 동물성을 인정하지 않으려는 자기기만이자 헛된 열망으로서 암묵적 자기부정에 대한 심리적 욕구를 반영한다.[11] 그러므로 투사적 혐오는 '무엇인가에 대한 감정'으로, 그것이 실재하는 대상이든 상상의 대상이든 어떤 대상을 향해 있다는 점에서 지향성을 지닌 심리 현상이다. 인간의 기본 감정 중에 혐오만큼 대상 지향성이 두드러진 감정도 없다. 그렇다면 혐오는 대상에 고유한 감각적 요소라기보다는 그 대상에 대한 '주체의 인식'으로서, 최종적으로는 모든 혐오의 기반은 타자가 아니라 바로 나 자신에게 있다고 볼 수 있다.[12]

노인 혐오가 사회적으로 투사되고 노년의 시기를 우리 삶에서 배제한다고 하더라도 우리 안에 내재하는 어떤 불안과 공포가 노인을 혐오하게 만드는 걸까? 가장 근원적이고 보편적인 혐오는 죽음에 대한 공포일 것이다. 인간뿐 아니라 모든 살아 있는 생명체는 죽음을 공포스러워 하며, 이는 생존에 필수적이기까지 하다. 죽음에 대한 공포는 가장 원초적이며, 오직 인

---

11 M. C. Nussbaum. 2016.『혐오와 수치심』, 조계원 옮김, 민음사, 192쪽 참조.
12 아우렐 콜나이. 2022.『혐오의 현상학』, 배리스미스, 캐롤린 코스마이어 엮음, 하홍규 옮김, 한울아카데미, 55-56쪽 참조.

간만이 아직 오지 않은 죽음의 불가피함을 알고, 평생 그것을 의식하며 산다. 결국 죽을 수밖에 없다는 불안으로 자극받는 인간의 동물성이 혐오를 추동하는 원인이 된다고 할 수 있다. 왜냐하면 혐오의 대상은 부패에 대한 상상이 동물성을 상기시키는 것, 즉 우리 자신의 동물성은 결국 죽을 수밖에 없는 운명을 상기시키기 때문이다. 노인의 쇠퇴한 몸은 우리가 아직은 받아들이지 못하는 죽음과 연결되는 동물성을 상기시키기에, 그것을 회피하려는 반응으로서 혐오가 나타난다. 나이 들면서 몸의 부패가 진행되며, 나중에는 그 몸이 죽음을 맞이할 것이기 때문이다. 우리는 본질적으로 죽음과 부패, 혹은 죽음과 부패의 악취를 떠올리게 하는 것에 혐오를 느낀다. 그러므로 혐오는 두려움의 영향을 받지만, 그 두려움은 대상이 위험하다는 단순한 생각보다 훨씬 더 근본적인 두려움이다.[13] 죽음과 부패하게 될 시신에 대한 두려움이라는 점에서 우리는 부패로 상징화되는 죽음의 수용을 거부하는 것이다.

인간은 다른 생명체와 다르게 죽음에 대한 혐오를 기묘한 상징으로 투영하여 초월하려 한다. 그러나 인간의 동물성은 인간이 언젠가 죽을 육체적 존재라는 사실을 떠올리게 하는 위협적인 요소가 된다. 물론 인간의 능력으로서 상징화, 자의식, 상상력이 죽음의 공포를 이겨낼 수 있게 도움을 준다고는 하지만, 바로 그러한 능력 때문에 육체, 자연, 죽음을 상기시키는 존재를 폄하하고 인간성을 말살하는 요인이 되기도 한다. 삶과 죽음의 경계에 서 있는 노인은 그 불완전한 경계를 통해 혐오를 유발하기에 보는 이의 불안을 자극하고, 그 불안을 해결하려는 과정에서 적극적인 배제의 욕망이 생겨나기 때문이다. 그러한 이유에서 노년의 삶이 죽음의 공포에 대

---

13 M. C. Nussbaum, 『타인에 대한 연민』, 142쪽 참조.

한 대체물로서 인간의 불안을 자극한다. 노인은 삶과 죽음의 경계에서 혐오의 대상이 된다. 그 결과 노인을 혐오하는 사회는 젊고 생산력 있고 가치 있는 몸을 이상적인 것으로 상정하고 그것을 동경하고 유지하는 역할을 한다. 결국 노인 혐오는 우리 안에 내재하는 죽음에 대한 불안과 공포가 삶과 죽음의 경계에서 죽음을 상기시키는 노인에게 투사된 결과물이자 노인집단과 청년집단을 암묵적으로 분리하려는 인위적이고 상상적인 경계 짓기를 통해 우리 안에 공포를 잠재우는 수단으로 작용한다. 다양한 주체가 공존하는 사회에서 경계를 만드는 것은 동일성의 원리와 권력의 작용이며, 그 과정에서 정치적이고 폭력적인 이데올로기가 작동한다. 이데올로기는 상상적 동일성의 경계를 지키려는 욕망을 통해 작동하며, 경계선의 부근이나 바깥에서 특정 개인이나 집단을 혐오의 대상으로 설정하고, 그 대상과의 차별과 분리를 통해 우리 자신의 상상적 동일성을 더욱 공고히 한다. 실제로 차이를 경계로 바꾸는 모든 경직되고 고정된 영역에는 혐오가 만연하게 된다. 여기까지가 혐오의 감정이 어떻게 노년의 삶을 억압하고 제한하는지 살펴보았다.

그러나 이보다 더 큰 문제는 과학의 발달과 자본주의의 영향으로 노년을 관리하고 정복해야 하는 것으로 간주한다는 것이다. 이러한 담론에서는 노인을 주체가 아닌 객체로 전락시킨다는 데 있다. 혐오 받는 존재를 구원해야 할 대상으로만 간주하거나 돌보고 배려할 타자로만 여기는 이분법적 도식은 오히려 그들을 소수자로 차별하고 배제하는 태도를 더욱 강화시키는 원인이 될 수 있다. 그보다는 노인을 인격적으로, 가치 있는 존재로 인정할 때만이 기존의 노인 담론을 넘어 노인 혐오에 맞설 수 있다. 여기서 중요한 점은 노인 스스로가 투사적 혐오의 사회적 메커니즘을 내재화하여 자기혐오의 희생양이 되지 않아야 한다는 것이다. 언제부터인가 자연스러운 삶의 과정으로서 받아들여졌던 노화의 현상을 삶의 영역에서 몰아내고, 관리되어야 할 벌거벗은 생명(homo sacer)으로 전락시키고 있다. 문제는 이러한 태도가 노인에 대한 경멸과 배제로 고착될 위험을 다분히 내포하고 있다는 것이다. 다음 장에서는 세계관 해석을 통해 노인 혐오의 기저에 깔린 노년에 대한 편견과 왜곡된 이해를 불식하고 주체적인 자기 자신과의 관계를 회복하는 웰에이징의 철학상담적 방안을 제안해 보고자 한다.

3. 세계관 해석을 활용한 웰에이징에 대한 철학상담적 방안[14]

세계관 해석은 일상을 비추는 삶의 확대경으로서 우리가 자기 자신의 변화와 치유를 위해 삶을 더 정확하게 통찰하고 이해하게 하는 철학 상담 방법론이다. 야스퍼스의 세계관 이론과 정신적 연관성을 짐작할 수 있게 하는 철학 상담가인 라하브(Ran Lahav)의 세계관 해석을 중심으로 웰에이징의 문제를 철학 상담과 관련하여 좀 더 확장해 보자. 라하브는 세계관을 "내담자 자신과 실재에 관한 그 개념 구조와 철학적 함축을 해석하는 추상적 구조 틀"[15]로 정의한다. 세계 내적 존재요 세계 개방적 존재인 인간은 자기 삶을 주도하는 세계관 해석을 통해서 자기의 고유한 태도를 변경하고 세계관을 확장하거나 새로운 세계관을 갖는다. 라하브에 따르면 "삶은 우리 자신과 세계에 대한 지속적인 해석"[16]으로 이루어져 있다. 우리의 일상

---

14 III장은 홍경자, 박병준. 2022. 「세계관 해석과 철학상담」, 한국해석학회, 『현대유럽철학 연구』, 104-114쪽까지의 전문을 수정, 보완하였다.

15 란 라하브, 「철학상담의 개념 구조틀: 세계관 해석」, 9쪽.

16 Ran Lahav, "A Conceptual Framework for Philosophical Counseling: Worldview Interpretation", *Essays on Philosophical Counseling*, Edited by Ran Lahav/Maria da Venza Tillmanns, Lanham/New York/London: University Press of America, 1995, p.

적 삶의 다양한 측면이 자기 자신과 세계에 관한 철학적 견해이자 표현인 한,[17] 철학 상담의 과정 안에서 내담자의 세계관은 반드시 드러날 수밖에 없으며, 이를 검토하는 것은 내담자가 자기를 이해하고, 나아가 자기 문제를 해결하는 데 매우 중요하다.

철학 상담은 무엇보다도 삶을 해석하는 과정에서 삶을 강화하도록 통제하고 규제하는 환경을 내담자에게 제공한다.[18] 세계관 해석을 통해 진행되는 철학 상담은 내담자가 자기 세계관에 기초한 세계에 대한 태도와 그 철학적 함의를 탐구한다. 그리고 다양한 관계망으로 얽혀진 세계 구조 안에서 드러나는 사고의 경계, 패턴과 개념, 그리고 그 힘의 상관관계를 밝혀냄으로써 내담자 스스로 근본적인 자기 변화를 모색하도록 도와준다. 이를 위해 철학 상담사는 우선 내담자의 견고한 사고 안에 숨겨진 전제와 함의, 반복되어 나타나는 사고와 행동의 패턴이 무엇인지 파악하고, 세계를 형성하는 사고의 틀인 '개념'에 대해 분석할 필요가 있다. 내담자의 세계관 안에는 대상과 사태를 인식하고 표현하는 기본적인 개념과 개인의 고유한 행동 양식, 그리고 심미적, 윤리적, 실존적 차원뿐만 아니라 논리적, 인간학적, 형이상학적 차원의 다양한 관점과 통찰이 함께 내재해 있다. 이는 실제로 삶을 구성하고 이끄는 핵심 요소이자 내담자가 거처하는 세계를 경계 짓고, 또한 이를 넘어서는 계기로 작용한다. 인간은 경계 지어진 세계 안에

24(한글 번역본은 란 라하브, 「철학상담의 개념 구조틀: 세계관 해석」, 『철학상담의 이해와 실천』, 란 라하브/마리아 벤자 틸만스 편저, 정재원 옮김. 2013. 서울: 시그마프레스, 34쪽). 이하 쪽수는 원본/한글 번역본으로 표기함.

17 Ran Lahav, "A Conceptual Framework for Philosophical Counseling: Worldview Interpretation", p. 5-6 참조.

18 Ran Lahav, "A Conceptual Framework for Philosophical Counseling: Worldview Interpretation", p. 24-34쪽 참조.

살지만, 동시에 그 경계를 넘어섬으로써 더 큰 실재의 세계로 자기를 개방한다. 자기를 좁은 세계에 가두지 않고, 더 큰 실재의 세계로 개방하기 위해서는 삶의 기반이 되는 세계관 전반에 대한 검토와 해석이 우선되어야 한다. 물론 이때 세계를 직접적으로 구성하는 요소들에 관한 철학적 검토도 함께 요구되는데, 그것은 인간의 세계를 구성하는 체험, 시공간의 직관, 언어, 사회와 공동체, 역사와 이념 등이다.[19]

주지하다시피 우리가 위기의 상황에서 자기 변화를 도모하고자 한다면, 자기의 문제와 한계가 고스란히 드러나는 세계관 전반에 대한 철학적 성찰과 검토에서 시작해야 한다. 일상에서 드러나는 나의 삶의 기본 태도는 결국 철학적 함의가 내포된 자기 고유의 세계관에서 비롯되기 때문이다. 또한 세계관이 구체적으로 일상의 삶에서 믿음, 신념, 인식, 감정, 행동, 욕구(욕망), 도덕적 가치, 희망, 사랑 등 다양한 방식을 통해 표현되고 있는 한, 그 안에 숨겨진 고유한 세계관에 대한 검토는 필수적이기 때문이다. 이런 세계관 해석이 가능할 때 비로소 내담자는 자기 문제의 뿌리를 깊이 이해하고 이를 통합적으로 처리할 수 있는 능력을 갖추게 된다. 우리의 삶은 세계관 해석을 기반으로 한 중단 없는 이해의 과정이자 바로 지금 여기서 행해지는 자기 자신과 세계에 관한 '새로운' 해석의 작업이다. 이 해석의 핵심은 현상학적 환원인 태도 변경을 통해 내담자 스스로 고정된 관념들과 경직된 표상들을 깨는 데 있다. 고정된 표상의 전제들을 검토한 뒤, 갇힌 내면의 벽을 부수고 나올 때 우리는 비로소 세계와 관계하는 사고와 행동양식을 새롭게 전환할 수 있을 뿐만 아니라 새로운 세계에로 자유롭게 개방

19 세계의 본질적인 구성 요소에 관해서는 에머리히 코레트. 1994. 『인간이란 무엇인가? 철학적 인간학의 기본 개요』, 서울: 성바오로출판사, 83-91쪽 참조.

할 수 있다.[20]

그러나 그렇다고 해서 세계관 해석이 곧바로 삶의 한계 상황에서 문제 해결의 최종적인 해답이 된다는 뜻은 아니다. 세계관 해석은 세계 안에서 자기 한계인 자기규정을 의식하고, 이를 부단하게 넘어서고자 하는 정신의 초월적 행위를 기반으로 하기 때문이다. 다시 말해 세계관 해석은 새로운 세계관의 구축을 위한 실마리를 제공하지만, 그 실행은 초월의 행위 없이는 불가능하다. 경계를 넘어서는 초월의 행위는 '정신의 초월성'에 근거한다. 인간은 정신의 본성상 궁극적으로 무제약적이며 무조건적인 존재 지평 위에서 자기 존재 가능을 향해 끊임없는 초월의 행위를 수행하고 있다. 철학 상담은 인간의 삶이 기본적으로 철학에 기반하고 있다는 인식하에서 삶의 신비와 깊이를 이해하고, 이를 개인의 삶에 직접 적용함으로써 궁극적으로 삶의 문제를 해결하는 데 그 목적이 있다. 정신적 존재인 인간은 사유하는 이념의 존재이자, 문화를 창조하고 이를 후대에 전승하는 역사적 존재이다. 철학과 역사, 이념과 문화는 인간의 삶을 이끄는 두 중심축이다.[21] 모든 개별 과학은 두 중심축을 기반으로 세워진다고 해도 과언이 아니다. 철학 상담은 인간의 삶을 기본적으로 구성하는 철학과 역사, 이념과 문화를 반성함으로써 삶의 깊이를 더할 뿐만 아니라 더 큰 실재의 세계

---

20 안셀름 그륀. 2000.『올해 만날 50천사』, 서명옥 옮김, 서울: 분도출판사, 29쪽 참조.
21 하이데거에 따르면 인간의 이해 세계는 역사의식과 철학의 두 방향에서 이끌어진다. 즉 인간은 일반적으로 한편에서 역사의 문화적 유산 속에서 그리고 다른 한편에서는 철학의 보편적 진리 안에서 자기 자신을 이해하고 해석한다. 그러나 하이데거는 이를 넘어서 존재 이해를 위한 더 근원적이고 원초적인 해석의 출구가 있다고 주장한다. 마르틴 하이데거. 2002.『존재론: 현사실성의 해석학』, 이기상/김재철 옮김, 서울: 서광사, 121쪽; 박병준. 2014.「하이데거의 존재와 해석:『존재론: 현사실성의 해석학』에 대한 해석학적 탐구」,『가톨릭철학』, 제23호, 한국가톨릭철학회, 228쪽 참조.

로 나가도록 돕는다. 더 큰 실재에로 나아가는 세계의 확장은 철학적 사유의 깊이에 비례한다. 이런 확장된 세계 이해를 통해서 우리는 삶을 더 깊이 인식하게 되고, 이로써 한계 상황을 극복하는 치유도 경험하게 된다.

삶의 문제는 우리가 살아가는 세계의 문제이며, 경계 지어진 세계를 확장해 갈 때 거기서 발생하는 문제도 함께 해결될 수 있다. 철학 상담에서 경계 지어진 세계를 넘어섬은 문제 해결로 나아가는 지름길이다. 인간은 '세계 내적 존재'로서 모든 문제가 세계 안에 있는 것이지 자연 안에 있는 것은 아니기 때문이다. 이 말은 인간이 세계 안에 그저 던져진 존재가 아니라 세계를 스스로 만들어 가는 '세계 개방적 존재'이며, 세계를 구성하면서도 스스로 세계를 경계 짓고, 그것을 넘어선다는 뜻이기도 하다. 즉 우리는 이미 가지고 있고 또 구성하는 세계로부터 자기를 이해하며, 세계관의 해석에 근거해 당면한 현실 문제를 인식하고, 그 해결을 모색한다. 그러므로 오늘날과 같은 절망적 상황 속에서도 새로운 변화를 촉구하는 세계 지평의 만남과 융합 그리고 확장을 통한 문제 해결이 인간의 초월성과 어떻게 연결되는지, 그에 대한 논의를 인간 정신과 연관하여 설명해 나갈 필요가 있다.[22]

인간 정신은 무엇보다도 삶의 내재성과 초월성이라는 이중의 운동 안에서 고유한 자기 존재의 의미를 밝힌다. 인간은 내재적으로 삶 속에 있지만, 그러나 이를 사유하고 규정함으로써 삶을 초월해 간다. 여기서 말하는 삶의 초월성은 삶 자체를 넘어서 있다는 의미가 아니라 삶 전체를 포착하며 삶의 궁극적인 의미를 밝혀나간다는 의미이다. 인간의 이런 초월성은 기

22 박병준. 2015. 「철학상담과 해석학: 철학상담을 위한 해석학의 적용의 문제」, 『현대유럽철학연구』, 제38집, 한국현대유럽철학회, 237쪽 참조.

본적으로 인간 정신의 물음에 대한 실행을 통해 이루어진다. 정신적 존재인 인간은 그 본성에 따라서 묻는 존재이며, 인간의 물음은 '물음의 계기 원리로서 감정'과 '물음의 실행 원리로서 이성' 그리고 '물음의 지속 원리로서 영성'의 상호 작용을 통해 전체적이고 절대적이며 궁극적인 것을 향해 끊임없이 자기규정을 넘어선다.[23]

이때 초월성과 개방성을 특징으로 하는 영성은 영적인 정신작용으로서 제약된 경계를 넘어섬과 동시에 경계와 경계를 잇는 통로가 된다. 영성은 경계 지어진 기존의 패러다임에서 그 경계를 넘어서 새로운 패러다임으로 변화를 주도하는 힘이기도 하지만, 사이의 양극을 연결하고 양극이 지닌 에너지를 교환하는 통로이기도 하다. 영성은 유한과 무한, 필연과 자유, 순간과 영원의 양극 사이에 있으면서 넘어야 할 경계의 단순한 부정이 아닌 조정을 위한 지양을 통해 새롭게 도래할 세계와 연결하는, 경계와 경계 사이를 이음과 동시에 넘어서는 개방성과 초월성의 본성을 함께 지니고 있다. 이는 영성이 지닌 중단 없는 부단한 물음 제기를 통해[24] 양극 사이와 경계와 경계 사이를 조정하고 지양하면서 주어진 상황에 안주하기보다는 상황을 주도하고 변화시키려고 노력함으로써 가능하다. 그러므로 위기 상황

---

23 인간의 정신적 사고는 결국 인식(앎)을 지향하는 물음에서 시작된다. 정신의 한 기능인 감성은 정서적인 측면과 직결되며, 정서적 요동은 물음을 촉발하는 계기가 된다. 이성은 이를 분별하는 합리적 사고 기능이며, 그리고 영성은 이를 전체 안에서 조망하는 지성적 측면을 의미한다. 본 논문에서는 자기 안에서 조율과 조정을 통해 절대적이며 전체를 향해 끊임없이 자기를 넘어서는 정신의 본성을 영성으로 표현한다. 영성에 관한 자세한 논의는 여기서 생략하고 이와 관련하여 박병준/홍경자, 『아픈 영혼을 철학으로 치유하기-철학상담을 위한 공감적 대화와 초월 기법』, 288-318쪽; 영성 개념과 관련하여 더 자세한 것은 박병준, 윤유석. 2015. 「영성과 치유- '치유의 철학'을 위한 영성 개념의 정초 작업」, 『가톨릭철학』, 제25호, 한국가톨릭철학회, 63-96쪽 참조.

24 박병준/홍경자, 『아픈 영혼을 철학으로 치유하기-철학상담을 위한 공감적 대화와 초월 기법』, 313쪽 이하 참조.

에서 비롯된 상황 변화에 능동적으로 대처하고, 미래의 불확실성의 두려움에 대한 위기를 근본적으로 극복하고 자기 한계를 넘어서는 철학 상담적 대안은 바로 세계에 대한 개방성과 초월성에 관계하는 트랜스 소피아(trans-sophia: 경계를 넘어서는 지혜)와 자기변형에서 찾을 수 있다.

트랜스 소피아는 궁극적인 지혜를 향해 자기 경계를 넘어서는 정신의 본질에 근거한 개념으로서, 이는 라하브도 말했듯이 멀리 플라톤(Platon)의 동굴의 비유와 연결된다. 동굴의 비유에서 감옥에 갇힌 죄수가 진리를 인식하지 못하고 자기가 바라보는 그림자를 진리인 것으로 착각하듯이 인간은 자기 경계 속에 갇혀 세계에 대해 매우 제한적이고 왜곡된 해석을 함으로써 자주 고통을 받곤 한다. 초월성과 개방성이 특징인 영성으로서의 정신작용과 관계하는 트랜스 소피아는 자기 한계로서의 경계를 넘어서는 지혜를 의미하며, 역동적인 지혜의 초월성을 일컫는다.

트랜스 소피아의 철학 상담적 방법은 나의 경계에 대한 철학적 '자기 검토'로부터 시작하여 나를 가두고 있는 세계관이 무엇인지를 구체적으로 드러내고, 나의 좁은 경계의 울타리를 넘어섬을 의미한다. 이는 곧 우리의 삶과 실재를 더 넓은 방식으로 이해한다는 것이며, 인간학적으로 나의 사고유형과 행동 방식, 그리고 정서적인 상태와 나의 존재 전체를 파악하고 나의 실존을 장악한다는 것을 의미한다. 이를 위해서는 무엇보다도 존재의 깊이에 개방되어 있어야만 한다. 왜냐하면, 그럴 때 비로소 우리는 좁은 자기 경계를 허물고 더 큰 실재(實在)의 세계로 넘어서는 준비를 할 수 있기 때문이다. 물론 이때 경계 넘어섬은 경계 너머의 또 다른 세계에 똬리를 틀기 위함이 결코 아니다. 그것은 전체로 향한, 절대적이며 궁극적인 것을 향한 끊임없는 자기 경계의 넘어섬의 연속적 운동과 관련되는 영성의 정신작용이다.

인간은 본질상 양극단을 잇는 '사이 존재'로서 끊임없이 자기를 규정하고 경계 짓는다. 이 경계는 넓게는 세계 자체이며, 좁게는 나의 고유한 세계이다. 인간은 근본적으로 이 경계 안에 존재한다. 불현듯 닥쳐오는 팬데믹과 같은 예외 상황에서 우리가 관계의 단절로 인해 고통 받고, 또 그 문제로 상처받으면, 그 문제는 내 삶의 경계 안에서 발생하는 것이며, 이는 곧 나의 경계가 나의 상처의 계기가 되고 있음을 의미한다. 우리는 익숙함과 낯섦의 경계를 사이에 두고 자기 자신으로 있기 위해서 타자와 서로 긴장하며, 충돌하며, 투쟁하기 때문이다.

우리가 문제를 근본적으로 해결하기 위해서는 기존의 틀에서 벗어나 정신의 개방성을 통한 깊은 자기성찰, 즉 사고의 경계를 점검하고 분석하여 이를 넘어섬으로써 자신과 세계를 바라보는 새로운 눈, 새로운 이해 능력을 획득하는 일이 무엇보다 중요하다. 만약 내담자가 고정되고 경직된 세계관으로 고통받고 있다면, 우선 자기 사고의 경계가 무엇인지 탐색하고 자기 세계관의 한계를 정확하게 인식함으로써 그 경계를 부단히 넘어서는 부단한 초월의 운동을 경주해야 한다.

그런데 문제는 이러한 경계를 넘어서지 못하게 만드는 요인이 있다는 것이다. 그것은 일정한 개념(concept)과 패턴(pattern), 그리고 힘(forces)으로서 드러나는 견고한 경계의 구조이다.[25] 우리의 인식은 기본적으로 개념을 통해 표상되고 표현되며, 사고 체계는 관념과 이념으로 구성된다. 나의 세계를 경계 짓는 것도 바로 이런 개념과 관념 그리고 이념이다. 우리의 사고와 행위, 태도와 감정은 일정한 개념과 고정관념 그리고 확실한 이념에 따

---

25 Ran Lahav, *Stepping out of Plato's cave-Philosophical Practice and Self-Transformation*, pp. 39-59 참조.

라 같은 이슈(issue)가 반복되는 패턴으로 드러나기 때문이다. 패턴은 이미 어떤 개념이나 혹은 이념에 익숙해져 있다는 것과 그것에 길들어져 있다는 것을 뜻한다.

자기 변혁을 위해서는 사실 불확실한 세계의 낯섦을 받아들이고 일상적이고 익숙한 삶의 패턴의 익숙함에서 벗어나야만 한다. 그러나 우리의 고정된 개념과 관념 그리고 그로 인해 형성된 사고와 행위의 패턴이 보편성 혹은 통속적인 대중성으로 포장될 때 더 강한 힘으로 우리의 내면을 압박한다. 이는 우리가 대중의 무리 속에 있을 때 의식적으로나 무의식적으로 보호받는다는 안정감을 느끼며, 위장된 평화로 자기를 기만하기 때문이다. 이런 위장된 평화는 사실 내적 자유에서 오는 평화와는 근본적으로 다르다. 이때 우리는 자기 행위에 책임지기보다는 자신을 기만하거나 도피하는 경우가 대부분이다.

어떤 상황에서 규칙적으로 나타나는 사고의 패턴은 일정한 '개념'과 '고정관념'을 통해 행해지는 일종의 상황에 대한 해석이요 판단이다. 그러므로 문제가 발생했을 때 문제 해결을 위해서 우선 패턴과 그 안에 숨겨진 개념과 고정관념으로 형성된 세계관을 살피는 것은 중요하다. 물론 패턴과 개념이 가진 힘은 라하브의 지적처럼 그 자체로 강하며, 우리가 이에 저항할 때 경계 안에 머물게 하는 더 큰 힘으로 작용한다. 이는 우리가 자신을 개방함으로써 문제를 발견하고 그 문제를 해결하는 과정이 힘들고 어려운 긴 여정이 될 수밖에 없는 이유가 된다. 그런 만큼 이 긴 여정에서 자기 존재를 굳건히 지키는 자기 경계의 경직된 구조를 허물고 새로운 개념적 정체성을 생기게 하는 정신적 도약을 위한 인내가 요구된다. 그 이유는 지금까지 자신이 가지고 있던 확고한 믿음을 포기하고, 다른 믿음을 인정하고 받아들이는 일이란 쉽지 않기 때문이다.

어쩌면 불확실한 현대의 절박한 위기 상황 속에서 삶의 두려움에서 벗어날 효과적인 가능성이란 인간이라는 존재가 세계 개방적 존재라는 사실을 기억하는 것이요, 나아가 절망 속에서도 절대적 의미를 향해 자기를 투신하는 "존재에의 용기"(Courage to Be)[26]가 아닌가 싶다. 희망이 어둠 속으로 사라지고, 존재가 심연 속에서 자기를 은폐하는 위기의 순간이야말로 자기 존재를 전적으로 떠맡는 실존적 결단의 진정한 용기가 필요한 때이다. 이러한 존재에의 용기는 존재론적으로 "비존재의 실제에도 불구하고 행하는 존재의 자기 긍정"[27]이며, 그 힘의 원천은 존재 자체와 '신비적 관계로서의 참여(participation)'와 '인격적 관계로서의 개별화(individualization)'라는 양극성(polarity) 사이에서의 자기 초월에 있다.[28]

이러한 자기 초월은 숨겨진 심리적 패턴과 구조를 넘어 더 큰 차원의 존재인 실존으로서의 자기변형(Self-Transformation)과 연결된다.[29] 야스퍼스식으로 말하면, 자기변형은 제한적이고 피상적인 단순한 현존의 자기를 초월

26 Paul Tillich. 2000. *The Courage to Be*, 2th Edition, New Haven/London: Yale University Press, p. 2(한글 번역본은 폴 틸리히. 2006. 『존재의 용기』, 차성구 옮김, 서울: 예영커뮤니케이션, 34쪽). '존재의 용기'라는 표현은 틸리히가 테리 재단(Terry Foundation)의 후원으로 예일대학교에서 진행했던 강연에서 무의미와 불안으로 점철된 당시 사회의 절박한 위기 상황을 극복하기 위한 제안으로써 표현한 용어이다. 이 강연의 내용은 1952년에 출간되었으며, 틸리히는 여기서 용기를 존재론의 관점에서 고찰하고 있다. 이하 쪽수는 원본/한글 번역본으로 표기함.

27 Paul Tillich, *The Courage to Be*, p. 155; 193.

28 Paul Tillich, *The Courage to Be*, p. 156; 194 이하 참조.

29 라하브가 자기변형을 철학친교(philosophical companionship)라는 구체적이며 실천적인 행위를 통해 모색하고 있다면, 본 논문은 자기변형을 정신의 실행 원리로서 실존론적이며 영성적 차원의 자기 초월에서 모색한다. Ran Lahav. 2016. *Handbook of philosophical-contemplative companionships: Principles, Procedures, Exercises*, Chieti: Solfanelli(한글 번역본은 란 라하브. 2016. 『철학친교, 원리와 실천』, 편상범 옮김, Hardwick: Loyev Books) 참조. 이하 쪽수는 원본/한글 번역본으로 표기함.

하고 내적 자유와 충만함을 경험하는 존재 가능으로서의 자기 존재에게로 돌아가는 실존을 의미한다. 실존은 진정한 자기로 존재할 수 있거나 혹은 존재할 수 없는 선택의 기로에 처해 있다는 점에서 오직 자유의 가능성으로만 존재한다. 이러한 실존은 자신의 한계를 조명한다는 점에서 자기를 밝히며, 또한 그 한계를 넘어선다는 점에서 자기를 상실하는 "이율배반의 구조"(antinomischer Struktur)[30]를 가진다. 인간은 이러한 이율배반적 구조의 부조리 안에서 자기 실존을 선택하는 것이며, 또한 그 실존 속에서 자유를 선택하는 것이다. 인간은 자신의 운명에 대해 무지하기에 매 순간 자기를 선택하지 않을 수밖에 없다. 무지야말로 필연적으로 앎을 욕구하는 근원이라는 야스퍼스의 주장처럼[31] 인간은 스스로 결단함으로써 자기 선택을 자유로운 선택으로 경험하게 되고, 이로써 자기의 한계를 초월하는 필연적인 행위라는 사실 또한 인식하게 된다. 자유에 이르는 길은 '해방'이라는 단순한 처방에 있지 않고, 매 순간 자유롭게 자기 존재를 수행해 가는 개인의 실존적 행위이자 자기 결정의 삶에 있으며,[32] 바로 거기서 자기를 책임지며 떠맡는 실존으로서의 자기변형이 마침내 이루어진다.

자기변형은 세계에서 일어날 수 있는 일련의 가능성이 갑작스레 현실이 되어 버렸을 때 두려움에 함몰되지 않고, 두려움의 심리적 패턴과 구조를 넘어서 더 큰 실존의 차원으로 자신을 개방하는 것이다. 이러한 자기변형은 예외적인 상황에서 두려움의 심리적 구속을 완전히 없애는 것이기보

---

30 Karl Jaspers, *Philosophie II, Existenzerhellung*, p. 250/401쪽.
31 Karl Jaspers, *Philosophie II, Existenzerhellung*, p. 191/314쪽 참조.
32 Hans Saner. 1996. Jasper, Hamburg: Rowohlt Taschenbuch Verlag, p. 102(한글 번역본은 한스 자너. 1976. 『야스퍼스』, 신상희 옮김, 서울: 한길사, 196쪽) 참조.

다는 일상의 자기를 넘어선 해방이자 내적 충만을 경험하는 것이다.[33] 세계 개방성을 근거로 하는 자기변형은 나를 두렵게 하는 그 무엇으로부터 나의 관점을 전환시키는 것이기도 하다. 두려움은 특정한 예외적인 상황에서 우리를 공포로 몰아가지만, 그러한 두려움은 항상 세계 도처에 존재하기에 여기서 관건은 우리가 이것을 어떻게 인식하느냐에 있다.[34] 우리가 세계에 존재하는 한, 어떤 불행이든 현실이 될 수 있다는 점에서 세계에서 발생하는 모든 일은 우리 존재의 일부라고 인식할 필요가 있다. 우리의 삶을 규정하는 세계관은 과거와 현재 사이에서 문제를 의식하는 그때마다 미래를 향한 개방된 이해와 해석을 끊임없이 요구한다. 삶의 문제의식은 정신적 존재로서의 인간의 기본 물음 실행과 함께 언제나 그렇듯이 불안과 절망, 불만족과 한계상황 앞에서 제기되어 왔다. 이런 사고의 전환이야말로 철학 상담에서 내담자가 한계 지워진 삶의 방식을 넘어 삶의 깊이를 이해하고 자기 안에 숨겨진 내면의 심오함을 일깨워 자기변형을 이루는 길이요 정신적 위기를 극복해 주는 치유의 길이다.

이러한 세계관 해석과 관련하여 잘 늙어갈 수 있는 근본적이고 현실적인 대안은 노인 세대에 대한 시혜적 이해나 경제 정책적 차원의 실질적인 대안도, 사회 복지적인 차원의 대안도 아니다. 물론 이러한 경제정책적 차원이나 사회복지적 대안이 중요하지 않다는 말이 아니다. 이보다 더 근본적으로 요구되는 것은 자기혐오에 빠진 노년에 대한 인식 개선을 위해 노인이나 앞으로 노인이 될 우리가 인생 말년에 겪어야 하는 노화의 과정을 부정하거나 거부하기보다는 자연스러운 삶의 과정으로 수용하는 태도에 있

---

33 Ran Lahav, *Handbook of philosophical-contemplative companionships: Principles, Procedures, Exercises*, p. 20/7쪽 참조.
34 조르조 아감벤, 『얼굴없는 인간, 팬데믹에 대한 인문적 사유』, 121쪽.

다. 그것이 세계관 해석의 철학 상담이 지향하는 근본 목표이다.

　노년에 대한 세상의 시각이 변화되기 위해서는 개개인이 먼저 고령에 따른 무능력, 질병, 쓸모없음, 죽음 등으로 혐오를 유발하는 노인 차별의 현상인 연령주의에 맞서 자신을 지키는 법을 아는 것이 중요하다. 의존적이고 취약한 노인들은 무용하고 비인간적인 존재라는 경직되고 고정된 세계관에서부터, 충분히 존중받아야 할 보편적이고 정상적인 인간이며, 존엄한 인간으로서의 위상과 가치를 지닌 고유한 존재라는 세계관으로의 관점 전환이 이루어질 때 노인 스스로가 내면화한 고정관념에서 빠져 나와 사회의 위계적 질서를 깨뜨리고 차별과 배제에 저항할 수 있는 내면의 힘을 가질 수 있다. 그럴 때만이 우리는 사회가 끊임없이 재생산하는 투사적 혐오의 패러다임을 깨고 건강하게 나이 들어갈 수 있다. 이러한 정신적 초월의 과정 안에서만 우리는 잘 늙어갈 수 있으며, 또한 좋은 죽음을 맞이할 수 있다. 누구에게나 노년의 시간은 지상에서 살아가는 시간이자 살아내야 할 시간이며, 이는 청년이나 중년의 시기와 마찬가지로 우리에게 주어진 소중한 삶의 마지막 시간이다.[35] 물론 다른 삶의 시기와는 달리 저항과 체념 사이에서 힘겹게 자기를 찾아가는 노년의 삶이 우리에게 특별하게 다가서는 것은 죽음이 더 노골적으로, 더 온전하게 그 모습을 드러내고 있다는 사실 뿐이다.

35　권수현, 2019. 「노년의 삶과 정체성」, 대한철학회, 『철학연구』 제149집, 1쪽 참조.

우노 아카리(宇野あかり)

　귀한 자리에 참석할 수 있게 된 것을 진심으로 감사드립니다. 또한 한국과 일본이라는 국가의 경계를 넘어 많은 연구자 여러분들과 이렇게 교류할 수 있게 되어 매우 영광스럽게 생각합니다. 홍경자 선생님의 철학 상담의 관점에서의 웰에이징(well aging)에 대해 고찰한 논문은 새로운 관점을 제시해 주셔서 매우 흥미롭게 잘 읽었습니다. 주제넘게 지정토론자로서 본 논문에 대한 의견과 몇 가지 질문을 드리고자 합니다. 교수님은 초고령사회에서 노인에 대한 혐오와 편견이 웰에이징을 가로막는 큰 걸림돌이 되고 있음을 지적하고, 철학 상담의 방법론인 세계관 해석을 통해 늙음에 대한 새로운 이해와 해석의 가능성을 논의해 주셨습니다.

　먼저 문제제기로 현대사회에서 노인에 대한 부정적인 인식이 확산되어 노인은 사회와 가족에게 짐이 되는 존재로 여겨지는데, 그 배경에는 노인에 대한 혐오감이 있다는 점을 지적해 주셨습니다. 그리고 그러한 혐오는 우리 안에 있는 죽음에 대한 불안과 공포가 투사된 결과라고 진단하며, 노인과의 경계선을 만들어 자신의 정체성을 강화하는 동시에 그 공포에 대처하고자 하는 우리의 심리적 메커니즘을 설명해 주셨습니다. 따라서 본 논문에서는 철학 상담에 기반한 세계관 해석을 통해 노인 혐오의 기저에 있는 편견과 왜곡된 이해를 불식시키고, 노화를 자연스러운 삶의 과정으로 이해하고 수용하는 관점의 전환이 필요함을 제안하고 있습니다.

조금 더 깊이 들어가면, 자아의 경계를 초월하는 정신작용으로서의 트랜스 소피아가 핵심이며, 이를 위해서는 자기 성찰을 거듭하고 자아의 존재 전체를 파악하며 경계를 넘어서는 것으로 정신적 위기를 극복하고 치유의 길에 도달할 수 있다는 것입니다. 그리고 이러한 세계관의 전환, 즉 노인을 존엄한 고유한 존재로 보는 세계관으로의 전환을 통해 노인 스스로 내면화된 고정관념에서 벗어나고, 사회 전체가 노인에 대한 혐오를 극복하고, 웰에이징, 그리고 그 너머에 있는 웰다잉(well dying)을 실현할 수 있다고 보았습니다.

맺음말로 이를 위해 철학 상담을 통한 접근이 효과적이라고 말씀하고 있습니다. 본 논문에 대한 의견과 질문을 세 가지로 정리해 보겠습니다.

첫째, 본 논문의 흥미로운 점은 혐오 감정이 어떤 의미에서 개인이나 사회를 유지하는 기능을 가지고 있다는 해석입니다. 우리는 부정적인 감정을 품는 것에 대해 부정적이 되고, 때로는 그런 자신으로부터 눈을 돌리고 싶어 합니다. 노인에 대한 혐오 감정도 마찬가지이며, 그런 감정이 좋지 않다는 것을 알면서도 무의식적으로 혐오에 기반한 차별과 편견을 가지고 있는 측면도 있을 수 있습니다. 그런 점에서 노인에 대한 혐오감이 생기는 것은 사회와 개인을 보전하기 위해 존재하며, 어떤 의미에서 우리를 보호하기 위한 필요악이라는 메타적 관점을 갖는 것은 우리가 그러한 부정적인 관점을 마주할 수 있도록 용기를 주고, 노인에 대한 새로운 시각을 발견하는 발판이 될 수 있다고 생각합니다. 따라서 홍 선생님이 논의하고 있는 혐오 감정에 대한 이해의 틀은 매우 유익한 관점이라고 생각합니다.

또한 이러한 혐오감이 발생하는 배경에는 죽음에 대한 우리의 근원적인 불안과 공포가 있다는 지적도 하였습니다. 심리학 영역에서는 죽음에 대한 불안과 공포는 연령에 따라 일관된 경향을 보이는 것으로 지적되고 있으며, 노년층보다 청년층과 중장년층이 죽음에 대한 불안과 공포가 더 높다는 결과도 있습니다.[1] 여기서 한 가지 여쭤보고 싶은 것은, 한국 사회에서 죽음에 대한 공포, 혹은 그로부터 파생되는 노인에 대한 혐오감에는 세대별 경향이 있을까 하는 것입니다. 선생님의 느낌도 상관없으니 알려주시면 감사하겠습니다.

둘째, 본론에서는 웰에이징을 실현하기 위한 철학 상담에서의 세계관 해석을 제안하셨습니다. 이 접근은 임상심리학을 중심으로 실천되고 있는 내러티브 접근[2]이나 의료영역에서 보급되고 있는 영성치료에서 이루어지는 자신의 삶의 '스토리' 혹은 '세계관-가치관'을 재구성하고 재발견하는 내적 작업과 통한다는 인상을 받았습니다. 이러한 다른 영역에서 실천되고 있는 그 사람의 세계관이나 가치관에 대한 다양한 접근과 세계관 해석의 차이점이나 그 독자성을 알려주셨으면 합니다. 또한, 실제 치료의 현장에서 세계관 해석을 다룰 때, 상담자와 내담자의 관계도 치료에 작용하는 중

---

1   (1) Drolet, J. L.. 1990. Transcending death during early adulthood: Symbolic immortality, Drolet, J. L.. 1990. Transcending death during early adulthood: Symbolic immortality, death anxiety, and purpose in life. Journal of clinical psychology, 46, 148death anxiety, and purpose in life. Journal of clinical psychology 46, 148-160.160.
(2) Gesser, G., Wong, P. T., & Reker, G. T. (1987Gesser, G., Wong, P. T., & Reker, G. T. (1987–1988). Death attitudes across the life span: 1988). Death attitudes across the life span: The development and validation of the death attitude profile. Omega: Journal of Death and The development and validation of the death attitude profile. Omega: Journal of Death and Dying, 18, 113Dying, 18, 113-128.128.
(3) Robin, R., & Omar, H. (2014). Adolescent bereavement. Pediatrics Faculty Publications, 98Robin, R., & Omar, H. (2014). Adolescent bereavement. Pediatrics Faculty Publications, pp. 98-108.108.
2   내러티브 접근법은 마이클 화이트(Michael White)와 데이비드 엡스턴(David Epston)이 주창한 것으로, 사람들이 자신과 삶에 대해 이야기하는 이야기에 주목하고 그 이야기를 다시 써서 문제를 해결하는 것을 목표로 한다.

요한 요인이 될 것 같습니다. 따라서 양자의 관계를 어떻게 자리매김하고 생각하시는지, 철학 상담에서 주장하시는 것, 혹은 선생님의 생각을 여쭙고 싶습니다.

셋째, 논문에서 '트랜스 소피아'라는 단어를 중심으로 설명된 자아를 초월해 가는 행위에 대해, 우리 존재의 가능성을 넓혀주는 희망의 마음을 품게 되었습니다. 이러한 태도는 우리가 죽음과 마주하며 삶을 온전히 살아가기 위해 꼭 필요한 자세가 될 것이라고 생각합니다. 한편, 기존의 자아를 깨뜨리고 자아를 초월하여 변모하기 위해서는 깊은 자기 통찰이 필요하지만, 이러한 정신적 노력은 고차원적인 정신활동이 필요하며 결코 쉬운 일이 아닙니다. 사람들이 자기 자신과 깊이 마주하기 위해 사회적으로 어떤 노력이 필요한지, 교수님의 견해를 말씀해 주시면 감사하겠습니다. 마지막으로, 논평을 읽어주셔서 진심으로 감사드립니다.

홍경자

우노 아카리 선생님의 논평에 깊은 감사의 마음을 전합니다. 선생님께서는 저에게 세 가지 유익한 질문을 주셨습니다. 첫째, '한국 사회에서 죽음에 대한 공포, 혹은 그로부터 파생되는 노인에 대한 혐오감에는 세대별 경향이 있는가?'라는 질문이입니다.

답변을 드리자면, 단정적으로 말하기는 어렵지만, 어느 세대에서든 인간이면 누구에게나 자기 존재의 소멸로 이어지는 죽음에 대한 공포와 불안은 있다고 여겨집니다. 다만 그 공포와 불안이 어디서 오는가 하는 차이만이 개인마다 다를 뿐이라고 생각합니다.

이와 관련하여 이어지는 질문은 '노인 혐오에 대한 세대별 경향성'이라고 이해했습니다. 최근 몇 년 사이에 한국 사회는 더 이상 노인 혐오를 감추지 않는 사회로 변해 가고 있습니다. 노년에 대한 왜곡과 낙인찍기가 갈수록 심해져, 세대 갈등으로 이어지고 있습니다. 젊은 세대의 노인 혐오 증가는 사실 고령 사회로의 진전과 연관이 깊습니다. 더 이상 경제활동을 하지 않고 연금으로 생활하는 노인들을 '연금충', '노인충' 등으로 비하하여 표현하면서 노인 혐오를 노골적으로 드러내기 때문입니다. 이러한 현상에 대해 전문가들은 노인을 공경하는 사회문화에 대한 반감보다는, 젊은 세대에 경제적 부담을 전가한다는 인식 때문이라고 분석하고 있습니다.

이와는 달리 중장년 세대에서 나타나는 노인 혐오는 다소 다른 양상을 보인다고 생각합니다. 중장년 세대는 어느 사이인가 생물학적 노화 과정을 체감하기 시작하면서 노화에 불안을 느끼고, 그에 대한 심리적 기제가 노인 혐오를 일으키게 하는 원인으로 작용한다고 봅니다.

둘째, 세계관 해석을 기반으로 한 철학상담이 내러티브 접근이나 의료 영역에서 이루어지는 자신의 삶의 '스토리' 혹은 '세계관-가치관'을 재구성하고 재발견하는 내적 작업과 어떤 차이점이 있는지에 대한 질문이었습니다.

형식적인 면에서는 비슷하다고 볼 수 있을지 모르겠지만, 내용적으로는 근본적인 차이가 있다고 봅니다. 일차적으로 인간에 대한 이해가 서로 다릅니다. 정신분석학에 기반한 심리치료에서는 세계관-가치관을 재구성하고 재발견하는 내적 작업의 목적이 내담자의 마음과 정신적 증상을 살피는 의료적 진단과 치료에 있다면, 철학상담의 세계관 해석은 자유로운 철학적 대화를 통해 내담자의 검토되지 않는 신념, 가정, 선입견, 고정관념 등으로 이루어진 경직된 사고의 틀을 의식적으로 검토하고 자각할 수 있도록 도와줌으로써 정신적 위기를 극복하게 하는 치유의 길에 있기 때문입니다.

셋째, 초월을 통한 자기변형은 고차원적인 정신활동이 필요하기에 사회적으로 어떤 노력이 필요해 보인다는 질문으로 이해됩니다. 답을 드리기 전에 자기 초월에 대한 설명이 필요합니다. 선생님의 말씀대로 자기초월이 어렵지만 그렇다고 불가능한 것도 아닙니다. 자기 초월은 자기 규정성을 끊임없이 넘어 새롭게 자기를 규정해 가는 행위를 말합니다. 이 행위는 한계상황 앞에서 삶의 의욕과 방향성을 상실한 내담자에게 필히 요구됩니다. 인간의 자유로운 실존적 결단과 투신, 끊임없이 새롭게 부여되는 자기 규정성은 인간 정신의 초월성의 특징들이며, 이러한 특징들로 인해 마침내 자기변형이 이루어집니다.

질문으로 돌아가 사회는 여기서 어떤 역할을 할까요? 저는 사람들의 노화에 대한 인식변화를 위한 교육이라고 생각합니다. 이를 위해 무엇보다도 필요한 것은 사회가 정상성과 유용성의 측면에서 노인을 불필요한 존재로 과소평가하고 멸시하며 치유 불가능한 죽음의 선고자로 낙인찍는 행위를 재생산하지 않도록 젊은이를 대상으로 노인을 이해할 수 있는 시민교육과 나아가 노년기로 접어들기 전 노인이 될 중장년층이 자신의 노년을 성찰할 수 있는 철학적 교육이 동시에 진행되어야 합니다. 교육을 통한 인식변화가 병행될 때 세대 간 갈등도 완화될 수 있다고 보기 때문입니다.

낯선 나를 만나다

―모리사키 가즈에의 노년기 삶과 사상

가타오카 류(片岡龍)

1. 머리말

초고령사회의 웰에이징과 웰다잉에 대해 한·일 양국이 함께 이야기하기 위해 재작년 95세로 타계한 일본의 시인 겸 논픽션 작가 모리사키 가즈에(森崎和江, 1927~2022)의 노년기의 삶과 사상을 중심으로 소개하고자 한다.[1] 모리사키의 저서 2권이 한국어로 번역되어 있으나,[2] 일본에 비해 한국에서는 모리사키에 대해 거의 알려지지 않은 것 같아서 우선 83세 때의 사진부터 소개하겠다.[3]

앞줄 가운데 모자를 쓴 여성이 모리사키 가즈에다. 스카프를 두른 여성은 거제도에서 지적 장애아를 위한 고아원 '애광원'을 설립한 김임순(1925~) 원장이다.[4] 그녀는 모리사키의 아버지가 경주중학교 초대교장에서 김천중학교 교장으로 부임함에 따라 대구고등여학교에서 김천고등여학교

---

1 모리사키(森崎)는 일본이 '고령사회'에 진입한 1995년에 68세, '초고령사회'에 진입한 2010년에 83세로, 그의 노년기(65세~)는 마침 '고령사회'에서 '초고령사회'로 넘어가는 시기와 겹친다.

2 모리사키 가즈에 저, 채경희 번역. 2002. 『쇠사슬의 바다』, 박이정; 모리사키 가즈에 저, 박승주·마츠이리에 번역. 2020. 『경주는 어머니가 부르는 소리 - 식민지 조선에서 자란 한 일본인의 수기』, 글항아리.

3 http://blog.livedoor.jp/kyf2/archives/51367731.html

4 김임순 원장에 관해서는 다음 동영상을 꼭 보길 바람. 「거제도 애광원 사람들이 가진 나눔의 밥상!」, 《한국인의 밥상》(KBS, 2023.10.26 방송, https://www.youtube.com/watch?v=o_zuyg1Z8ag).

로 전입했던 시절의 모리사키의 동창생이다. 모리사키 일행은 이 '애광원'을 2010년 3월 21~23일에 방문했다.

이 사진을 찍은 날로부터 약 두 달 후인 5월 17~19일, 이번에는 애광원 원생들이 수학여행으로 김임순 원장 등과 함께 일본을 방문해 모리사키가 살고 있는 지역 주민들과 교류했다. 당시 《아사히신문》의 기사를 통해 이 교류의 역사를 살펴보자.

한국의 지적 장애인 시설 '애광원' 원생들이 17~19일 수학여행으로 일본을 방문해 무나카타 시(宗像市)와 구라테 마을(鞍手町) 시설 관계자들과 교류한다. 동(同) 시(市) 위의 마을에 거주하는 작가 모리사키 가즈에 씨(83)가 16세까지 지냈던 한국을 재방문해 맺은 우정을 바탕으로 시민 교류가 확대되어 올해로 10주년을 맞이했다. … 모리사키 씨는 1944년 봄, 구 아오키무라(현 구루메시) 출신인 아버지의 인연으로 후쿠오카 현립 여자전문학교(현 후쿠오카 여자대학)에 입학, 일본에서 종전을 맞이했다. 85년 방한 시에 김씨와 재회

김해 국제공항. 앞줄 가운데 모자쓴 여성이 모리사키 가즈에(출처: 유타카칼리지 총장의 2010년 3월 23일 블로그)

했다. / 김씨는 한국전쟁 당시 거제도로 피난을 갔다. 전란을 겪으며 전쟁고 아들을 돌보기 시작했다. 애광원은 고아원에서 지적 장애를 가진 고아들, 나아가 일반 지적 장애아를 위한 시설로 전환했다. / 모리사키 씨와 김씨 두 사람은 98년 무나카타 시에서 '일본의 어머니, 한국의 어머니'라는 주제로 대담을 나눴다. 이를 계기로 애광원 원생들의 무나카타 수학여행이 2000년에 시작되었고, 수용을 위해 시민들의 뜻으로 만든 '애광회'가 발족했다. / 3회째인 02년부터 격년으로 이어져 올해로 7회째이다. 모리사키 씨는 "가까운 곳에 있는 양국의 시민들이 다음 세대, 손자 세대까지 친근하게 교류할 수 있었으면 좋겠다"고 말했다.[5]

'모리사키 가즈에 자찬(自撰) 연보'(이하 '연보')에 따르면, 1998년 12월 14일 "무나카타시 교육위원회 주재로 세계 인권선언 50주년 기념으로 한국의 오랜 친구이자 거제도 애광원 설립자인 김임순과 대담. 같은 날 후쿠오카시 여성 센터 아미카스에서 '한·일 풀뿌리 교류, 생명의 울림'을 김임순과 함께 이야기 나누다"라고 적고 있다.[6]

이듬해 10월 모리사키는 김임순으로부터 들은 이야기를 바탕으로 『사랑하는 것은 기다리는 것이야 - 21세기를 향한 메시지』를 출간하고, 그 인세를 애광원에 기부했다. '연보'에서 모리사키는 "오랜 세월의 마음의 짐을

---

5 「수학여행, 한·일 인연 10년 … 작가 모리사키의 우정 … 시설 원생 등 17일 무나카타(宗像) 입성」,《아사히신문(후쿠오카)》2010.5.14 조간.
6 『모리사키 가즈에 컬렉션 - 정신사(精神史)의 여정 5 회귀(回歸)』360쪽(후지와라서점, 2009.3). 또한 「연보」同年 말미에 "무나카타 시민 유지(有志)에 의해 애광원과의 교류 지원의 모임·애행회가 탄생. 이후 매년 5월에 원생들의 수학여행을 시내로 맞이하고 있다"고 기록되어 있다. 애행회에 대해서는 모리사키 가즈에. 2006.1. 『이야깃거리의 바다』172쪽(岩波書店)에도 기재되어 있다.

조금이나마 덜었다"고 적었다.

『사랑하는 것은 기다리는 것이야』의 권두에는 다음과 같은 시가 실려 있다.

현해탄에 지는 석양을 / 당신과 함께 맞으며 / 세계 인권선언 50주년 기념 대담을 무나카타 시에서 / 당신과 함께 마치고 / 김임순 씨 / 감사합니다 / 한국의 고아 천 명의 어머니 / 당신과 함께 / 패전(敗戰) 전 몇 달간 / 김천에서 책상을 나란히 하고 / 식민지 2세인 나는 / 동해의 파도치는 열도(列島)에서 다시 살아나 / 당신의 고향에 사죄하고 싶어서 / 모국을 찾아 지하갱도를 찾았습니다 / 바람의 편지 당신 / 동시대를 살아온 당신 / 민족을 묻고 성을 묻고 미래를 물으면서 / 서로 아시아를 건너 / 오늘 밤 무나카타 해인족(海人族)의 바닷가에 서서 / 석양의 끝은 유라시아 대륙 / 모래 폭풍이 밤하늘을 물들인다 / 당신과 나를 스쳐 지나간다 / 어두운 밤에 퍼지는 탈식민지 후의 피비린내 / 지구의 갈증 / 당신과 듣는 생명의 모국을 찾는 소리 / 글로벌한 그 고아들의 발자국 소리[7]

모리사키에 관한 연구는 지금까지 주로 중장년기의 활동[지쿠호(筑豊) 탄전을 거점으로 한 문화운동 지 『서클무라』나 여성교류지 『무명통신』 등]을 중심으로 전후(戰後) 사상이나 페미니즘, 탈식민주의(post-colonialism)와 같은 문제의식에서 논의되어 왔다.

물론 후기 모리사키 사상의 중요한 주제가 '생명(의 재생)'이라는 점도 지

---

7   『사랑하는 것은 기다리는 것이야-21세기를 향한 메시지』, 9-10쪽(후지와라서점, 1999). 이 시는 후에 「생명의 모국을 찾는 소리」라는 제목으로 시집 『피리하나』(思潮社, 2004)에 수록되어 있다.

적되고 있지만,[8] 그것을 그녀의 '오랜 세월의 마음의 짐'과 결부시킴과 동시에 노년기의 전개까지 시야에 두고 논한 것은 필자가 보기에 찾아보기 힘들다. 본고에서는 그것을 논하는 것을 과제로 삼고자 한다.

2. 70세의 인터뷰에서

모리사키의 '오랜 세월의 마음의 짐'은 무엇일까. 70세를 맞이한 인터뷰 기사를 통해 확인해 보자.

저는 '식민지 2세'였습니다. 전쟁이 끝났을 때 나는 열여덟 살이었습니다. 나를 만들어준 '고향'은 내 것이 아니라는 것을 알았어요. '고향'을 그리워하며 몸부림치는 '전후(戰後)'였습니다. 일흔이 된 지금, 비로소 무언가를 말할 수 있을 것 같습니다…[9]

---

8   사카구치 히로시(坂口博), 2022. 「처음에 '생명'이 있다」(『현대사상 11월 임시 증간호 총특집 모리사키 가즈에』, 靑土社, 55쪽; 오히바나타 기미오(大日方公男), 「모리사키 가즈에를 읽기 위한 전 저작(全著作) 북가이드」(모리사키 가즈에, 『산 강 바다 별 책 생명의 자연』, 아트앤크래프트, 2014. 186쪽). 또한 사카구치는 모리사키 사상의 시대구분을 초기(1975년=48세까지)·중기(1993년=66세까지)·후기(1994년=67세 이후)로 하고 있다. 또한 모리사키의 '생명' 사상을 논한 것으로는 다카츠카 루리(高塚ルリ), 「모리사키 가즈에 연구 - 생명과 에로스」(『동아시아 일본어교육·일본문화 연구』 7, 2004); 고바야시 미즈노(小林瑞乃), 「戰後 사상사에서의 모리사키 가즈에 - 〈대관념〉과 〈생명〉의 언설을 둘러싸고」(『연보·일본현대사』 18, 2013); 가타오카 류(片岡龍), 「모리사키 가즈에의 '생명의 원향'에서 '토착적 근대' 개념을 재검토한다」(『토착적 근대연구』 2, 2024.3 출간 예정) 등이 있다.
9   「고향 상실, 조선에 대한 그리움에 찢긴 마음(모리사키 가즈에의 세계: 이야기하다)」, (인터뷰·구성: 가와야 후지오), 《아사히신문》 1997.4.21. 석간.

즉 '오랜 세월의 마음의 짐'이란 '식민지 2세'로서 자신을 키워준 '고향'이 타민족의 것이었다는, 그동안의 무자각에 대한 죄의식과 잃어버린 '고향'을 갈구하는 고뇌이다. 인터뷰는 다음과 같이 이어진다.

> 많이 살았네요. 칠십이네요. 몸이 변변치 못해서 젊었을 무렵부터 앞으로 3년만 더 살자, 앞으로 3년만 더 살자고 생각했어요. 3년만 더 살면 아이가 몇 살이 되니까…. 하루를 보내기에도 힘겨웠어요. 그러다 보니 어느 새 지금. 언제나 이렇습니다. / … 삼십 대, 사십 대는 정신과 치료를 받기도 하고요. … 때로는 길가에 쪼그리고 앉아서 살아 왔어요. … 하지만 최근 몇 년은 거의 나아졌어요. 병원과 인연을 끊을 수는 없지만, 뭔가 꺼림칙하던 것이 싹 가셨나 봐요. 조선에서 태어난 것도 이제야 죄책감에서 벗어날 수 있을 것 같아요.

70세가 되니 무엇이 '싹 가신' 것일까. '죄책감에서 벗어나', 무엇을 생각하려 했던 것일까. 하지만 그전에 모리사키의 '오랜 세월의 마음의 짐'의 궤적을 좀 더 주의 깊게 살펴보고자 한다.

'젊은 시절'부터 몸이 약했다는 것은 광복 직전(1945년 6월 19일 후쿠오카시 공습) 무렵부터의 컨디션 불량(폐침윤[10])과 그로 인한 요양소 생활(1947~49)을 한 사실을 가리킨다. 요양소에 들어간 이듬해 8월에 한국이 9월에 조선민주주의인민공화국이 성립하였다. 퇴소 이듬해(1950년=23세) 6월 25일 한국전쟁이 시작된다. 며칠 후, 모리사키는 귀환 후 살던 거리의 판잣집 옆 다리를 건너려던 중 갑자기 극심한 통증이 찾아왔다고 한다. 모리사키는

---

10 모리사키 가즈에·나카지마 다케시(中島岳志). 2011.『일본 단층론』, NHK출판, 64쪽.

『사랑하는 것은 기다리는 것이야』에서 다음과 같이 적고 있다.

> … 어느 거리를 나는 걷고 있었다. 전쟁의 불길이 떠오르며 시공간을 초월
> 한 기도와 같은 생각이 시로 옮겨 가는 것을 느꼈다. 그러자 갑자기 신음 소
> 리가 날 정도의 극심한 통증이 온몸을 휘감았다. 나는 다리 위에 서서 치통
> 이 사라지기를 기다리듯 가만히 참았다. … 무슨 통증인지 설명할 수 없었
> 다. 태어나고 자란 것에 대한 불같은 질책이 온몸을 관통해 땅속으로 사라
> 지는 것 같았다. … 이후 마음이 어제에서 내일로, 개인적 체험을 품고 더 크
> 게, 민족의 움직임을 묻는 듯이 시(詩)로 옮길 때면 종종 한순간의 극심한 통
> 증이 찾아왔다.[11]

'태어나고 자란 것에 대한 불같은 질책'과 표현(시 창작) 의욕의 충돌이 모
리사키의 컨디션 난조와 관련이 있는 것은 분명해 보인다. 모리사키에게
'표현'이란 '마음을 일구는 것',[12] 즉 자신을 다시 태어나게 하는 행위이며,
또한 '시'란 '삶'이나 동생의 죽음을 넘어 이윽고 모두의 '내일'을 열기 위한
'자연과 사람들과의 대화'[13]이기 때문이다.

'식민지 2세'로서의 죄의식과 괴로움은 당연히 모리사키 개인만의 것이
아니다. 1953년(=26세)에 동생 켄이치(健一)가 자살했다. 인터뷰에서는 다
음과 같이 언급되어 있다.

---

11 앞의 책, 『사랑하는 것은 기다리는 것이야』, 17-18쪽.
12 모리사키 가즈에. 1998. 『지구의 기도』, 심야총서사, 137쪽, 149쪽.
13 모리사키 가즈에. 2015. 「생명의 내일을 향해 인터뷰」(『모리사키 가즈에 시집』, 141-142
    쪽, 思潮社. 첫 출간은 『춘추』 2009년 10월호).

동생이 자살해 버렸어요. 돌이킬 수 없는 후회예요. … '고향이 없다'고 그는 나에게 유서를 남겼어요. 고향이란 살아갈 수 있는 정신의 원천이잖아요? 사상 이전에 풍토와 역사와 나와 타자가 뒤섞인 혼돈이잖아요? 그것 없이는 사람은 살 수 없잖아요.[14]

이러한 '삶의, 정신의 원천'인 '카오스'로서의 '고향'을 그들은 잃어버린 것이다. 그런데 앞의 인용문에서 '30-40대에는 정신과 치료를 받았다'고 한 것은 1961년(=34세)에 일어난 사건이 그 원인이 되고 있다. '연보'를 통해 그 경위를 추적해 보고자 한다.

사건 3년 전인 1958년(=31세), 모리사키는 온가군 나카마쪼(遠賀郡 中間町) 현(現) 나카마 시(中間市)에서 탄광회사 의사의 옛집과 진료소를 빌려 살고 있던 타니가와 간(谷川雁)과 동거했다. 우에노 에이신(上野英信)·하루코(晴子) 부부와 공동생활을 하면서 『서클무라』를 창간했으나 안보 투쟁이 고조되는 가운데 이 잡지는 1960년 5월에 종간되었다. 타니가와는 서클무라 회원을 조직하고 다이쇼 행동대로서 다이쇼 탄광의 미지급 임금을 지급받기 위한 투쟁에 참여했다. 사건은 그 이듬해에 일어났다.

5월, 다이쇼 행동대의 여동생이자 『무명통신』[1959년 창간]의 등사판(謄寫版) 인쇄를 돕던 젊은 여성이 심야에 탄광촌 주택에서 침입자에 살해당하였다. 7월, 『무명통신』 폐간. 12월 강간범 체포. 다이쇼 행동 대원이었다. 죽은 여성의 오빠가 우리 셋집 앞을 달리는 카츠키(香月) 선에 투신, 기립 불능 상태

---

14 「죽음의 형태 '고향이 없는' 동생은 죽었다(모리사키 가즈에의 세계: 2 이야기하다)」(인터뷰·구성: 가와타니후미오(河谷史夫)),《아사히신문》 1997.4.22석간.

가 된다. 이후 지역 탄광에서 일하는 사람들의 인간성에 의지하면서 조선 체험을 객관화할 수 있는 마음의 여유를 회복해 나갈 때까지 긴 시간을 보내게 된다.[15]

인터뷰에서는 "가까운 곳에서 강간으로 사망자가 나온 이후, 자신의 사상성의 일천함에 직면했다. 정치 우선의 흐름에 대해 성이나 생명과 같은 내용을 이야기할 방법도, 장소도 만들지 못했다"[16]라고 말하며 다음과 같이 회상하고 있다.

나는 모두를 부르자고 했습니다. 강간에 대해 이야기하자고 했습니다. 어떻게든 사상적으로 극복할 수 있을지도 모른다. "네 마음은 알겠다." 그타니가와 간(谷川雁)가 말했습니다. 그러나 곧 "하지만 지금은 좋지 않아."라고 덧붙였습니다. 탄광 노동자들을 조직하는 마지막 투쟁이 고비에 이르렀을 때라 나도 어쩔 수 없다고 생각하고 미루고 미루었습니다. 그랬더니 … 에로스가 나오지 않게 되어 버렸습니다. … 몸이 현실에 타협하는 마음을 용납할 수 없었던 것입니다. 방황했습니다. 목마름과 굶주림에 이끌려 북으로 남으로 꽤나 걸었습니다.[17]

인터뷰 말미에 모리사키는 자신이 지금까지 세 번 패배했다고 말했다.

---

15 上記,「연보」, 351쪽.
16 「시의 벗 지쿠호(筑豊)에 '좋은 일본인'이 있었다(모리사키 가즈에의 세계: 3 이야기하다)」(인터뷰·구성: 가와타니 후미오(河谷史夫)),《아사히신문》 1997. 4. 23. 석간.
17 「생명의 바람 반복되는 출발, 그것이 인간(모리사키 가즈에의 세계:4 이야기하다)」(인터뷰·구성: 가와타니 후미오(河谷史夫)),《아사히신문》 1997. 4. 24. 자 석간.

첫 번째는 식민주의에, 두 번째는 에너지 정책에, 세 번째는 고도 경제성장에 의한 번영에.[18] 이번 사건이 두 번째 패배에 해당한다. 즉 석탄에서 석유로의 에너지 정책 전환이라는 '정치'를 젊은 동료의 성(性)과 생명을 무조건적으로 받아들이는 '에로스'(='생명의 에너지'[19])에 우선순위를 부여해 버린 것이다. 그리고 세 번째는 지구 환경(자연, 생명)의 파괴이며, 그것은 현재점점 더 심각해지고 있다. 그럼에도 불구하고 모리사키는 인터뷰의 답변을 다음과 같이 마무리했다.

> 인간은 반복적으로 출발하는 존재라고 생각합니다. 뒤라스[20]도 말했듯이, 매일 죽고 매일 다시 태어나서 살아갑니다. 나는 나 자신을 다시 살고 싶습니다. 다시 살기에 너무 늦었다는 법은 없습니다. 죽는 순간까지 다시 살고 싶습니다. 여학교 학급 모임에서 매년 2박 3일 여행을 떠난답니다. '역시 외지에서 자란 사람은 강하구나'라고 말하죠.(웃음) 다들 예순이 넘은 나이에 발랄한 표정이에요.[21]

18 앞의 책, 「생명의 바람 반복되는 출발, 그것이 인간(모리사키 가즈에의 세계: 4 이야기하다)」.
19 '에로스'에 대해 모리사키는 "타인을 무조건적으로 받아들인다. 먼저 받아들인다. 생명을. 그것을 에로스라고 해 보기도 하고, 생명 에너지라고 불러 보기도 하고, 여러 가지를 시도해 보지만, 좀처럼 쉽지 않아요. 뭐라고 해야 할까? 에로스, 역시 그렇게 말할 수밖에 없다"고 설명하고 있다.[앞의 책, 「생명의 바람 반복되는 출발, 그것이 인간(모리사키 가즈에의 세계: 4 이야기하다)」]
20 마그리트 뒤라스(1914-1996). 모리사키는 뒤라스의 원작을 바탕으로 몇 편의 라디오 드라마 대본을 썼다. 「모데라토 칸타빌레」(문예극장, 도쿄, 1971년 1월 24일, 재방송 1월 31일); 「라·무지카」(문예극장, NHK 도쿄, 1972년 5월 12일); 「이것으로 끝이다」(NHK 도쿄/FM 1996년 12월 12일).
21 앞의 책, 「생명의 바람 반복되는 출발, 그것이 인간(모리사키 가즈에의 세계: 4 이야기하다)」.

3. '반복해서 출발하는' 생명

모리사키가 '인간은 반복해서 출발한다'는 사상을 정리한 것은 68세 때 출간한『생명의 민낯』에서이다.

나는 사람은 반복적으로 출발한다고 생각하며, 지금 또다시 새로운 출발을 시작했다는 것을 의식하고 있다. / 그러나 그렇지 않고, 사람들은 항상 반복한다고 느끼는 사람들도 적지 않다고 생각한다. 열일곱 살부터 일본에서 살게 된 내가 느낀 것은, 일본인의 생활 감각은 일체로, 반복하고 회귀하는 것으로서의 생명의 전체상을 지속하고 있는 것 같다는 것이었다.[22]

일본적인 '반복하고 회귀하는 것으로서의 삶'이 아니라 '반복해서 출발한다'는 생명 감각은 어쩌면 모리사키가 조선에서 태어나고 자란[23] 것과 관련이 있다.[24] 56세 때의『경주는 어머니가 부르는 소리 - 나의 고향』에서 모리사키는 자신의 원형은 조선에 의해 만들어졌다고 말한다.

나의 원형은 조선에 의해 만들어졌다. 조선의 마음, 조선의 풍물 풍습, 조선의 자연에 의해. 내가 철이 들었을 때, 길에 자갈이 널브러져 있듯이 조선인의 생활이 한 면에 있었다. … / 어머니의 삶을 모르고, 어머니의 말을 모르고, 어머니의 향기를 알고, 어머니의 촉감을 알고, 어머니에게 업혀서는 머리카락에 입술을 묻고, 군고구마를 사 주시고, 잠을 재워주셨다. 옛날이야기

---

22 모리사키 가즈에. 1994.『생명의 얼굴』, 이와나미서점, 46쪽.
23 대구(~10세), 경주(11세~), 김천(16세).
24 이 점에 대해서는 앞서 필자의 글에서도 논하였다.

를 들려주셨다. 나의 기본적인 미적 감각을, 나는 나의 어머니와 수많은 무
명의 사람들로부터 받았다.[25]

또한 인터뷰 이듬해 『생명, 울려 퍼지다』에서는 다음과 같이 말했다.

나는 태어날 때부터 이 땅의 풍토에 길러졌다. 마음껏 호흡했다. 사랑했다.
나에게 삶과 죽음에 대한 인간적인 사랑을 가르쳐준 것은 그 반도의 하늘과
공기다. 그 안의 생명체들의 모습이다. 나는 인간도 새나 풀과 나무처럼 다
양하게 공생하는 존재라고 믿으며 어린 시절을 보냈다. 정치적 침략 민족이
라는 자각도 없이. / 그 죄스러움. 내가 마음에 끌렸던 조선의 노인과 청년과
소년. 나에게 무언의 눈빛을 쏟아 부었던 그들. 그 침묵의 사랑. 그것은 민족
문화를 파괴하는 강자의 논리에 대한 비판을 감싸 안으면서도 더 깊이, 생물
로서의 나에게 닿았다.[26]

여기서 '삶과 죽음에 대한 인간적인 사랑', '침묵의 사랑'이라 불리는 것
은 바로 앞서 살펴본 '에로스'일 것이다. 에로스에 의해 새로운 생명이 탄
생한다. 그것이 바로 새로운 '출발'인 것이다.
　모리사키는 에로스를 '사회적 부성, 사회적 모성'이라고도 부른다.[27] 74

---

25 모리사키 가즈에. 1991. 『경주는 어머니가 부르는 소리』(치쿠마문고판), 筑摩書房,
　　17-19쪽. 이 책의 단행본은 1984년 3월 간행.
26 모리사키 가즈에. 1998. 『생명, 울림』, 藤原書店, 121쪽.
27 "우리는 시공간을 초월해 살아가는 생명을 상상합니다. 식물과 동물을 포함한 미래의
　　숲을. 생명을 키우고 싶은 것입니다. 이런 마음의 작용을 저는 사회적 부성(父性), 사회
　　적 모성(母性)이라고 부르고 있습니다."(모리사키 가즈에. 1994. 『생명을 낳다』, 弘文堂,
　　193-194쪽); "요즘 절실하게 생각하는 것은 부모의 마음이란 혈연에 대한 이기주의가 아

세 때 쓴 『생명의 모국 찾기』에서 다음과 같이 에로스의 뜻을 밝힌다.

사회적 모성, 부성이란 내 자식을 낳고 기르는 사적이고 개인적인 성으로 개개인의 생명 계승을 막는 것이 아니라, 일터 등 온갖 생산 현장의 모습도 생명 계승의 방향으로 작용하는 인간적 에너지다. 나는 요즘 그것을 '에로스'라고 말하곤 한다. 생명에 대한 사랑은 '에로스', 섹스가 아니다. 에로스는 더 깊은 것이다. 팔십 할머니에게도 에로스는 있다. 자아실현이라는 것은 '다른 생명을 받아들이는 힘'을 말하는 거야….[28]

이러한 생명에 대한 사랑(에로스)을 모리사키는 조선의 풍물, 풍토 속에서 길러낸 것이다.

나는 어릴 적부터 연필과 크레파스를 장난감으로 삼아 혼자 놀았습니다. 그리고 언제부턴가 마음과 몸에 울려 퍼지는 자연과 사람, 생명체와의 공명이

니라는 것이다. 다음 세대에 대한 열린 마음이라고 해야 할까, 우선 나는 사회적 부성, 사회적 모성이라고 부르기도 하고, 사회적 친심(親心)이라고 중얼거리기도 한다. 새가 새끼에게 먹이를 나르듯 굶주리지 않게 하는 일."(「親心 : 나의 졸업 - 모리사키 가즈에(잠깐 심호흡)」, 《아사히신문》 2000.2.20. 조간); 나는 자식이 있든 없든, 사회적 활동의 장(場)에서야말로 미래의 생명에 대한 사회적 부성과 사회적 모성이란 무엇인가를 자문하면서 생산체제를 정비해 주었으면 좋겠다는 것을 통감합니다. … 어린 시절을 도시에서 보내더라도 그 창의력을 방해하지 않는 아이의 시공간이 흙과 물과 작은 생명체들의 풀밭과 함께하는 그런 문명을 키워주고 싶다."(『생명에게 보내는 편지』, 37쪽, お茶の水書房, 2000); "그것[=사회적 부성·사회적 모성]은 복지행정이 아닙니다. 남녀평등 사회도 아닙니다. 더구나 양성(兩性)을 생식 기능에 한정한 호칭이 아닙니다. 모성이나 부성, 그것은 생명의 연속성에 관한 인간적인 관점, 사색, 노동입니다."(모리사키 가즈에. 2001. 『낯선 나·노년에 만나는 생명』, 東方出版, 98쪽).
28 모리사키 가즈에. 2001. 『생명의 모국 찾기』, 風濤社, 233-235쪽.

라고도 할 수 있는 세계를 느꼈던 것 같습니다. 그것은 옛 조선에서 태어나고 자란 제가, 말이 다른 사람들—조선, 중국, 러시아, 유럽 사람들도 있었습니다—어른들까지도. 작고 작게 생각하게 할 만큼의 아름다움과 넓이로, 아침과 저녁의 하늘이 색조를 바꾸는 것에 감동하며 눈물을 흘렸던 것과 관련이 있는 것 같습니다. 초등학교 입학 전후부터 종종 그런 경험을 반복했습니다. / 그 자연과 생명과의 교향곡에 대한 사랑을 키워준 것이 '일제시대'의 대지였다는 것, 또한 그 대지에 울려 퍼지던 노래와 리듬이었다는 것이 힘들어서 몇 번이고 무너져 내렸어요.[29]

'자연과 생명과의 교향곡에 대한 사랑'을 키워준 '고향'이 타민족의 풍토, 풍물이었다는 것을 자각하지 못한 '나'란 무엇인가. 타민족의 땅을 침략한 일본 민족이 만들어낸 '국가'란 무엇인가? "문화와 민족, 성 등 자신과 이질적인 타자를 받아들이고,[30] 서로를 살릴 수 있는 '나', 그리고 '국가'는 어디에 있는가. 68세(『생명의 민낯』)의 모리사키는 다음과 같이 탄식하고 있다.

패배는 나라는 개체의 정체를 알려준 것이었다. 개인의 조건으로서의 일본인. 일본인이라는 민족. 그 민족이 만들고 있던 국가. 나는 나의 조건으로서의 민족의 역사와 원죄에 짓눌리면서, 그러나 그 민족성과 내가 마음속에 그리는 민족과는 달랐다고 외치고 싶은 심정이었다. / 그러나 여기서부터 출발할 수밖에 없다. / 내 생존은 잘못되었다는, 태어난 것에 대한 죄의식이 온몸을 짓누른다. 선택의 여지없이 나는 부정되어야 할 존재였던 것이다. 조

---

29 앞의 책, 『지구의 기도』, 168-169쪽.
30 앞의 책, 『생명의 모국 찾기』, 195쪽.

선민족으로부터. 그 역사로부터. 그 풍토에서. / 그 풍토에 의해 길러진 생명. 감성. 사고방식. 언어의 뉘앙스. 그 덩어리인 나. / 나는 어디를 향해, 어떻게 살면 좋을까. 어떻게 살아야 할까.[31]

'사람은 반복해서 출발한다'고 말한 모리사키의 다시 사는 '여행'은 바로 여기서부터 비롯된 것이다.

4. 한일 양국에 불어오는 해풍

모리사키의 '북으로 남으로' 다시 사는 '여정'을 자세히 더듬을 지면의 여유가 본고에는 없다. 여기서는 앞서 인용한 『사랑하는 것은 기다리는 것이야』의 서두의 시에 "식민지 2세인 나는 / 동해의 파도치는 열도에서 다시 살면서 / 당신의 고향에 사죄하고 싶어서 / 조국을 찾아 지하갱도를 찾아 / 바람의 편지의 당신 / 동시대를 살아온 당신 / 민족을 묻고 성을 묻고 미래를 묻고 / 서로 아시아를 건너 / … 당신과 함께 듣는 생명의 모국을 찾는 소리…"라고 했듯이 '생명의 모국'을 찾는 여행에는 당연히 한국으로의 여정도 포함된다는 점에 주목해 두고자 한다.

모리사키가 광복 후 처음으로 한국에 온 것은 1968년(=41세)이었다. 경주중고교 창립 30주년 기념행사에 초대 받은 모리사키가, 돌아가신 아버지를 대신해 축하연에 참석하고 아버지의 제자들을 만난 이 여행에 대해서는 『경주는 어머니가 부르는 소리』의 여장(余章, 나머지 장)에 기록되어 있으니 자세한 내용은 그 책에 양보하고자 한다.

---

31 앞의 책, 『생명의 민낯』, 49-50쪽.

『경주는 어머니가 부르는 소리』를 출간한 1984년(=57세)에 모리사키는
규슈대학 문학부 유학생이자 식민지 시기 김천고등여학교 후배인 채경희
(『가라유키 씨』의 한국어 번역자)를 만난다. 이듬해 1월, 미국에 거주하는 김
천 출신으로 모리사키의 아버지를 알고 있는 한국인으로부터 갑자기 편지
가 도착한다. 이러한 우연이 이해(1985)의 한국 재방문, 그리고 김임순과의
재회로 이어지는데, 그 자세한 내용은 『메아리 울려 퍼지다 산천 속으로 -
한국 기행』(아사히신문사, 1986.7)에 정리되어 있다. 여기서는 '연보'를 바탕
으로 간단히 살펴보자.

> 지난 1월, 미국국회도서관동양서관(東洋書館) 송승규 관장으로부터 『경주는
> 어머니가 부르는 소리』를 읽으며 김천중학교 당시 교장의 딸임을 알게 되었
> 다는 소식과 동양서관의 모리사키 가즈에 도서목록을 받았다. 그의 아버지
> 송창근 박사는 한국신학대학교 총장으로, 한국전쟁 때 납북되어 생사불명
> 이다. 3월 채경희의 귀국에 동행하여 한국으로 왔다. 서울에서 옛 친구 김임
> 순과 연락이 닿는다. … 서울에서 돌아오는 길에 거제도까지 가서 애광원을
> 방문. 김임순의 남편은 한국전쟁에서 생이별한 송승규(=미국국회도서관동양
> 서관관장)였다.[32]

---

32 앞의 책, 「연보」, 136쪽. 송승규 씨는 윤동주(1917-1945)와 함께 교토에서 체포되어 후쿠
오카 형무소에서 옥사한 송몽규(1917-1945)의 사촌이며, 또한 윤동주는 송몽규 외사촌
이다(모리사키 가즈에. 2004. 『생명으로의 여행-한국·오키나와·무나카타(宗像)』, 岩波
書店, 171쪽). 아버지 송창근(1898-1950?) 박사의 전기, 논설문, 일화, 추모문은 만우송
창근선생기념사업회. 1978. 『만우송창근』(선경도서출판사)에 정리되어 있다. 송창근이
1922년에 일본에 와서 동양대학에 입학한 것은 야나기 무네요시(柳宗悦, 1889-1961)를
만나기 위해서였다고 한다.(『만우송창근』, 29-30쪽)

그 후 모리사키는 '반복적인 한국 여행'을 거듭하며, '김임순 씨와 일본 각지를 함께 걸었다.'[33] 이러한 교류가 쌓여 마침내 앞서 본 1998년(=71세)의 무나카타 시(宗像市)·후쿠오카 시(福岡市)에서의 김임순과의 대담, 그리고 2000년부터의 애광원 수학여행을 통한 시민교류로 결실을 맺게 된다. 78세 때의『생명의 모국 찾기』에서 모리사키는 "애광원과의 교류가 내 개인을 넘어섰다"고 말하며, 김임순에게 다음과 같이 이야기하고 있다.

> 당신 덕분에 몸 안의 얼음이 녹았어요, 고마워요. … 나는 어렸을 때 포플러 나무를 껴안았을 때 수액이 흐르는 소리를 들었어요. 그 생명의 소리. 나도 물이 되어 바다로 흘러가고 싶어. 이 해협, 이 바닷물로….[34]

'몸 안의 얼음'이 '오랜 세월의 마음의 짐'이고, 포플러의 '수액 흐르는 소리'가 모리사키의 어린 영혼을 키운 생명에 대한 사랑(에로스)임은 말할 필요도 없을 것이다.[35] 그러나 2005년 3월 시마네현(島根縣) 의회가 '다케시마(竹島)의 날' 조례를 제정하면서 그해 애광원 수학여행은 중단될 수밖에 없었다. 하지만 모리사키는 반대로 이를 계기로 하여 "구체적으로 교류의 폭

---

33 「도시락: 1 어린이 천국 모리사키 가즈에(잠깐 심호흡),《아사히신문》 2002.9.29 조간.
34 앞의 책,『이야깃거리의 바다』, 172-173쪽.
35 "내가 태어난 곳은 현해탄 저편. 한때 일본이 식민지로 삼은 타국이다. / 그 인간 세계 속에서 나의 어린 영혼을 무조건적으로 받아준 것. 그 기억이 떠오른다. 그 기억이 되살아난다. / … 어느 해질녘, 아버지와 함께 산책을 했다. 초등학교 입학 전 아이에게는 하늘을 찌를 듯이 큰 포플러 나무가 몇 그루 늘어서 있었다. 그 큰 나무를 껴안고 눈을 감으면 수액 흐르는 소리가 들렸다. 하늘의 물이라고 생각했다. 눈을 뜨고 위를 올려다보니 큰 나무의 가지, 그 안쪽에서 수천 마리의 참새가 울고 있었다. 참새와 나 사이로 천 수가 흐르고 있었다." (앞의 책,『생명에게 보내는 편지』, 26쪽). 또한 앞의 책『낯선 나』, 27-29쪽 참조.

을 다음 세대에서 손자 세대로 연결시키는 역할을 했다"며 "독도 문제로 만날 수 없는 동해, 그 동해를 넘어, '사랑하는 것은 기다리는 것이야'[36]를 젊은 세대에게 당신의 목소리와 말로 이야기해 달라"며 무나카타 시에 있는 후쿠오카교육대학에서 강연을 의뢰해 실현시킨다.[37]

모리사키는 이렇게 적고 있다.

> 나는 17세의 마지막 몇 개월을 김천여고에서 김임순 씨와 책상을 나란히 했다. 그 십대의 만남도, 내 목숨의 끈으로 되어 있다. 독도가 있다 해도, 십대의 만남도, 꿈도, 지구를 둘러싼다. 언젠가는 애광원의 바다로 향한 언덕의 작은 길이나 밭이나 작업소에서 한 알이 쏟아질지도 모른다. 풀도 싹을 틔운다. 뿌리를 뻗친다. 누군가의 마음의 밭에도.[38]

70세의 인터뷰에서 "다시 살아가기에 너무 늦었다는 법은 없다. 죽는 순간까지 다시 살고 싶다"고 서술한 모리사키의 재기 행보는 "바다에 살던 사람들의 고대부터 내려오는 생명관, 자연관에 의해 길러지면서" 마침내 "여기까지 올 수 있었다"는 것이다.[39]

---

36 『사랑하는 것은 기다리는 것이야』의 책 제목은 이 책에 실린 김임순 자신의 말, "나는요. 가르쳐야 해요, 그 아이들에게. … 키운다는 것을 가르칠 수 있어요. 사랑한다는 것을. / 시간이 걸려요. 무엇이든 그렇겠지만. 어떤 인간이라도 '아, 이것이 그 사람의 힘이다'라는 능력이 숨겨져 있어요. 그것을요. 천천히, 키운다. 사랑하는 것. 기다리는 것. 10년 15년. 평생 기다릴 수 없다는 것은 없어요, 난" (208-209쪽)에서 발췌한 것이다.

37 앞의 책, 『이야깃거리의 바다』, 179-186쪽. 또한 애광원 수학여행은 2006년에 무사히 재개, '후쿠오카교육대학 사회복지학과와 평생교육학과의 교수와 학생들, 그리고 시내 복지시설 관계자들과 함께 교류회를 즐겼다.'(앞의 책, 「연보」, 362쪽).

38 앞의 책, 『이야기 바다』, 184쪽.

39 「고향: 1 고마워요, 모리사키 가즈에(잠깐 심호흡)」,《아사히신문》 2005.2.20. 조간. '바다에 사는 사람들'이란, 여기서는 '무나카타의 풍토'에 둘러싸인 '무나카타자유대학'

80세 때 발표한 〈해풍(海風)〉이라는 시를 예로 들어보자.

그날 조용한 한낮 / 한·일 풀뿌리 교류의 작은 소포를 들고 / 우체국으로 평소의 언덕을 오르고 있었다 // 사람도 차도 식사 시간 / 오가는 소리도 끊어졌다 / 갑자기 언덕길 한가운데서 / 갸우뚱거리며 / 오른쪽 무릎 // 앗!…… / 움직임이 멈춘다 / 흔들리는 몸 / 반사적으로 한쪽 다리를 엉거주춤하며 / 아파! // 1초 2초, 제대로 하자 / 5초 6초, 참아라 / 자신을 꾸짖는 고령기(高齡期) / 그 한낮부터 삼 년이 지나 / 무너져 가는 몸속 자연을 보듬어 가며 / 교류회를 준비한다 / 나는 식민지 2세 먼 과거의 유년기 / 어린 시를 쓰고 있었다 / 아침 햇살에 물든 칠색 구름의 멋진 광경에 / 눈물 흘리면서 이야기를 찾은 그대지 / 생가죽 벗겨 내는 전후(戰後)의 세월 / 어머니들의 생명, 향기로운 바닷바람에 몸을 맡기며 / 일본이란? / 생명이란? / 언젠가 원죄의 땅에 설 수 있는 나에게 / 다시 살고 싶다고 / 열도의 북으로 남으로 / 전후(戰後) 60년을 지나 드디어 / 다음 세대, 손자 세대와 함께 교류의 바다를 건너 / 지구 온난화가 가속화 되는 21세기의 문명 / 먼지는 바다에 흩어지더라도 / 태양이 떠오르는 동해, 그 동해 / 둥근 지구여 / 둥근 지구여 우주의 별이여 / 내일 태어날 그대들이여 / 이질적인 문화를 서로 교류하면서 / 미래를 향해

(1988-2003)과 '무나카타 시민대학·유메오리(夢織)'(2003-2009. 모리사키가 학장을 역임)의 자원봉사 시민을 가리킨다. 또한, 무나카타 해인족(海人族)의 '고대부터의 생명관·자연관'을 살피는 모리사키의 여정은 40대부터 만년까지 이어져 왔지만, 본고에서는 상세히 설명할 여유가 없다. 또한 모리사키는 무나카타가 '일본 해녀의 발상지'이며 "그녀들은 '자신의 고향은 조선'이라고 입을 모은다"고 말하고 있다(「권두인터뷰 모리사키 가즈에: 생명의 소리를 담는 여행」, 『산 강 바다: 자연과 살다, 자연에 살다: 자연 민속지』 4호, 아트앤드크래프트사, 2012).

나도 꿈을 짜 낸다[40]

　'무너져 가는 몸속의 자연'을 느끼면서도 다음 세대, 손자 세대와 함께하는 한일 풀뿌리 '교류의 바다'에 '생명의 향기로운 바닷바람'이 불기 시작한 것이다.(/은 줄 바뀜, //는 연이 바뀜)

5. '좋은 아침! 오늘의 나'

　모리사키는 아침에 일어나면 스스로에게 인사를 하게 되었다고 한다. 68세 때 쓴 『생명의 민낯』에서 "사람은 반복해서 출발한다"고 말한 후, "우리 몸의 세포가 신진대사를 하면서 어제의 삶에서 오늘의 삶으로 변모하는 것"과 같이 "나는 매일 아침 갓 태어난 나에게 인사한다"고 적고 있다.[41]
　긴 인용문이 이어지는데, 70대 초반의 글을 몇 가지 살펴보자.

　　나는 조선에서 태어나고 자란 자신과 그 시대의 다른 민족과의 공통된 경험이 괴로웠고, 귀환 후의 삶을 살면서 생애에 걸쳐 이 일본에서 나 자신을 다시 태어나게 하고 싶다고 바라 왔습니다. 그렇게 스스로에게 요구하면서, 그렇지만 금세 망설이는 마음을 '안 돼 안 돼'라고 꾸짖고 또 꾸짖고, 마침내 노년의 언덕에 다다른 것입니다. … 귀국 후 자신이란 무엇일까, 여자란, 민족이란 등등을 생각하며 세월을 보내다가 어느 날 아침 문득 생각했어요. 낯선 나, 지금 태어난 내가 있다. 저림이 심해서 류머티즘은 잠자는 동안 온몸을

40　모리사키 가즈에, 「해풍」(『가나가와대학평론』 57, 2007.7. 앞의 『산 강 바다 별 책 생명의 자연』 수록).
41　앞의 책, 『생명의 민낯』, 45쪽.

느긋하게 걷고 있는 거겠지. 몸은 뻣뻣한데 무언가가, 이리저리 헤엄치고, 활기차게 헤엄친다. / 카즈짱(가즈에 상) 좋은 아침이야. 나는 마음으로 말을 걸었다. 이제 막 태어났구나, 참 작구나. 물고기 같은 … 모르는 나 … / 오늘의 나, 좋은 아침! 인사를 했다. 아픈 몸을 일으킨다. 그리고 드디어 나는 깨달았다. 나에게 있어 납득할 수 있는 나를 만난다는 것이 어떤 것인지를. 그것은 태어난 그대로의 벌거벗은 생명으로 되돌아가는 것. 그 벌거벗은 생명계와 부딪히는 것에 눈을 뜨고, 어제의 나와 작별을 고하고 매일을 걷는다. "자, 일어나자! 오늘의 나에게로"인 것이었습니다. / 나는 그런 나와 함께 걷는다. 오늘 하루 가능한 한 벌거벗은 생명을 사회와 문명의 토대에 재구축할 수 있는 방법을 찾고 싶다. 직위사회나 무력문명이 아닌.[42]

올해도 나는 낯선 나 자신을 문득 깨닫는 순간이 있기를 바라고 있어요. … 낯선 나를 느끼는 순간 따위, 그것은 단순히, 나이를 먹는 것일지도 모릅니다. … 지금, 세계는 모든 분야에 걸쳐 현대 문명의 재검토기에 접어들었어요. 과거는 참고할 수 없는 문명으로. 나도 그중 한 명입니다. 내일이 있기를 바란다면, 다른 한 알 한 알을 살릴 수 있는 에너지를 스스로에게 불러내는 것 외에는 다른 방법이 없어요. 낯선 나를 만나고 싶어요. 내 몸과 마음의 생명에 대한 사랑을 되살리고 싶어요. / 저는 어렸을 때부터 심신부진이 계속되고 있었어요. 그런 나에게 할 수 있는 것은 … 마음에 꿈을 그리는 것이었

---

42 모리사키 가즈에, 「태어난 그대로의 벌거벗은 생명으로 돌아가다(자신과의 만남)」,《아사히신문》2000.9.25. 석간(이후 앞의 책, 『생명의 모국 찾기』에 수록). 그 외 『생명의 모국 찾기』, 106쪽, 129쪽, 176-177쪽; 앞의 책, 『낯선 나』, 210쪽; 앞의 책, 『생명으로의 여행』, 223쪽 등도 참조.

어요. 한편으로는 자신과 싸우는 것, 사회에 목소리를 내는 것이었습니다.[43]

여기서 읽어 낼 수 있는 것은 '낯선 나'와 만난다는 것은 단순히 늙음을 느끼는 것이 아니라 '태어난 그대로의 벌거벗은 생명'을 자각하는 것, '다른 하나하나를 살리는 에너지(='나의 몸과 마음의 생명에 대한 사랑'), 즉 에로스를 스스로 불러일으키는 것'이며, 또한 그것은 모리사키에게 있어 '오늘 하루 가능한 한 벌거벗은 생명을 사회와 문명의 토대에 재구축'함으로써 지금까지의 '직위 사회나 무력 문명'이 아닌 '과거는 참고가 되지 않는 문명'을 함께 만들어내려는 자신과의 싸움이었다는 것이다.

다만 그 싸움은 결코 슬프고 서운한 느낌이 감도는 것은 아니다. 71세 때 쓴 글에서 서로를 키우던 절친한 친구의 죽음, 친구의 젊은 아들의 죽음, 유아의 생사를 마주한 일 등에 대해 "자연은 깊숙이, 조용히 가만히 생명들을 품는다"고 말한 후 이렇게 말했다;

나도 불어오는 바람에 귀를 기울이며 나 자신과 함께하고 싶어. 항상, 즐겁게. 반복해서 태어난 그대로의 벌거벗은 나로 돌아가고 싶어. / 아니, 태어난 벌거벗은 몸은 이런 주름진 여자가 아니었어요. 그래서 어제의 나를 훌훌 털어 버리고, 아침마다 항상 인사를 해요. 이제 막 태어난 오늘의 나에게. / "좋은 아침! 오늘의 나"라고. 자, 여행을 해 보자. 목소리가 듣고 싶어. 저 사람 저 사람, 저 산 저 강 저 물과. 저 물과 함께 울려 퍼지고 싶어.[44]

---

43 앞의 책, 『생명의 모국 찾기』, 6-7쪽.
44 모리사키 가즈에, 「죽음을 바라보며 자신과 마주하다」, 《요미우리신문(도쿄)》 1999. 4. 6. 조간.

모리사키에게 매일 아침의 인사는 계속해서 어제의 자신을 버리기 위한 외침, 죽을 때까지 다시 살아가기 위한 스스로의 질책이라고 할 수 있지만, 동시에 그 싸움은 사람들과 자연과 교감하며 다시 태어나는 즐거운 '여정' 인 것이다.

생명의 울림은 동시대 사람들과 자연뿐 아니라 '자기 자신으로 이어져 온 생명계와 생명을 존속시키는 자연계'와의 공명(共鳴)이다.[45] 73세의 『이 방인인 나』에서는 이렇게 말하고 있다.

> 그러고 보니 언제부턴가 아침잠에서 깨어날 때쯤이면 '좋은 아침! 나'를 외
> 치게 되었다. 언제쯤부터였을까. 세포의 신진대사가 나이와 함께 생명의 탄
> 생과 그 재생과 겹치면서 마음에 와 닿는다. 지금 태어난 나, 태어나고 있는
> 내가 거듭 깨어난다. '분명 개체의 죽음이란 이런 것이겠구나'라는 생각이
> 절로 든다. … 아득히 먼 생명체의 연속성과 개체. 그 자연계(自然界)의 시간,
> 공간 …. 죽는다는 것은 따뜻해지는 것이다.[46]

45 "여행을 하면서 나는 스스로에게 묻습니다. / '자아실현이란 내 한 세대의 권리 주장이 아
니겠지요'라고. 그것이 아니라, '자기 자신으로 이어져 온 생명계와 생명을 존속시키는
자연계가 내 몸과 마음에도 영향을 미치고 있다는 것을 제대로 받아들이고, 동시대 이성
(異性)의 타자와 함께 미래로 메시지를 보내는 것이 아닐까'라고. / 그것을 나는 무엇이
라고 불러야 할지, 아직 정하지 못했습니다. 어쩔 수 없이 사회적 모성, 사회적 부성을 키
우고 싶다고 말하며, 그 에너지를 에로스라고 부르고 있습니다. 그리고 다음 세기를 향해
일세대주의를 넘어선 생명의 연속성 철학이 새로운 문명을 탄생시켜 주기를 바라고 있
는 것입니다." (앞의 책, 『생명으로 가는 길』) (앞의 『생명에게 보내는 편지』, 40쪽).
46 앞의 책, 『낯선 나』, 55-57쪽. 또한 61세 때의 글에서는 "개인은 사라져도 우리는 인간
들이 또한 여전히 영원히 살아갈 것을 믿는 것입니다. … / 인간 무리의 생명의 따뜻함.
그것이 만약 자신의 죽음과 함께 지구상에서 전멸하는 것이라고 한다면, 우리는 종교
조차도 만들어 낼 힘을 갖지 못할 것이라고 생각합니다. … 설령 싱글라이프를 고수하
며 출산을 거부하고, 자식의 탄생을 바라면서 자식을 낳지 못하는 삶을 살더라도 인간
이 인간인 한, 인간 일반은 생식 연령이 되면 자식을 낳는다는 것을 기정사실로 알고 있

죽음은 삶과 대립하는 차가운 것이 아니라, 매일매일 오래된 세포가 죽고 새로운 세포가 태어나듯, 삶과 연속성을 갖고자 하는 따스한 온기로 여겨진다.[47] 또한 74세 때 쓴 『생명의 모국 찾기』에서 죽음은 '삶의 한가운데에 자리 잡은 소중한 부드러움', 혹은 '삶에 대한 자각과 자립의 기반'이라고 말하며 다음과 같이 말했다.

> 우리는 개인의 죽음밖에 묻지 못한 채 오늘에 이르렀어요. 아니 그것은 개인의 것이라기보다는 자신의 것이라고 해야 할 거예요. … 그러나 실은 개인의 죽음에 대한 두려움과 불안을 덜어주는 것은 개인의 죽음 이후에도 여전히 생명으로 살아가고 있는 사람들의 생명이 있다는 것이 아닐까요? 인류의 생명 영속을 위한 기도야말로 죽음을 바라보는 마음가짐이라고 나는 생각합니다.[48]

'일세대주의'의 사생관을 넘어, 생명이 영속하는 세계('생명의 모국')를 향한 기도, 마음가짐. 그러나 모리사키는 그러한 세계가 보이는 것은 '60대에는 무리'이며, '몸이 너덜너덜해지면서 비로소 보이는 것'이라고 말한다.[49] 체력도 의식도 늙어 가지만, '그렇게 될 무렵에 활기차게 작동하는 것', '젊

었기 때문에, 인간들의 영생에 안겨 우리는 죽을 수 있었던 것입니다. … 한 사람 한 사람의 생애는 끝나도 사람들이 살아 있다는 것, 그것에 대한 신뢰가 개개인의 죽음을 얼마나 따뜻하게 감싸고 있는지 헤아릴 수 없다고 나는 생각합니다."(모리사키 가즈에. 1989.1. 『어른의 동화·죽음의 이야기』, 弘文堂, 173-174쪽).

47 "죽음은 삶을 다하는 것입니다. / 한 사람 한 사람의 생명을 불태우는 것입니다."(앞의 책, 『어른의 동화·죽음의 이야기』, 224쪽).

48 앞의 책, 『생명의 모국 찾기』, 205-208쪽.

49 앞의 책, 『낯선 나』, 198쪽.

은 지혜가 간과했던 생명체의 응답'이 있다고 말한다.[50]

자신을 알라. 자신의 몸에 조용히 마음을 맑게 하라. … 늙어서 더욱, 아침의
내가 태어나고 있어. 아니, 아니 늙어 가면서 살아야만 만나게 되는 나. 그날
아침의 새로운 생명. 갓 태어난 새로운 생명. 좋은 아침의 나라고 인사하고,
오늘 아침의 나와 함께 가능한 한 영혼을 불태워 보자.[51]

"젊은이들이 개성 있는 삶을 추구하듯, 노인들도 개성 있는 나날을 추구
한다."[52] 그러나 우리 문명에는 아직 "타자로서의 고령자를 만나고 있는, 그
날의 삶의 목소리가 들리지 않는다."[53] 지금까지의 '노인'의 개념을 대신할
'노년의 자연스러움에 대한 정확한 말과 글의 언어도, 아직 태어나지 않았
다.'[54] 그리고 모리사키에게 있어 나이 들어가면서 만나는 새로운 생명을
자각하고 그것을 '표현'하는 것은 개인의 사생관 확립을 위해서가 아니라,
함께 살아가고 서로 생명을 지탱하는 사회를 열어 가기 위한, 자신을 다시
살리는 일이다.[55] 이러한 '마음가짐'으로 현해탄을 사이에 둔 한·일 풀뿌리
'교류의 바다'에 생명의 향기로운 바닷바람이 불기 시작했음은 두말할 나

50 앞의 책, 『낯선 나』, 122쪽.
51 앞의 책, 『낯선 나』, 210쪽.
52 앞의 책, 『생명의 모국 찾기』, 202쪽.
53 앞의 책, 『낯선 나』, 198쪽.
54 앞의 책, 『생명의 모국 찾기』, 190쪽.
55 "가정은 생명을 키운다든지, 쉽게 한다든지, 그 마지막을 보살핀다든지 하지만, 그것이
    불가능한 만년도 적지 않습니다. 또한 일반적으로 고령자는 의사소통 기능을 상실하기
    쉽습니다. 이러한 상태를 지원하는 시설이 다양한 형태로 사회적으로 필요하지만, 동시
    에 우리도 직장과 가정을 오가는 것뿐인 삶에서 자립하여 도움을 필요로 하는 생명들의
    버팀목이 되는 삶의 방식을 사회 참여의 일부분으로 익혀야 한다고 생각합니다." (앞의
    책, 『생명의 모국 찾기』, 204쪽).

위도 없을 것이다.

6. 맺음말

70대 후반에 접어들면서 모리사키는 미묘한 컨디션 변화에 시달리게 된다.

> 70대 중반을 넘어서면서부터 나는 아침마다 미묘한 몸 상태의 변화에 시달렸다. 그전처럼 '좋은 아침'이라고 스스로에게 인사할 때, 무심코 팔다리를 뻗는 것조차도 몸의 어딘가에서 경련이 일어난다. 젊을 무렵부터 수면이 부족하기 일쑤였지만 경련은 괴롭다.[56]

그리고 신경외과 주치의로부터 받은 수면유도제로 겨우 5시간 안정을 취하는 등 '노년의 자연을 더듬는' 일상 속에서 '모태에서 자라는 생명처럼, 자연의 태내(胎內)에서 자라는 노년의 생명도 그 시공간에서 아침마다 태어나는 것'이라는 것을 최근에서야 알게 되었다고 한다.

그전까지는 '낯선 나'를 만나고 싶다 해도 어제의 나를 끌고 다니며 '오늘의 나와 좀처럼 함께 걷지 못하는' 경우가 많았지만,[57] '70대 후반의 나에게는 매일매일 낯선 내가 나타나기 시작했다.'[58]

그리고 80세가 된 모리사키는 젊은 친구 부부(규슈대학대학원 인간환경학연구소의 타카하시 쓰토무(高橋勤)) 교수와 대마도 출신의 타카하시 미츠에(高橋三恵 부부)에게 다음과 같은 엽서를 보냈다.

---

56 「맹세: 1 내일의 당신에게 모리사키 가즈에(잠깐 심호흡)」,《아사히신문》 2004.12.5 조간.
57 앞의 책, 『낯선 나』, 197-198쪽.
58 「시작: 빛나는 생명의 파문 모리사키 가즈에(잠깐 심호흡)」,《아사히신문》 2004.1.11. 조간.

왠지 지금에 와서 이 바닷가, 아니 현해탄의 이미지가 미츠에 씨, 당신의 고향=쓰시마의 사람들과 함께한 생명의 바다로 되살아나고 있어요! 이제야 깨달았어요. 고마워요! 생명의 밑바닥에서 한 명의 귀향녀로 돌아가고 있습니다. 괜찮아, 지금 태어났어, 가즈에 씨, 1927년 4월 20일생인 나의 재생(再生)입니다.[59]

그로부터 몇 년 후(2010), 일본은 인류 미지의 '초고령사회'에 돌입했다. 서두에 게시한 사진의 모리사키 가즈에는 83세이다. 만년의 모리사키는 치매에 걸려 시설에서 지냈다.[60] 우에노 치즈코(上野千鶴子, 1948~)에 따르면, 치매에 걸린 모리사키에 대해 아들 마츠이시 이즈미(松石泉, 1956~)가 보낸 편지에 "어머니는 지금 '모리사키 가즈에'에서 내려와서 평온하게 지내고 있습니다"라는 내용이 있었다고 한다.

90세를 맞이하던 2017년 1월, 뇌경색이 일어나 후쿠오카현 내 병원에 입원, 그리고 2022년 6월 15일 급성 호흡부전으로 95세의 나이로 사망했다.[61] 아들 마츠이시는 모리사키가 엔딩노트에 남긴 유언대로 '구회일처(俱會一處)'라고 새긴 묘에 묻었다고 한다.[62]

이 묘에 대해 모리사키 자신은 다음과 같이 적고 있다.

저는 이 땅[=무나카타 시(宗像市)]으로 이사 왔을 때 신흥 묘지에 작은 무덤을

---

59 다카하시 쓰토무(高橋勤). 2008. 「바다를 보는 사람」(『모리사키 가즈에 컬렉션 - 정신사(精神史)의 여행 月報 1』, 藤原書店, 3쪽).
60 우에노치즈코(上野千鶴子) 「우리는 당신을 잊지 않겠습니다」(앞의 책, 『현대사상 11월 임시 증간호』, 330쪽).
61 《아사히신문(西部)》 2022.6.19 조간.
62 《아사히신문》 2022.9.10 석간.

구했습니다. 지금은 돌로 만든 무덤을 좋아하지 않지만, 그러나 자식도 손자도 혈연인 저보다 더 넓고 깊게 일본의 풍토를 어린 영혼으로 흡수하며 자라고 있습니다. 그 인연에 대한 마음 그대로 묘비에 '구회일처(俱會一處)'라고 새겨 넣었습니다. 언젠가 일본 어딘가에 '모두의 숲'으로서 산골(散骨)이 자라는 시대가 되었을 때, 저도 그 숲에 보태 주세요.[63]

그런데 모리사키가 '돌로 만든 무덤'을 좋아하지 않는 것에 대해서는 다음과 같이 서술되어 있다.

패전 후 귀국한 나는 꽤나 긴 세월 동안 일본의 묘지, 묘석의 모습에 대해 고민했어요. / 저건 아름다운 모습이 아닙니다. … 나는 왜 일본인은 무덤을 저렇게 촌스럽고 현세에 집착하는 모양으로 만들어야만 하는 것일까 하는 생각이 들었어요. 어쨌든 경주의 왕릉에 매료된 나였으니까요. 나는 산기슭에 조그맣게 흙을 쌓고 풀로 덮어놓은 초라한 조선인의 서민 무덤도 지긋이 고운 인간적인 면모를 가지고 있었구나 하는 생각이 다시금 들었어요.[64]

모리사키는 'ㅇㅇ가문의 무덤이라고 새기는 생자주의(生者主義)와 그 형태'를 싫어하면서도 신흥 묘지의 '일반인 무덤'을 묘지로 삼았다. 그것은 "나는 항상 평범한 삶에 발을 딛고 있고 싶기 때문"이다. 하지만 고민하다 '인연이 있는 사람과 인연이 없는 사람이 함께 한곳에 모여 만나는 것'을 의미하는 '구회일처(俱會一處)'라는 글자를 새겨 넣었다고 한다.[65]

63 앞의 책, 『생명의 모국 찾기』, 236-237쪽.
64 앞의 책, 『어른의 동화·죽음의 이야기』, 126-127쪽.
65 앞의 책, 『어른의 동화·죽음의 이야기』, 126, 128쪽.

모리사키에게 있어서 살아간다는 것은 '서로 대화할 수 있는 공간을 만드는 것'[66]이기 때문이며, 그 대화에는 문화가 다른 사람도, 또한 생사를 달리하는 사람도 포함되기 때문이다. 왜냐하면 죽음은 새로운 나를 만나기 위한 생명의 온기이기 때문이다.

마지막으로 78세 때의 시 한 편을 들어 본다.

좋은 아침 / 좋은 아침 / 오늘 아침의 나는 불러본다 / 무거운 두 팔 두 다리의 / 아픔을 동반한 깨어남입니다 / 일흔여덟 살 4개월 / 한여름의 서늘한 아침햇살 / 잠든 채로 고요히 두 팔을 / 곧게 하늘로 뻗습니다 / 오늘의 생명을 이 팔로 / 저림과 아픔의 두 다리로 / 받고 받치며 걷습니다 / 부처님은 늘 곁에 계시지만 / 모습을 드러내지 않는 것이 귀한 것입니다 / 사람의 소리 없는 새벽에 / 은은하게 꿈속에 나타나십니다 / 역사를 엮어 가는 사람의 세상 / 오늘 아침의 생명으로 흐릅니다 / 저린 두 팔의 / 각성 운동을 반복하며 / 일어나기 위한 힘의 준비입니다 / 생명의 불꽃이 반짝반짝 / 오늘 아침의 나여! / 좋은 아침이네요 / 착실히 생명을 받아들이세요 / 좋네요 일어나요 / 카즈짱 상쾌하게 일어서세요 / 당신에게 지금의 육체를 맡깁니다 / 정원에 한 소리 곤충의 소리 / 이어 한 소리 매미의 소리 / 새벽으로 / 살아 있는 것들의 / 생명의 / 시간이 열립니다.[67]

모리사키 노년기의 삶과 사상은 '생명의 시간'(=Kairos)을 계속 열며, 날마다 '낯선 나'를 만나는 여정이었다는 것을 본고의 맺음말로 삼고자 한다.

---

66 앞의 책, 『모리사키 가즈에 시집』, 142쪽.
67 앞의 책, 『이야깃거리 바다』, 77-79쪽.

차명희

한국과 일본, 일본과 한국이 학술회의를 공동으로 개최하는 것에 축하를 드립니다. 그리고 '낯선 나를 만나다'를 통해 모리사키 가즈에(森崎和江) 선생님의 삶과 사상을 소개 해주신 가타오카 류(片綱龍) 교수님께 깊은 감사를 드립니다.

교수님의 옥고(玉稿), '낯선 나를 만나다'는 한국과도 인연이 있었던 모리사키 가즈에(森崎和江) 선생님의 삶, 그리고 죽음과 관련된 내러티브 (narrative)입니다. 이러한 서사는 질적 연구 방법 가운데 하나인 생애사 연구에서 원용되고 있습니다. 개인의 서사가 중요한 이유는 그 서사를 통해 한 개인을 깊이 이해함은 물론, 개인이 살아왔던 세계를 사회적, 문화적, 제도적 맥락 등에서 이해하는 데에 도움이 되기 때문입니다. 그러므로 본 논문에서는 개인의 내러티브와 관련한 생애사 연구의 분석법을 원용하여 멘델바움(Mandelbaum)이 제시하는 분석법인 삶의 영역(dimensions), 삶의 전환점(turnnings) 그리고 삶의 적응(adaptation)[1] 차원을 중심으로 살펴보고자 합니다. 특히, 삶의 영역에서는 삶의 자리인 고향을, 삶의 전환점에서는 종전 후 귀국과 글을 쓰는 작업 그리고 마지막 삶의 적응 차원에서는 '낯선

---

1   Kimmel, M. S., Rethinking. 1987. *Masculinity*, in New Directions in Research, Newbury Park: Sage.

나'로 살아가는 것에 초점을 맞췄습니다.

첫째, 모리사키 선생님의 삶의 영역가운데, '고향'에 대한 사항을 언급해 봅니다. 선생님은 일본인이지만 한국이 일본의 지배를 받던 때인 1927년 한국(조선)에서 출생하여 1943년 16세까지 한국에서 생활하였기에 한국을 고향으로 생각합니다. 종전이 있기 2년 전, 일본으로 돌아갑니다만 선생님은 고향에 대한 결핍된 감정과 부채의식이 있습니다. 일본 민족이 타민족을 침략한 국가인 이유로 자신은 한국에서 부정되어야 할 존재였습니다. 그럼에도 불구하고 한국이라는 풍토에서 길러졌다는 사실과 그러한 사실 자체를 몰랐다는 무자각에 대한 죄책감이 모리사키 선생님을 괴롭혔습니다. 그래서 "전후(戰後)에 고향을 몸부림치게 그리워하는", "나를 만들어 준 고향은 내 것이 아니다." 또한, "태어나고 자란 것에 대한 불같은 질책", "오랜 세월, 마음의 짐", "당신의 고향에 사죄하고 싶어서"라는 표현을 합니다. 이러한 표현들은 그녀의 오랜 세월 가졌던 마음의 짐이 말로 표현된 것입니다. 그래서 모리사키 선생님의 고향을 기억하는 글은 '거울을 닦는'[2] 것과 같은 성찰적인 느낌을 갖게 합니다.

둘째, 삶의 전환점입니다. 모리사키 선생님의 삶의 전환점은 일본으로의 귀국과 글을 쓰는 행위라고 봅니다. 종전으로 인하여 공간적인 삶의 자

---

2   윤동주의 〈참회록〉에 나오는 표현. 윤동주(1917-1945)는 식민지 시대를 살았던 시인으로 〈참회록〉은 식민지 시대에 무기력한 자신의 삶을 성찰하고 아무것도 도움이 되지 않는 자신의 부끄러움을 고백하는 시이다. 시에서 '거울'이라는 도구를 닦는 행위를 통해 자아성찰이라는 보이지 않는 관념적인 행위를 구체화하였다. 〈참회록〉은 윤동주가 창씨개명을 하기 닷새 전에 지은 시로 다음과 같다; "파란 녹이 낀 구리 거울 속에/ 내 얼굴이 남아 있는 것은/ 어느 왕조의 유물이기에/ 이다지도 욕될까/ 나는 나의 참회의 글을 한 줄에 줄이자-중략- 밤이면 밤마다 나의 거울을 손바닥으로 발바닥으로 닦아 보자/ 그러면 어느 운석 밑으로 홀로 걸어가는 슬픈 사람의 뒷모양이 거울 속에 나타나 온다."

리(Sitz im Leben)가 바뀝니다. 삶의 자리(Sitz im Leben)에 대해 헤르만 궁켈(Hermann Gunkel)은 존재 사유의 근거를 제시하는 현장이라고 말합니다. 삶의 자리에서 현 존재가 존재하는 사태를 파악해야만 현 존재에 대한 이해가 가능해집니다.[3] 선생님이 자신의 서사를 소개한 덕분에 독자들은 모리사키 선생님에 대한 이해의 지평이 확장되었습니다. 한편, 고향에 대한 정확한 인지에서 선생님은 카오스를 경험합니다. 그 혼돈은 고향에 대한 무자각의 자각에서 비롯하며, 또한, 장소 애착의 욕구가 좌절된 사람이 겪는 우울증, 불면증, 의욕 상실, 식욕 감퇴와 같은 증후를 나타내는 노스탤지어(Nostalgia)[4]일 수도 있습니다. 이렇게 주체의 정체성이 혼돈될 때, 모리사키 선생님은 글을 써서 자신을 찾아 갑니다. 이러한 점이 삶의 터닝 포인트인 것으로 보입니다. 글이나 말은 개인의 서사를 이해하는 데에 매우 중요합니다. 또 그것을 표현한다는 것은 마음을 일구는 것, 즉 자신을 다시 태어나게 하는 행위가 아닐까요? 선생님의 글과 말을 통해 자신과 타자의 존재가 드러납니다. 그만큼 말은 세상에서 제 위치를 찾고 자아를 확립하는 도구가 됩니다. 또한, 세상 속에서 개인의 참여를 확인하는 기능을 합니다. 즉, 글을 씀으로써 자기를 실현해 나갑니다.

갑자기 노인의 말과 글에 대한 개인적인 경험이 기억납니다. 저는 8년 동안 노인의 선종봉사(연령회)[5]를 했습니다. 노인의 말은 아주 소중하다는

---

3 이섭. 2013. 「하이데거의 진리 사건을 통해 드러나는 존재 사유의 근거 문제를 삶의 자리로 해석할 수 있는 가능성에 대하여」, 『철학연구』, 제112호, 83-104쪽.

4 노스탤지어(는 1678년 스위스의 의학도 요하네스 호퍼가 장소 애착의 욕구가 좌절된 사람이 겪는 우울증, 불면증, 의욕 상실, 식욕 감퇴와 같은 증후를 설명하기 위해 만든 개념이다.

5 선종은 선생복종(善生福終)의 준말이다. 죽음과 관련한 봉사조직을 선종 봉사회 또는 연령회(煉靈會)라고도 한다.

것을 경험으로 압니다. 봉사를 하며 노인의 요구는 가능한 들어 드렸습니다. 어느 한 할머니는 "티비에서 부잣집 노인네가 하는 것처럼 호텔에서 디너를 먹어 봤으면 죽어도 여한이 없다."고 말했습니다. 봉사회는 즉시 그 소원을 들어드렸습니다. 할머니는 한동안 얼마나 행복해 하셨는지 모릅니다. 그리고는 2년 정도 후, 귀천(歸天)하셨습니다. 남편의 빚을 갚고 자식들 대학 보내려고 식당에서 평생을 고생만 하셨습니다. 그러한 분의 소원을 들어 드린 게 참으로 보람 있습니다.

한 사회의 노인의 좋은 삶(Well-being)과 좋은 죽음(Well-dying)은 복지국가의 바로미터이며 후세에 선한 영향력을 미칩니다. 사람이 행복한 삶을 살다 좋은 죽음을 맞이하는 사회가 되어야겠습니다. 저도 '선생복종'의 의미처럼 복된 삶을 살다 선한 죽음을 맞이하여 하느님 대전에 가면 참으로 좋겠습니다.

셋째, 삶의 적응입니다. 모리사키 선생님은 '낯선 나'를 매일 만나는 것으로 삶의 적응을 꾀하고 있습니다. 선생님은 매일 새로 태어난 나를 다음과 말합니다.

> 낯선 나와 만난다는 것은 단순히 늙음을 느끼는 것이 아니라 태어난 그대로의 벌거벗은 생명을 자각하는 것, 다른 하나하나를 살리는 에너지(몸과 마음의 생명에 대한 사랑), 즉 에로스를 스스로 불러일으키는 것이며 또한 그것은 오늘 하루 가능한 벌거벗은 생명을 사회와 문명의 토대에 재구축함으로써 계급과 무력이 아닌 문명사회를 함께 만들어 내려는 자신과의 싸움이었다.
> -본문 중

'낯선 나'를 매일 만나는 사건은 모리사키 선생님의 생명의 영속성에 대한 희망이며 자기실현입니다. 매슬로우(A. Maslow)는 인간의 욕구 5단계 가운데, 자기실현의 욕구를 최상으로 들고 있습니다. 자기실현의 욕구는 자신을 필요로 하는 곳에서 자기에게 맞는 일을 하며[6] 생명의 시간(Kairos)을 사는 여정이 아닐까 합니다.

이상으로 논평을 마름하며 개인의 서사 연구인지라 딱히 질문이라기보다는 작은 의문, 두 가지를 여쭙습니다.

첫째, 모리사키 선생님은 고향이란 살아갈 수 있는 정신의 원천이며, 나와 타자가 섞인 혼돈이라고 표현 했습니다. 선생님은 왜 고향을 카오스라고 했을까요? 보통 '고향'이라고 하면 마음이 차분해지는 정적인 질서가 먼저 떠오르지 않을까요?

둘째, 모리사키 선생님은 왜 어제의 자신을 버려야 했나요?(p13: 1), 그리고 이러한 생명의 영속성을 알기에는 60대도 무리라고 말합니다. 나이 규정은 어떤 의미일까요?

다시 한번, 모리사키 가즈에 선생님의 '존재의 향기'가 묵향처럼 번지는 글을 소개하여 주신 가타오카 류 교수님께 감사의 인사를 드립니다.

---

6   오창순·신선인·장수미·김수정. 2010. 『인간행동과 사회 환경』, 학지사, 194-195쪽.

논평에 대한 답변

가타오카 류(片岡龍)

질문: 모리사키 선생님은 고향이란 살아갈 수 있는 정신의 원천이며, 나와 타자가 섞인 혼돈이라고 표현했습니다. 선생님은 왜 고향을 카오스라고 했을까요?

답: 모리사키 선생님의 고향에 대한 혼란스러운 생각은 조선이 일본의 식민지였다는 역사적 사실과 관계가 깊습니다. 즉 자신의 의지와는 무관하게 일본인이면서 조선에서 성장한 것과 전후, 일본으로 귀국하여 살아야 했던 삶이 그것입니다. 아울러 모리사키 선생님은 고향에 대한 자신의 무자각 역시 괴로워합니다. 정체성의 혼란입니다. 그녀의 글 안에서 '태어난 것에 대한 죄의식', '몸 안의 얼음', '마음의 짐'이라는 표현이 그러한 것을 대변합니다. 그러므로 그녀에게 있어서 고향은 '카오스'입니다.

질문: 모리사키 선생님께서 말한 어제의 자신을 버려야 한다는 것과 생명의 영속성을 알기에는 60대도 무리라는 의미는 무엇일까요?

답: 모리사키 선생님의 엉킨 실타래와 같은 젊을 적 고뇌(고향, 에너지 정책, 자본만을 우선한 경제 정책)들을 푼 것, 즉 삶의 원동력이 된 것은 '시 창작'과 '한국의 애광원과의 교류'입니다. 선생님에게 이 두 가지는 내적인 힘을 주는 포인트입니다. 시 창작과 애광원 교류를 통하여 70세가 넘어서야 몸 안의 얼음이 녹고 매일 '낯선 나'를 발견할 수 있었다고 표현합니다. 그녀가 말하는 낯선 나를 만난다는 것은 새로운 생명을 사는 것, 즉 웰에이징이라고 생각합니다.

제2부
웰다잉(well dying)

죽음은 우리에게 무엇을 말하는가?

—William Desmond의 사이론적 관점의 죽음 이해

김용해

1. 머리말

"아버지의 영혼은 나의 기도 소리와 함께 영원한 나라로 떠났다. 그의 호흡은 점차 길어졌고 몸의 온기는 심장에서 먼 곳으로부터 점차 식어 가고 있었다. 그는 동트는 새벽에 맞춰 서둘러 빛의 세계로 떠난 듯이 보였다. 나는 죽음이 영원한 평화라는 사실을 깨달았다. 그의 죽음은 살아 있는 나에게 형언할 수 없는 감동이자 선물이었다." 가장 가까이서 삶과 죽음의 경계를 생생하게 체험한, 평생 잊을 수 없는 나의 1990년 10월 1일의 죽음 체험이다.

인간은 죽음 밖의 생명 안에서 살아가기에 죽음 내부를 향해(ad intra) 죽음을 경험할 수는 없다. 그러나 죽음은 의식적이든 무의식적이든 우리 정신에 항상 현전(現前)한다. 생명이 우리에게 유한한 시간 안에서만 허용되기에, 우리는 그 시간 안에서 끊임없이 욕구하면서 자아의 무성을 부인하고, 노동하면서 무성을 극복하려는 심리기제를 가지고 있다. 우리는 죽음의 현전에 살면서 자아 초월을 통해 유한한 생명의 가치와 의미를 찾으려 노력한다. 실존철학자 가브리엘 마르셀(G. Marcel)은 인간이 존엄한 까닭은 인간이 죽음을 응시하며 살아가기 때문이라고 말한다.[1] 생명의 빛 안에 아른거리는 죽음의 그림자는 타자의 죽음을 외적 현상으로(ad extra) 인식한

---

1   G. Marcel. 1965. *Die Menschenwuerde und ihr existenzieller Grund*, Frankfurt a.M., p. 163.

결과이거나, 생명 안의 질병, 고통, 좌절을 경험하면서 이런 생명의 부정성으로서의 죽음을 추상화한 것이다. 이러한 죽음의 그림자는 생명을 영위하는 가운데서도 고통 없는 죽음을 갈망하거나 자살이나 안락사의 유혹으로 이끈다. 한국은 2025년 내년이면 65세 이상 노령 인구가 전체 인구의 20%가 되어 초고령사회가 될 것이라 전망한다. 이런 가운데 노인의 자살율의 가파른 증가와 안락사 허용이라는 사회적 요구가 커지고 있다.

이 글에서 나는 인간에게, 더 나아가 모든 생명에게 필연적으로 주어진 고통과 죽음을 어떻게 이해해야 할 것인지 존재론적으로 탐구하려 한다. 죽음과 고통이 정신적 존재인 인간에게 어떤 메시지를 던지는지 성찰해 보고자 한다. 생명의 에너지는 존재와 무, 삶과 죽음 사이의 중간에서 솟아오른다. 인간의 삶은 존재함에서 시작하여 무(nothing)를 향하는 장례 행렬과 같다. 하지만 이 장례 행렬은 숙명적인 어두움이 아니라, 노력과 투쟁 그리고 시도라고 하는 에너지의 역동으로 이루어져 있다. 인간은 탄생에서 임종까지의 과정에서 유한하게 살지만, 정신과 육체로 이루어진 존재로서 윤리적이고 정신적으로 생명을 영위하기에, 죽음은 일의적으로 정의 내려지지 않고 다의적 의미의 가능성을 찾을 수 있다.

2. 죽음에 대한 존재론적 해석

1) 전통적인 죽음 이해들

나는 우선 인류가 역사 속에서 죽음을 어떻게 이해해 왔는지 이상형

(ideal type)으로 살펴보고[2] 죽음이 우리에게 주는 약속 혹은 비전을 숙고해 보고자 한다. 첫째, 죽음은 다른 생명으로 되어 가는 과정이라는 견해(D1) 가 있다. 가장 오래된 종교 전통인 정령신앙과 힌두교, 불교의 윤회사상 은 물론이고 좀 더 발전된 사유 형태로서 존재의 완성으로 인식하는 열반 (nirbana)이나 그리스도교의 부활사상도 여기에 해당한다. 여기서의 죽음 은 생명의 끝이 아니라, 더 큰 생명의 가능성이다. 그러나 이 입장은 윤회 와 열반, 자아와 무아, 동일성과 해체 사이의 어떤 내적 연관성 또는 상호 관계성을 합리적으로 규명하지 않는다. 그것은 양자 간의 단절과 비약을 설명하지 않고 직관적으로 이해하려는 것으로 보인다. D1은 이원론적 구 조 속에서 비약된 완성을 지시하며 이때 특히 신앙을 강조한다.

둘째, 죽음은 생명으로부터 분리된 무의미로 파악하여 절대적으로 부정 하는 견해(D2)가 있다. 인간이 생명이 있는 존재로 있는 한 죽음은 없고, 죽 음이 오면 생명도 지각도 없다. 따라서 죽음은 그 자체로 존재하지 않는다. 데모크리토스에 따르면 원소들의 결합으로 생명이 생기지만 죽음으로 그 해체가 이루어져 원 상태로 복귀한다. 에피쿠로스는 불멸하는 영혼과 해 체되는 육체의 결합으로 생명이 있지만 그 해체를 두려워할 이유가 없다고 말한다. 유물론적 실존주의자들은 죽음을 '절대적 부정'으로서의 무의미의 은유로 보고, 살아 있는 주체가 살아 있는 동안 의미의 주인이 되어야 한다 고 주장한다. 이런 견해는 죽음을 회피하거나 미화하지 않고, 죽음 자체에

---

2 정동호는 죽음의 의미 유형을, "1) 삶의 조건 혹은 삶의 동반자, 2) 알 수 없다, 3) 끝이 아니다"라고 세가지로 분류한다. 필자 역시 죽음 이해에 대한 이상적 유형을 철학사 안 에서 등장한 순서대로 세 가지로 나누었다. 정동호. 2004. 『철학, 죽음을 말하다』, 산해, 40-69쪽 참조. 필자는 다른 곳에서 이 유형을 상세히 다룬 적이 있는데, 여기서는 이를 요약한다. 김용해. 2010. 「죽음의 철학적 함의와 죽음교육의 필요성」, 『생명연구』 18집, 47-54쪽 참조.

대해 즉자적으로 할 수 있는 것이 인간에게 아무것도 없음을 고백하는 진지함을 보여주는 반면, 주로 이때 죽는 생명을, 해체되어 본래로 돌아가는 물질적 원소로 환원시키고 있다는 측면에서 매우 제한된 유물론적 인간관을 기반으로 한 견해라고 평가할 수 있다.

마지막으로 죽음은 즉자적으로 파악할 수 없는 것이지만, 현세적 생명 조직화의 내적 원리로 파악하자는 견해(D3)가 있다. 유대 그리스도교의 영적 죽음과 신과의 화해 및 소통의 모델은 이를 잘 대변한다. 야스퍼스(K. Jaspers)가 한계 상황(작은 죽음)에서 영원한 지평에 도달할 수 있다고 말하거나, 바테이예(G. Bataille)가 죽음은 개체적 자아가 무화되고 엑스타시적 존재로의 탄생을 말하는 것이라고 해석한 것은 죽음을 생명의 내적 원리로 보기 때문이다. 이 견해는 D1에서 발생하는 자아와 무아의 상호연관성의 과정을 설명하고 있다. 인간은 죽음을 즉자적으로 체험할 수 없는 조건에서도 죽음이라는 관념을 정신 안에서 삶의 원리로 파악하고 있으며, 이것은 생명현상의 체험에서 직관한 것으로 보인다.

현대의 사상가 라너(K. Rahner)는 D1, D2, D3를 통합하여 인간의 초월성을 강조하는 철학(신학)을 전개(T)한다. 인간은 인생 여정의 중요한 계기마다 자기의 한계를 체험하며 한계 내의 자아를 포기함으로써 새로운 생명의 지평으로 나아감(초월)을 경험한다. 초월철학에서 말하는 '초월(Transzendenz)'이란 칸트가 '경험적'이라는 개념과 상반되는 뜻으로 이해하는 '선험적(transzendental)'이란 개념과는 다르다. 왜냐하면 라너는 주체가 자신의 인식과 행위의 한계를 넘어 새로운 지평으로 나아가는 역동적 운동의 경험을 초월경험(transzendentale Erfahrung)이라고 말하기 때문이다. 이 초월경험에는 새로운 것이 창조되어 나오기 전에 산모의 진통과 같은 죽음이 따른다. 경험주체로서의 자아는 이 초월경험을 통해 이제까지의 자아관념과 그것과 관련된 모든 지식과 전망이 무화되는 두려움과 공포를 체험하지만, 동시에 더 큰 지평으로 확장되는 자아를 경험하게 된다. 죽음과 더 큰 생명의 지평으로의 역동적인 초월체험은 죽음을 생명조직화의 내적원리(D3)로 보게 만든다. 라너의 인간학에 따르면 인간의 초월체험은 주체가 자기 한계를 깊이 자각하고 더 큰 세계로 개방하는 지성과 의지의 계기라고 해석한다. 이와는 반대로 이를 자기보다 더 큰 세계에 대한 선취된 인식이 먼저 있기 때문에 자신의 한계를 인정한다고 해석할 수도 있다. 다시 말하면 한계체험과 개방체험은 동시적으로, 혹은 상호작용으로 발생한다. 그런데 이런 초월체험은 항상 자신의 의지와 기대를 넘어 갑작스런 순간에 일어난다. 우리는 이 순간을 논리와 의지의 인과관계를 뛰어넘는 어떤 비약적 계기로 체험한다. 라너가 이를 신학적 용어로 은총체험, 성령체험 그리고 신비체험이라 부른 까닭이 바로 여기에 있다. 나는 삶 안에서 한계와 위기를 직면해야 하는 상황에서 나의 작은 죽음, 즉 1인칭의 죽음을 즉자적으로 체험하면서 동시에 더 큰 자아로 성숙해 간다. 그러나 개체적 생명을 가진 인간이 초월체험을 통해서 무수히 죽고 더 큰 생명으로 태어나는 가운데 성숙해진다고 하더라도 그가 체험한 실존적 죽음은 우리가 최종적으로 직면하게 될 자기 부정성, 자기소멸로서의 죽음은 아니다. 실존적이고 사회적인 삶 안에서 초월적 생명의 역동성을 경험하면서 불안과 죽음 이면에 더 참된 진리와 더 큰 자유로 탄생한다는 실존적 원리(D1)를 터득했지만 죽음을 앞둔 인간은 아직 경험해 보지 못한 최종적인 소멸 앞에서 불안하다. 마지막 완성을 위해 홀로 마지막에 서야 한다. 이런 면에서 초월체험은 죽음을 생명과는 전혀 다른 단절된 것으로 보는 입장(D2)으로부터 도전받는다. 이에 대한 초월철학의 응답은 희망의 지평이다.[3] 무릇 생명 속에서의 죽음과 더 큰 생명으로의 탄생을 체험한 인간은 생명과 함께 신 또는 자연이 그에게 지금까지의 모든 것을 선물로 주었듯이, 최종적인 은총으로 죽음도 주어진 것임을 믿고 희망한다. 그는 그에게 주어진 모든 것, 탄생도, 자기 되어감의 과정도, 초월도, 죽음도 신의 선물로 받아들인다. 인간은 이 마지막 개체적 존재의 절대적 부정인 죽음 앞에서 자기 삶으로부터 얻은 지혜의 맺음말으로 최종적 희망을 가질 수 있다. 또 다시, 그러나 최종적으로 더 큰 생명으로, 더 큰 자유로 태어날 것이라는 희망을 가지고. 지성과 의지작용 안에서 희망을 가진다. 이런 희망 가득한 죽음을 맞이하는 이에게는 죽어감이란 최종적인 신비체험이 될 것이다. 이러한 상황을 가장 드라마틱하게 서술하고 있는 이야기가 신약성서의 예수의 십자가상의 죽음이다. 라너의 초월철학은 초월신학이라 불리는 만큼 그리스도교 신앙으로부터 얻은 인간관을 기초로 삼고 있다고 비평할 수 있다.

2) 데스먼드의 사이론(metaxology)과 존재의 되어감(becoming)

위에서 살펴본 죽음에 대한 해석은 주로 '인간'의 죽음만을 대상으로 삼았다. 나는 죽음이 우리에게 말하려는 은유를 찾기 위해서 모든 존재자, 즉 식물, 동물, 인간은 물론 우주 안의 모든 존재들의 자기화와 죽음을 함께 생각해 보자고 제안한다. 인간 생명을 중심으로 죽음을 이해하기보다, 모든 생명, 모든 존재 현상 안에서 죽음, 생명의 중지를 이해하려 노력하

---

3 라너는 그의 『죽음의 신학』에서 그리스도인이 죽음을 "하느님의 자비를 믿고, 하느님께 영원한 생명이 있으리라는 희망을 두며" 포용할 수 있다고 말한다. 칼 라너. 1988. 『죽음의 신학』, 김수복 역, 가톨릭출판사, 75쪽 참조.

면 더 심층적이고 중립적으로 죽음 현상을 탐구할 수 있지 않을까 생각하기 때문이다. 데스먼드(William Desmond)는 죽음을 존재의 '자기 되어감(selving)'의 완성이자 더 큰 존재 공동체로의 환원으로 생각할 여지를 제시한다. 초월철학이 죽음 앞에서 지성적 희망을 강조한다면, 데스먼드의 사이론적 형이상학(metaxological metaphysics)은 죽음은 개별적 자아의 완성이자 동시에 더 큰 자아로의 탄생이라는 사실을 존재론적으로 규명한다.[4]

데스먼드의 사이론적 형이상학은 일의적(univocal), 다의적(equivocal), 변증법적(dialectical) 그리고 사이론적(metaxological) 이해 등 사중의 인식 방법론을 적용하여 존재를 탐구한다. 존재의 일의적 이해는 존재를 동일성으로 파악하고, 이때 관념과 객관적 대상이 일치한다고 본다. 따라서 이는 정신과 존재의 직접적인 동일성을 강조한다. 그러나 여기서 그치지 않고 우리는 존재에서 여전히 동일성으로는 완전히 해소되지 않는 모호성(다의성)을 발견한다. 애매모호함은 다양성, 존재와 정신의 완전히 상호 중재되지 않는 영역의 틈새(사이)로, 그리고 가끔은 정신과 존재를 적대적 타자로 설정하고 의심하는 계기를 통해 파악된다. 그리고 존재의 일의적 이해와 다의적 이해 사이의 갈등, 정신과 존재의 적대적 차이를 어떤 방식으로든지 해소하고 중재하려는 계기가 바로 변증법적 이해이다. 변증법은 다양성의 재통합, 정신과 존재의 중재된 통합을 지향한다. 존재의 사이론적 이해란, 통합을 지향하지만, 동일자의 자기 중재 혹은 자기초월의 한계를 인정하고 타자와의 관계 안에서 중간, 사이, 혹은 되어감의 논리를 제공할 때 발생한다. 이것은 정신과 존재의 '상호 중재적 공동의 장'을 마련한다. 이것은 타자의 중재에 초월적으로 대응하면서 타자성으로부터 오는 다수의

---

4   William Desmond. 1995. *Being and the Between*, State University of New York Press, NY.

중재에 관심을 집중하는 다중적 중재와 몰아적 의미(agapeic sense)를 지향한다. 데스먼드의 사이론은 따라서 일의적, 다의적, 변증법적 전통 인식론을 수용하면서도 추가적으로 사이론적 이해를 강조함으로써 타자가 자기중재로 완전히 포섭되지 않을 가능성을 열어 둔다. 데스먼드는 이런 4중의 인식론적 이해를 통해 존재와 죽음 현상을 파악한다.[5]

데스먼드에 따르면 우주 안의 모든 존재는 존재의 이중적 원리, 즉 존재의 자기 내부적 원리와 자기 존재 밖의 타자와의 상호작용의 원리로 끊임없이 생성, 변화, 소멸이라는 '되어 가는 과정'에 있다. 모든 자아, 모든 존재는 작은 자아(self)로서 타자와 상호작용하며 자신을 유지하며 자기화의 과정을 겪으며 주어진 내적 약속을 존재공동체(Self) 안에서 실현하고 있다. 이 약속의 실현은 자기애적 자기-되어감(self-becoming)인 동시에 자신을 온전히 헌신하는 모습으로 존재 공동체로 환원하는 타자-되어감(other-becoming)의 과정이다. 모든 존재는 신의 모상(imago dei)으로서 존재의 공동체에 몰아(이타)적 사랑을 실천하는 계기를 죽음에서 완성한다. 우리에게 물리적, 생리적, 영적 에너지를 주는 타자를 생각해 보라. 태양과 식물과 동물은 물론, 정신적 존재인 인간의 동료 타자도 모두, 존재 공동체에 자신을 헌신하며 때가 되면 개체성을 상실한다. 살아 있는 모든 것은 자기되어감의 과정에서 두 개의 힘, 즉 '존재의 수동성(passio essendi)'과 '존재의 생존본능(conatus essendi)' 사이에서 긴장하고 혼돈하고 모순적으로 싸운다.[6] 태어남과 죽음의 순간에, 더 나아가 살아가는 동안 위협과 위험과 상처, 좌절, 병듦, 늙어 감을 통해 생명의 존재들은 존재의 고통, 인내, 수동

5 위의 책, 16-46쪽 참조.
6 존재의 고통(passio essendi)과 존재의 본능(conatus essendi)와 그 갈등에 대해서
   Willam Desmond. 2008. *God and the Between*, Blackwell Publishing, p. 104.

성을 겪어야 하고(passio essendi), 그 가운데에서 본능적으로 자신을 보호하고 생존하려 노력하며, 어둠과 좌절을 극복하려 한다(conatus essendi). 생명을 살아가는 존재에게는 죽음이 항상 함께한다. 사는 만큼 죽는 것이고, 죽는 만큼 산 것이다. 그런데 우주의 탄생도 우리에겐 신비스럽고 그 이유를 다 알지 못하지만, 나의 탄생과 존재성은 더욱 신비스럽고 유일무이하다. 우리는 주어진 존재들 속에서 존재하다가 자신 안의 기원적 약속을 유일무이한 방식으로 실현하고 떠나는 것이다. 우리가 유일무이한 고유한 방식으로 주어져 있지만 내 안의 타자성과 타자의 타자성과의 상호작용 안에서 기원적 약속의 실마리를 찾으려는 것은 데스먼드가 강조하는 사이론적 탐구 태도의 모습이라 할 수 있다. 또한 나는 내 자신의 존재를 떠나는 것이 존재 공동체에서 더 크게 탄생하는 것이고 그것이 사랑을 실현하는 것이다. 그러므로 이타적 삶은 이제 자애적 삶만큼이나 가치 있는 일이 된다. 자애적 삶과 이타적 삶은 서로 모순이 아니고, 지향과 지평이 다를 뿐, 자애적 삶(생존본능)을 통해 이타적 삶(죽음)으로 나아간다. 이타적 삶이란 곧 타자를 위한 죽음을 의미한다. 이는 존재 공동체 변화의 원리이자 신의 개별적 존재에게 운명으로 새겨준 약속의 실현이 아닐까. 우리는 주어진 존재 속에서 유일무이한 약속의 성취를 이루며(자기로 되어감), 동시에 끊임없이 개방된 존재 공동체(타자로 되어감)로 나아간다는 사실을 인정할 수 있다. 존재의 유일무이성, 이타적 희생, 존재 공동체, 우주 약속의 실현 등의 실재성은 공간의 관계성보다도 훨씬 더 장중한 시간 속에서 성취된다.[7]

7   시간이 공간보다 위대하다(Time is greater than space)는 비전은 프란치스코 교황, 〈복음의 기쁨〉(천주교주교회의중앙협의회, 2014), 192항 참조.

3) 죽음이 존재에게 건네는 메시지

데스먼드는 『윤리와 사이』(Ethics and the Between, State University of New York Press, 2001)에서 존재의 선성을 기반으로 윤리학의 원리를 서술한다. 그는 이 저서에서 죽음 자체에 대해 체계적으로 서술하지 않고 존재의 선성과 윤리적 가치를 사이론적 방법론으로 탐구하고 있다. 필자는 이 저서에서 흩어져 있는, 그의 존재 안의 그림자처럼 따라다니는 죽음과 고통의 문제를 필자의 시각에서 정리하면서 죽음이 전하는 메시지를 성찰한다.

(1) 다른 세계로의 초월

인간의 생명에 주어진 필연성은 죽음뿐이며, 생명은 우연적으로 주어진 것이고, 생명에 주어진, 필요한 선 역시 우연성을 띠고 있다. 인간이 자유로운 존재라면, 선은 필연적일 수 없다. 만약 선이 필연적이라면 인간은 자유의지 없이 필연적으로 정해진 선을 따르기만 해야 할 것이다. 따라서 생명에 필요한 선은 우연적이며, 생명은 인간의 계획과 바람 그리고 의지의 통제에서 벗어나 있다. 생명에서 선이 우연적이기에, 악 또한 우연적이다. 이렇게 생명은 선과 악을 통합하는 수수께끼로 주어져 있다.[8] '생명의 선'은, 우리가 좋다고 여기며 장수하고 싶은 생명 자체보다 더 큰 지평에서 말할 수 있는 대상인가? 왜냐하면 의식을 가진 인간에게 생명의 선은 생명 그 자체 안에뿐 아니라 생명 너머에도 존재하고 있는 듯이 보이기 때문이다. 그러나 그렇다 하더라도 생명의 선은 마침내 무에 이르게 되는가? 이 문제는 막힌 벽으로 보기보다 사이(틈)가 있는 벽, 즉 단절 혹은 소통, 두 가지

---

8   William Desmond. 2001. *Ethics and the Between*, State University of New York Press, p. 106.

모두가 가능한 곳으로 우리를 데려오지만, 우리는 어떤 것인지 인식하지 못한다고 데스먼드는 말한다.[9] 인간이 죽음과의 친밀성 그리고 "무로 사라진다"는 생명의 원리를 감안할 때, 인간 생명 완성의 중심에는 우리가 스스로 완전하게 만들 수 없는, 완성에 대한 대자적(對自的) 타자가 있다고 말할 수 있다. 이 타자 때문에 생명의 완성에는 완성의 죽음이 어떤 것이든, 이 완성보다 더 큰 어떤 것이 있다. 죽음은 죽음의 완성 너머의 이슈를 일으킨다. "무로 사라진다"가 마지막 말이 아니라면, 완성의 선함은 완성 너머의 선한 것을 가리키는 것처럼 보인다. 우리가 이를 어떻게 더 다루어야 할지 여전히 과제이다. 그러나 우리는 다른 세계에 대한 믿음이나, 혹은 이 생명보다 더 큰 생명을 믿는 것이 이 당혹감에 대한 납득할 만한 응답이라는 사실을 알 수 있다. 데스먼드는 이 당혹감은 죽음을 직면하는 것을 비겁하게 거절하려는 것이 아니라, 생명의 완성과 관련하여 발생하는 것, 즉 완성 그 자체 안에 내재된 것에 의해 야기된 것을 말한다. 그것은 내재적 완성을 향한 생명의 초월성에 관한 당혹감으로 생명의 완성을 지시한다. 많은 이들은 이 초월성을 부정할지 모르지만, 이 당혹감은 생명 완성의 내적 합병에 대한, 식별하는 정신에서 발생한다. 이 당혹감은 죽음의 본래 의미를 인지함으로 해서 발생하며, 애매모호한 정서에 대응하는 다의성으로 볼 수 있다. 이 당혹감과 불안에서 인간은 일의성을 넘어서 사이의 정서를 지향하게 된다. 그래서 죽음은 인간의 생명에 주어진 위대한 활력소이자 창조성의 원동력인 동시에, 파괴자, 우리에게 하루를 즐기도록 유도하는, 항상 암울하지는 않는 사신(死神)으로 이해할 수 있다.[10]

9 *Ibid.*, p. 107.
10 *Ibid..*

이렇듯 다의성을 통해 우리의 당혹감을 이해한다면 죽음은 인간에게 긍정적 의미를 준다. 즉 죽음은 죽음을 초월한 생명을 사유하는 계기를 제공한다. 여기서 우리는 초월철학에서 강조하는 초월체험(T)이 죽음을 다의적으로 이해할 때 가능함을 확인하게 된다. 죽음은 인간에게 불멸을 갈망하고 생명의 완성을 뛰어넘는 영구적인 선을 예술, 철학, 혹은 정치 등에서 추구하게 만든다. 생명의 완성 너머의 선에 대한 탐구가 인간 정신을 사로잡는다. 죽음은 완성된 생명을 무화시키는, 어떤 타자에 관한 메시지를 보내는 것과 같다. 왜냐하면 완성 너머의 인식되지 않는 영역으로부터 오는 이상하고 불균형적 불만이 우리를 불행하게 만드는데, 사이에는 어떤 일의적 완화 조치가 결코 없기 때문이다. 죽음은 행복스런 완성의 선물을 보여주고, 그러나 그 완성을 자신 너머의 어떤 불행으로 몰고 가는 듯이 보이지만, 우리는 이상하게도 방향을 잃고 낯설면서도 더 행복하게 된다. 그렇다면 생명의 완성에 대한 다의성, 즉 삶의 행복, 습관에 의해 정향된 행복의 길 또는 습관과 내재적 행복을 넘어 인간의 위대함을 향한 초월이나 신을 향한 초월, 어느 것을 선택해야 하는가? 데스몬드는 "너머로부터 파괴되고, 죽음에 의해 활력을 얻어 새로운 추구를 불러일으키는 완성이 더 탁월하다"고 말하면서, 완성 너머의 완성을 주장한다. 이 완성은 탁월한 존재가 막 시작한 사랑이고, 우리 위에 있는 존재의 사랑이며, 우리가 가지고 있거나, 인간의 힘으로만 성취할 수 있는, 어떤 풍요로운 생명, 어떤 선성이나 혹은 완성보다 훨씬 더 풍요롭고 좋으며 완전한 것이다. 죽음은 한계에 놓인 우리의 무력함을 보여주고, 그러나 동시에 초월하려는 가운데 사랑하고, 초월을 사랑하도록 우리를 다시 데려온다. 죽음은 선에 대한 사랑의 극

한 상황, 혹은 저주에 활력을 불어넣는다.[11]

(2) 몰아적 행복(agapeic eudaimonia)

우리는 죽음을 사이론적 관점을 통해 좀 다른 각도에서 모색할 수 있을까? 데스먼드는 소크라테스가 우리에게 알려준 다이몬(daimon: 신의 목소리)에 우리를 초대한다. 죽을 운명의 존재와 신들, 피조물과 신성의 중간의, 사이에서 발생하는 힘을 다이몬(daimon)이라 한다. 이것은 우리의 유한성과 타자로서의 초월 사이에서 안내하는 힘이고, 우리가 우리의 유한한 초월 안에서 의식을 집중하는 이끎이다. 사이론적 웰빙은, 저 너머로부터 찾아오는 타자성인 다이몬이 계산적 영리함의 유한한 자기만족을 파괴할 때 가능하다. 다이몬의 체험은 모호하고 그것이 유익하더라도 일의적인 명확성이 있는 것은 아니다. 다이몬으로 축복받은 존재는 우리가 내밀하고(intimate) 감각적인(aesthetic) 자아 안에서 확립한 어떤 것, 즉 힘들의 완성으로 만족하는 원초적 상태를 반사한다. 그러면 우리는 이것이 의미하는 바를 더 명확히 알 수 있다. 다의적으로 규정된 선의 표현들이 인간의 비밀스런 사랑과 내밀함에서 예감한 것을 정신으로 가져온다.[12] 초월은 우리의 힘 안에 있지 않고, 우리 힘은 오히려 초월하는 힘 안에 있다. 그러므로 다이몬은 우리와 함께해야 한다. 혹은 우리의 존재 힘이 번성하기를 바란다면 우리는 다이몬과 함께 해야 한다. '행복(eudaimonia)'이란 말은 어원적으로 '신의 목소리(daimonia)'와 '함께(eu)'라는 두 개념이 결합된 것으로, 홀로 친밀하기도 하고 더 궁극적인 타자와 관계하기도 한 상태이다. 또한

---

11 *Ibid.*, p. 108f.
12 *Ibid.*, p. 204.

다이몬은 더 나아가 죽음과 연결되어 있다. 다이몬에는 악령의 측면이 있다. 즉 다이몬은 피조물로서 우리 안에서 엄습하고, 때론 유한한 모든 초월을 어둡게 하며, 자신을 넘어 궁극적 타자로 이동시키고, 무화시키는 힘에 대한 공포와 관계하기 때문이다. '존재 함'의 선물은 정해진 시간 동안만 우리에게 주어지기 때문에, 우리는 이것의 달콤함에 매달리고, 마치 원래부터 우리의 것인 양 살아간다. 그러므로 행복의 깊은 모호성은 완성을 향한 우리의 의지와, 그 의지를 산산조각 내는 외부에서의 힘 사이에 있다.[13] 이 양자적 힘에 대한 문제는 고대부터 현대까지 존재하고 있으며, 인간 존재는 이 힘으로 자신의 몸, 영혼, 영성을 가다듬을 수 있다. 아리스토텔레스나 니체의 이상처럼, 우리는 우리 스스로의 존재 자체를 완전히 소유할 수 있는 방식을 추구한다. 행복의 예술가는 자아의 완벽성을 추구하는 자기애적 주권자이다.[14] 그러나 주권 너머가 있다. 추함, 고통, 악까지도 수용될 수 있는 가능성이 있는데, 이는 존재의 선물에 대한 경의를 표할 때 그러하다. 이것은 선물의 관대함에 대한 감사이다. 자기애적 주권자는 그러한 감사함을 숨긴다. 이러한 감사함에 의해서, 추함(ugly)을 다르게 이해하는 능력이 생긴다. 선물에 대한 감사를 통해서 추함 안에서의 선을 수용하게 된다. 이것은 천대받는, 빈곤한, 심지어는 부도덕한 이들 안의 선까지도 포함한다. 이때 행복(eudaimonia)은 몰아적인 개방으로 전환된다. 자애적 주권자는 이중의 선택지를 마주할 것이다. 타자이고 추한 존재를 수용하거나, 주권을 수용하며 그러한 추함을 가능한 한 배제하는 것이다. 전자의 수용에서는 새로운 자기 초월이 일어난다. 추한 존재를 수용하는 것은 나

---

13 *Ibid.* p. 205.
14 *Ibid.* p. 206.

병 환자를 두려워하던 성 프란시스코가 나병 환자에게 입을 맞췄을 때처럼 그러하다.[15]

(3) 자기화와 사후적 생명

인간을 포함한 존재는 자기 되어감(self-becoming), 자기화(selving)의 과정 속에서 생명을 영위한다. 우리는 무엇을 향해 자기화로 나아가는가? 우리 가 사랑하는 사람 안에서 측정할 수 없는 기쁨을 발견하고, 우리가 받는 인 격의 무한한 가치는 어디에서 근거하는가? 이 무한한 기쁨은 유한성 너머 의 가치를 찾는 것처럼 보이지 않는가? 사랑받는 이들을 위해서는 죽음 없 는 운명이라도 있는가? 죽음의 운명을 가진 존재라도 사무친 한을 씻은 후 라면, '존재 함'의 기초적 선에 동의할 수 있을까? 만약 우리가 '예'라고 대 답한다면 우리는 종교의 문턱까지 오게 된 것이라고 데스먼드는 말한다. 존재의 선에 대한 이상(ideal: 理想)을 단순히 이상이라고 부르기 어렵기 때 문에 갈망하는 마음은 회심하는 마음이 된다. 그것은 위에 있는 이상의 모 방을 넘어서는 것, 즉 자아와 이웃에 대한 사랑을 넘어 신성에 대한 사랑, 그리고 이것이 존재의 처음이자 끝인 것에 관한 것으로 마음을 돌리기 때 문이다.[16]

자기화의 과정 속에서 인간은 자유의 행사와 노동을 통해 자신을 실현 하고자 한다. 인간의 몰아적 자유는 의지의 뿌리에서 미소한 변화들 속에 서 성장한다. 변화는 마음에 있다. 변화는 우리 자신의 죽음이 우리의 실패 와 수치심의 한스러움으로 예견되기 때문에 그 너머를 지향하는 죽음의 긍

15 *Ibid.*, p 206f.
16 *Ibid.*, p. 235.

정으로 나아간다. 변화는 규정적 설명이 없음에도, 스스로를 긍정하는 생명의 변화로 잘 이해할 수 있다. 죽음을 거부하는 것은 사이론적 관점에 보자면, 유한한 피조물인 자신 생명의 진리를 거부한 것이다. 죽음에 대한 원초적인 거부는 곧 신이 되려는 의지 때문이다. 그리고 이 의지는 자신이 신이 아니라는 사실을 깨달았을 때 자유의 공포 속에서 성장한다.[17] 나는 무(nothing)로써 나 자신에게 다가가지만 나 자신에게 다가가면서 이 '무적 존재'에 대해 '아니오'라고 부정한다. 나는 무언가로 될 것이다. 나 자신을 긍정함으로써 나는 존재할 수 있고, 다른 것에 대항하여 나 자신이 될 수 있다. 이 자기 긍정은 긍정인 동시에 타자에 대한 부정이기도 한 위험한 요소를 내포한다. 자신 안에 있음에 대한 "예"는 모호하게 타자의 존재에 대한 "아니오"이다. 그러나 이 "아니오"는 절대적으로 필요한 것은 아니다.[18] 나는 나의 더 많은 자유가 부정을 통해 밀접하게 연결되어 있음을 보고 변증법적 자유로서의 자율성, 그리고 아마도 자기애적 주권(erotic sovereignty)의 더 깊은 자아를 향해 나아간다. 그러나 나는 다시 무(無)로 돌아가 이를 직면해야 한다. 우리의 죽음에 대한 예감은 종종 이름 없는 공포로 압도당하는데, 그 예감은 무에 대한 것이고, 무는 우리의 자기주장에서 일어나는 '존재 함'에 대한 기본적 사랑에서 공포를 불러일으킨다. 죽음이라는 한계의 부정은 자유의 힘으로부터 분리할 수 없지만, 의지의 제한성, 우리의 유한성, 나아가 우리가 죽을 운명이라는 한계의 현실화와 분리할 수 없다. 죽음이 있을 것이라는 부정성은 그 부정에 대한 부정으로 우리 안에 살아온다. 우리 자신인 무성은 부정하는 힘으로 우리 안에서 살아온다. 자유로워지려

---

17 *Ibid.*, p. 250.
18 *Ibid.*, p. 307.

는 기원적 힘은 우리 안에 있는 무와 혼합되어, 자신의 무에 대항한다. 인간은 비록 자신의 무와 싸워 승리하겠지만 젊음의 생명력, 즉 자애적 주권을 포기하는 희생이 따른다. 승리는 기쁨 속에서도 슬픔을 포용하는 기쁨이다. 죽음에 대한 승리는 '자기 존재함'의 선성을 자랑하는 젊음의 죽음이며, '사후적 생명(posthumous life)'을 지시하는 하늘의 뜻이다. 데스먼드에게 사후적 생명이란 한번 죽고 다시 살아난 정신이 새롭게 얻게 되는 생명인데 더 이상 죽음의 공포와 억압이 없는 자유를 향유하는 생명을 말한다.[19] 진정한 자기애적 주권은 괴물이 된 자아와의 투쟁에서 신을 응시한다. 자기 자신을 넘어서면서 자신의 가장 깊은 곳, 즉 내밀한 내적 타자성으로 회귀하며, 이곳은 기원과 선물로 주어진 자유 사이의 친밀감의 자리이다. 신의 발견이 다시 시작될 수 있는 곳은 우리를 아무것도 아닌 존재로 만드는 자리이다.[20] 자기애적 주권이 영광 속에서 자신을 단언함으로써 자신을 잃을 위험이 있고[21], 자기애적 자기초월은 타자의 타자성을 강탈하고 자신에게로 돌아올 것이라고 생각할 위험이 있다. 그러나 스스로의 자발적 의지의 또 다른 형태는 자기주장을 넘어 타자의 영광을 향해 여는 자발성이다.[22] 사후적 생명, 즉 죽음의 공포 이후의 생명은 바로 여기서 시작된다.

19 Ibid., p. 326. 데스먼드는 여러 곳에서 사후적 정신을 언급하고 부활이나 해탈의 마음을 말하는데, 마치 삶과 죽음을 초월한 사람처럼 그러나 결코 죽음을 업신여기지 않고 존재의 기초적 사실에 경이감을 새롭게 하는 정신을 말한다. W. Desmond. 1997. *Being and the Between*, State University of New York Press, p. 192.
20 William Desmond. 2001. *Ibid.*, p. 328.
21 *Ibid.*, p. 329.
22 *Ibid.*, p. 330.

⑷ 해방된 자유와 몰아적 고통

위의 논의를 바탕으로 데스먼드는 생명을 위협하는 죽음과 악에 대한 윤리적 평가를 종합한다. 첫째, 존재의 생존본능(conatus essendi)은 존재의 수동성(passio essendi)에 대항하는 것처럼 보이지만 결국 전자는 후자에 종속된다. 생존본능은 안전과 영속성뿐만 아니라 생명 자체에 대한 위협인 죽음과 무성(nothingness)의 공격에 고통스러워한다. 그러나 존재하는 모든 것은 무성과 죽음의 위협에도 불구하고 스스로를 긍정한다. 고통을 규정하려는 우리의 노력은 매우 어려운 일이지만 고통은 죽음으로 구체화되는 것은 분명하다. 아마도 악에 대한 모든 정의(定義)는 선(善)인 존재에 찾아온 치명적인 파괴, 즉 죽음으로 수렴한다. 그러나 이것은 진리나 선을 위해 기꺼이 목숨을 바치는 사람들의 증언과 모순되지 않는가? 이들은 현재의 삶을 사는 것은 죽음을 사는 것이기 때문에 더 큰 삶에 대한 믿음으로 죽는다.[23]

둘째, 인간은 고통 속에서 영혼이 성장한다. 고통 속의 진정한 "극복"은 고통으로부터의 극복에 대한 주장에 의해 왜곡된다. 고통으로부터의 도피는 영혼을 굴종의 모습으로 만들 수 있다. 고통을 경감시키려는 의지는 최선의 도덕적 의도에 의해 작동하지만 그 결과는 깊이가 부족한 영혼을 만들 수 있다. 고통에 대한 반동에는 형이상학적 진리가 있다. 이 반동이 우리를 산산이 부수고 그 너머로 우리를 열어주는 과정의 일부라고 데스먼드는 주장한다. 존재의 수동성은 자신이 만든 것이 아니라 선에 대한 믿음을 얻게 하고, 통제나 계산을 넘어선 선에 진실함을 얻는다. 고통 없이 영혼의 성장은 없다. 고통을 없애면 우리는 밋밋하고 영혼이 없는 사람이 되거나,

---

23 *Ibid.*, p. 376.

삶을 싫어하고 영원히 죽을 수 없는 스트롤브루그(Strulbrugs: 걸리버 여행기의 불멸의 괴물)가 된다. 소크라테스는 '악을 가하는 것보다 고통 받는 것이 더 낫다'는 견해를 제시한다. 악을 물리치는 데 힘을 주는 강건한 활력이 있다. 이것은 우리 존재를 위협하는 악으로부터의 자연스러운 반동이다. 여기에 삶과 죽음이라는 일반적인 구별을 넘어서는 선과의 관련성이 있다. 이 고통의 선함은 죽음의 악조차 초월하는 선함을 암시한다. 그 선함을 증거하기 위해 어떤 죽음은 견뎌내야 한다.[24]

셋째, 주권 지배의 죽음 너머에 영원성이 있다. 죽음에 들어가는 것은 자기애적 주권자도 직면하는 고통이다. 왜냐하면 자기애적 주권자는 고통받고 인내하는 존재가 아니라 활동적이고 극복하는 존재가 되기를 원하기 때문이다. 죽음의 공포에 대한 주권적 지배를 넘어서는 죽음이 있지만, 주권자의 죽음과 삶으로의 복귀는 이러한 죽음과 부활의 전조이다. 사후적 정신의 이중성은 여기에서 중요하다. 즉, 가운데뿐만 아니라 저 너머에 대한 앎과 초월 자체에 대한 앎, 그리고 풍부한 내재적 창조 사이에서 생명을 영원한 어떤 것으로 바라본다. 데스먼드는 우리의 고통스러운 상태에 대한 더 기본적인 정직성에 관심을 기울이고 죽음을 겪으면서도 생명의 선에 근본적으로 동의하는 태도가 중요함을 일깨운다. 우리는 많은 것을 성취할 수 있고, 비범한 일을 할 수 있지만, 우리가 하는 일의 전부는 아니더라도 많은 것이 아무 소용이 없는 것처럼 보이는 밤에 직면해야 한다. 죽음 앞에 결국 선은 무엇인가? 이것은 죽음에 직면한 생명 전체의 의미에 대한 질문만이 아니다. 무(nothing)로 됨은 생명의 선에 대한 질문을 제기하지만, 선에 대한 보다 개방적이고 불확정적인 의미, 즉 이것저것의 선이 아니라

---

24 *Ibid.*, p. 377.

전체의 선과 관련하여 질문을 제기한다.[25]

데스먼드는 전체적 선, 개체적 죽음과 피조물의 무성을 넘어선 '존재함의 선'과 관련하여 죽음을 정리한다. 선한 것으로 주어진 존재의 선물, 우리는 그것을 사랑하게 되고, 그것이 영원하기를 바랄 수도 있지만, 그것은 유한하고 우리는 죽어야 한다. 우리가 우리의 죽음을 우아하게 양도하고 싶지 않은 것은 삶이 형언할 수 없을 정도로 좋기 때문이다. 고통은 우리를 지치게 하고, 우리 자신의 한정된 재화에 대한 애착을 약화시키며, 또 다른 긍정, 삶의 형언할 수 없는 달콤함보다 더 형언할 수 없을 정도로 감미로운 동의를 구하도록 우리를 준비시킨다. 우리 자신의 무성(nothingness)에 대한 앎에 의해 변화된 고통은 고통 받는 다른 사람들을 향하도록 촉구한다. 우리는 가장 고통 받는 사람들을 향하고 외면하지 말라고 호소하는 길로 나아간다. 우리가 이 호소에 열리면 고통을 아는 것이 연민어린 윤리적 지혜가 될 수 있다. 연민은 나의 것으로서의 코나투스 에센디를 넘어선 타자에 대한 앎이며, 그러나 그 배후에서 기원으로 돌아가 선한 존재 공동체의 일원이라는 교감을 부활시킨다.[26]

3. 맺음말

우리는 위에서 죽음을 '더 큰 생명으로의 탄생'(D1), 죽음은 관념일 뿐 '그 자체로 존재하지 않는 것'(D2), 죽음은 관념이라도 '생명 조직화의 내적 원리'(D3)로 파악하는 전통적 견해들을 간단히 살피는 것으로 시작하였다.

---

25 *Ibid.*, p. 380.
26 *Ibid.*, p. 381.

그리고 이 삼자를 종합하여 무화되는 공포 체험 속에서도 오히려 더 큰 자유로 탄생할 것이라는 희망을 견지하는 초월철학의 죽음관(T)도 살펴보았다. 더 나아가 데스먼드의 사이론적 존재론(metaxological ontology)에 따라 죽음을 인간 문화 현상을 넘어 모든 존재의 자기화의 과정으로 확대하여 성찰하였다.

그에 따르면 창조세계의 모든 존재는 자기 되어감의 과정 속에서 동시에 몰아적 타자 되어감으로 나아간다. 즉 죽음은 개별적 자아의 완성이자 동시에 더 큰 지평, 존재의 공동체로의 탄생이라는 사실을 말하고 있다. 이는 우리가 나를 포함한 창조세계의 모든 존재가 그 자체로 좋은 것, 즉 선성을 전제할 수밖에 없다는 사실과 이 사실은 선악의 이원론적 지평에서 납득하기 어려운 죽음과 고통의 문제를 이 지평 너머의 세계의 가능성을 가리킨다는 점을 지적하였다. 데스먼드가 『존재와 사이(Being and the Between)』에서 자주 인용하고 있듯이 존재의 선성은 성서 창세기의 하느님의 감탄에서 잘 표현하고 있다. 하느님이 시공간을 창조하신 후 그 안의 창조된 존재를 바라보시며 감탄하신다. "하느님께서 보시니 좋았다!" 이 존재의 선성이란 생명과 죽음, 선과 악, 행복과 고통이라는 이원적 현상 세계를 넘어 궁극적 존재의 선성, 즉 기원의 선성을 의미한다. 기원(origin)이 선하다면 기원적 활동(origination)의 결과인 창조세계의 모든 존재도 선하다. 따라서 존재가 그 자체로 지니는 무성, 되어감, 죽음의 현상도 존재의 선성에 속하기에 이를 제거해야 할 악으로 보지 않고 존재의 수동성(passio essendi)으로 감내할 가능성이 생긴다.

이런 배경을 가지고 사이론적 입장에서 제시하는 죽음이 존재에게 건네는 말은 다음과 같다. 첫째, 죽음은 죽음을 초월한 생명을 사유하는 계기를 주며, 죽음 너머의 더 풍요롭고 좋으며 완전한 생명을 사랑하도록 돕는다.

둘째, 죽음은 피조물과 신성 사이에서 발생하는 다이몬에 초대하여 사이론적 웰빙, 즉 추함과 고통의 선을 수용하는 몰아적 행복으로 나아가게 한다. 셋째, 죽음은 자기애적 주권을 넘어 타자의 영광을 향해 열리는 자발적 의지로 사후적 생명을 현생에서 살도록 격려한다. 넷째, 죽음은 전체적 존재선의 관점에서 무성과 고통 역시 선한 선물로 받아들이고, 고통 받고 억압받는 이들에 대한 연민으로 나아가 존재 공동체를 이루도록 촉구한다.

데스먼드의 사이론은 확실히 근대철학의 이성 중심, 인간중심과 결별하고 있다. 그가 존재 탐구를 일의적, 다의적, 변증법적, 사이론적 이해 등 사중의 탐구를 해야 한다고 주장한 것은 이미 일의적 본질주의 탐구가 철학사적으로 실패했다고 평가하기 때문이다.[27] 사이론의 정수는 필자가 보기에 타자의 타자성을 자기초월 혹은 자기중재로 극복하려 하지 않고 타자의 초월을 만나는 공동의 장을 열어두는 것이며, 이 극복할 수 없는 한계를 존재의 수동성(passio essendi)으로 개념화하고 이것이 존재의 생존 본능, 존재의 주권보다 더 본질적이라는 점을 제시한다는 점이다. 타자성은 타자에게만 있는 것이 아니라, 내 안의 타자성, 초월자 안의 타자성도 염두에 두어야 하는 태도이다. 이 타자성으로 인해 인간은 기원의 문제에 접근하고, 기원과의 관계 속에서 자기에게 주어진 유일무이한 약속을 실행하는 자기-되어감(selving)을 살 수 있다.

노인들의 웰다잉의 문제는 개인의 윤리적 문제뿐 아니라 이미 사회적 문제가 된 것이 사실이다. 여기서의 우리의 성찰은 노인들의 자살이 증가하고 고통 없이 생명을 마치고자 주권적 결정을 허용하려는 움직임 속에서

---

27 그의 저서 *Being and the Between*(존재와 사이, 1995)에서 일의적, 다의적, 변증법적 탐구의 한계를 철학사를 통해 여러 주제들을 가지고 검토하고, 이 한계를 극복할 대안으로 사이론(metaxology)을 제시하고 있다.

유한한 인간에게 주어진 죽음과 고통의 메시지에 관한 것이었다. 우리가 겪는 죽음과 고통의 메시지는 존재의 초월성의 계기를 주고, 현세에서 몰아적 행복과 사후적 생명을 영위하라고 초대하며, 죽음의 순간에는 존재공동체라는 더 큰 자기로 탄생할 것이라는 희망을 준다. 죽음과 고통 너머의 존재의 선함이 존재하고, 고통 속에서 영혼이 성장하며, 주권 지배적 죽음 너머의 영원성은 우리의 윤리적 행위의 기초가 될 수 있다. 우리는 죽음을 통해 무화의 고통을 견디어 내면서 희망과 사랑으로 모든 존재와의 만남에 감사하고 유일무이한 생애를 통해 존재공동체에 우리 자신도 무언가를 선사하도록 일깨움을 얻는다.

죽음의 의미가 있다면
그 의미는 죽음이 아니라는 것은 확실하다.-W. Desmond

다카하시 하라(高橋原)

먼저 발표자 자신의 아버지의 평화로운 죽음(1990년 10월)에 대한 감회가 서술되고, 이어 초고령사회인 현대 한국에서 노인 자살률의 급증, 안락사 허용이라는 사회적 요구가 대비된다. 이를 바탕으로 인간에게, 나아가 모든 생명에게 필연적으로 주어진 고통과 죽음을 어떻게 이해해야 하는가를 존재론적으로 탐구하고, 죽음과 고통이 정신적 존재인 인간에게 어떤 메시지를 던지고 있는가를 묻는다.

발표자는 Desmond의 사이론을 통해 이 과제를 마주하는데, 그 보조선으로 제시되는 것이 전통적인 죽음의 이해, 즉 '죽음은 더 큰 생명으로의 탄생'(D1), '죽음은 관념에 불과하고 그 자체로 존재하지 않은 것'(D2), '죽음은 관념일지라도 생명조직화의 내적 원리'로 보는 전통적 견해이다. 그리고 K. 라너(K.Rahner)의 초월철학의 죽음관(T)이 이 세 가지를 종합하는 것으로 자리매김한다. 라너는 죽음은 자아가 무화되는 공포의 경험인 동시에 새로운 지평으로 확장되는 더 큰 자유의 탄생이라는 희망을 가리킨다고 말한다. 데스몬드에 따르면 인간뿐만 아니라 모든 존재는 끊임없이 생성, 변화, 소멸이라는, 되어 가는(becoming) 과정을 계속하고 있으며, 이는 신이 약속한 자기화인 동시에 공동체에 헌신하는 타자화이기도 하다. 타자와의 상호작용 없이 자아는 존재할 수 없다. 죽음은 이 과정을 완성하는 것으로 자리매김한다. 개인의 죽음은 타자를 위한 죽음이기도 하고, 개인의 자기화의 완성이며, 동시에 더 큰 지평, 존재의 공동체로의 탄생이기도 하다.

그런데 죽음과 고통은 일반적으로 악으로 여겨지지만, 창조세계의 모든 존재는 신에 의해 주어졌기 때문에 선한 것이다. 따라서 생명은 선과 악을 통합하는 수수께끼이며, 인간은 자유의지를 가진 존재로서 이 수수께끼에 맞서게 된다. 삶도 죽음도 신이 부여한 존재에 속한 것이며, 죽음의 저편에 도 신이 선하다고 하는 선한 세계가 펼쳐져 있음을 희망할 수 있다. 죽음의 공포, 고통은 그것이 타자 초월적 생명, 존재 공동체에 대한 사랑으로 향하는 계기가 되어 윤리적 행위의 기초가 될 수 있다. 신학적, 철학적 논의에 익숙하지 않은 저에게는 난해한 문장이라 읽는데 어려움을 겪었다. 정교한 논의가 짜임새 있게 구성되어 있고, 그동안의 오랜 학문적 성과가 응축되어 있다고 느꼈다. '3. 죽음이 존재에게 전하는 메시지' 부분은 아쉽게도 충분히 이해하지 못한 것 같다.

이제 이 발표의 논의를 신학적, 철학적 맥락에서 논평하는 것은 제 능력을 넘어서는 일이고, 이 공동학술대회의 취지에도 어긋나기 때문에, 이 논문을 읽으면서 연상한 몇 가지를 적어보고자 합니다. 먼저 전통적 죽음 이해의 세 가지 유형 중 일본 쇼와 시대의 종교학자 기시모토 히데오(岸本英夫, 1903-1964)가 자신의 암 투병 생활에서 제시한 '생사관 사태(四態)'가 떠올랐다. 기시모토는 네 가지를 제시했다; (1) 육체적 생명의 존속을 추구하는 것, (2) 죽음 이후에도 생명이 영속한다고 믿는 것, (3) 자기 생명을 무한한 생명에 맡기는 것, (4) 현실의 삶 속에서 영원한 생명을 느끼는 것(기시모토 히데오, 『죽음을 바라보는 마음 - 암과 싸운 10년』, 코단샤, 1973년, 101쪽)

다음으로 '자아'에 대해서는 예전에 나의 연구 주제였던 스위스의 정신과 의사 C. G. Jung(1875-1961)의 '자아' 개념이 떠올랐다. Jung도 역시 자아의 완성이라는 것을 문제 삼았습니다. Jung의 이론은 신학자들에게 비판의 대상이 되었는데, 특히 『나와 너』의 저자인 유대인 철학자 M. Buber에 의해 Jung의 자아 개념에는 '타자'가 존재하지 않는다는 비판을 받았던 것으로 기억한다.(Buber, Eclipse of God, 1952)

이번 논문을 읽고 "죽음은 완성이고 희망이다"라는 주장에 대해 개인적으로 감명을 받고 호의적으로 이해하지만, 이 주장은 하느님이 이 세상을 창조하시고 선하게 만드셨다는 믿음의 전제 없이는 의미가 없는 것일까요? 기독교의 테두리 밖에 있는 사람은 이를 어떻게 이해할 수 있을까? 철학적 논의를 따라갈 수 있는 독자라면 논문에 쓰인 대로 이해하고 그런 확신을 가지고 살아갈 수 있지만, 많은 사람들에게는 쉽지 않을 것이다. 불교에는 '방편'이라는 말이 있는데, 기독교에서도 일상적인 신앙생활 속에서 굳이 철학적 어휘를 사용하지 않더라도 비슷한 진리에 도달하는 것을 목표로 삼고 있는 것이 아닐까 생각한다. 하지만 어쨌든 이번 발표에서 말하는 "희망"을 위해서는 역시 종교적 신앙으로 나아가는 것이 필수적인 것일까? 아니면 죽음을 희망으로 보는 것 자체가 종교적인 것일까?

이번 발표는 자살과 안락사에 대해 부정적인 견해를 가지고 있는 것 같다. 존재 자체와 함께 고통도 하나님이 주신 것이라고 보기 때문이다. 하지만 자살하는 노인들, 안락사를 선택하는 사람들 중에는 죽음이 희망이고, 해방이고, 구원이라고 생각하는 사람도 있을 것이다. 이런 생각이 틀렸다고 할 수 있을까? 마지막으로 기시모토 히데오가 사망한 후 유니테리안 신문에 실린 글 중에 흥미로운 지적이 있어 소개하고자 한다; "기시모토는 투병 속에서 죽음과 대면하여 결국 '인생을 깊이 맛보는' 심경에 도달했지만, 유감스럽게도 그다음에 당연히 전개되고 심화되어야 할 종교성, 즉 '일체 중생에 대한 큰 배려'(이타주의)가 생기기 전에 죽어 버렸다."(하라 이치로(原一郎), →「고(故) 기시모토 교수의 '무종교장(無宗教葬)'에 대하여」, 『창조』 15-

3·4, 1965) 이번 발표를 접하면서 이 기시모토의 죽음에 대한 논평의 의미에 대해 다시 한 번 생각해 볼 수 있다.

김용해

　첫째 질문은 죽음을 희망으로, 혹은 존재의 공동체로의 환원으로 이해하는 것은, 믿음이 전제되는 것 아닌가로 이해했다. 믿음은 논증적이지 않지만, 실재를 파악해 가는 과정에서 개방적으로 수용하는 어떤 태도나 지향성이라면 믿음은 반드시 종교적이지 않더라도 영성(혹은 정신)적인 존재인 인간의 인식조건이라 말할 수 있다. 데스먼드는 존재론적인 입장에서 우연적 존재가 되어가는 과정에 있고, 상호작용 안에서 자기화가 진행된다면 자기와 타자, 그리고 그 관계 안에서 있는 기원으로부터 주어진 약속을 현상학적으로 파악할 수 있을 것으로 생각한다. 종교적 지혜가 전통적으로 말하는 것이기도 하지만 이성적으로도 납득할 수 있는 사유라고 생각한다.

　둘째 질문은 이 믿음이 종교적인지에 관한 질문이다. 과학자가 실험가설을 설정하고 실험과정을 통해 논증해 가는 인과론도 믿음이 전제되어 있다. 이는 종교적이지 않고, 경험적으로 검증이 된 것도 아니지만, 원인과 결과 사이를 연결시키는 원리가 있음을 믿고 있어야 한다.

　셋째 질문은 고통의 의미도 중요하지만, 고통을 없애기 위해 안락사는 가능적 선택사항일 수 있지 않은지에 관한 것이다. 존재론적으로 볼 때 자기 되어감의 과정은 타자 되어감의 과정과 중첩되는 것이고 기원적 힘에 의해 형성된 인간의 정신은 자유를 가지고 있으므로 자기 되어감의 영역에서 스스로 자기 안의 기원적 약속을 찾아야 하며, 그것은 자율성의 문제에 속한다. 그러나 자율성의 개념이 폐쇄된 자자 중심을 의미하지 않고 타자와 공동체와의 개방적 관계 안에서 이루어진다고 볼 때, 더 가치 있고, 더 인간적이며, 더 자신에게 숭고한 것을 선택할 것으로, 즉 고통과 죽음까지도 주어진 존재의 선성의 일부로 인정하며 수용하는 태도가 더 탁월하다는 의미로 우리는 윤리적 관점을 가질 수 있을 것이다.

임종 케어에서 슬픔 케어로

다니야마 요조(谷山洋三)

1. EOL 케어, 지역 포괄 케어, 컴패션 커뮤니티

일본에서는 1970년대부터 호스피스(Hospice) 운동이 시작되어 주로 암 말기 환자를 대상으로 병원 내에 완화 케어 병동이 설치되기 시작했다.[1] 그 후, 제2차 세계대전 이후 태어난 베이비붐 세대인 이른바 '단카이(団塊) 세대'가 75세 이상이 되는 2025년을 목표로 후생노동성은 2000년경부터 각 지역의 실정에 맞게 '주거·의료·간호·예방 및 생활지원이 일체로 제공되는 지역 포괄 케어 시스템 구축'을 추진하여, 임종 장소가 병원에서 자택[2]이나 고령자 시설로 옮겨 가고 있다.[3] 2000년과 2021년을 비교한 사망 장소 비율은 〈표1〉과 같다. 이제는 임종의 주요 대상이 암 말기 환자에서 다양한 환자 및 고령자로 확대되고, 또한 전문직뿐 아니라 시민 자원봉사자의 참여가 기대되고 있다. 이 정책 실현에는 의료보험제도나 공적 예산으로는 감당할 수 없다는 것을 의미하고 있다.

---

1   (특활) 일본호스피스완화케어협회 홈페이지에 따르면, 2023년 6월 1일 현재 완화케어 병동 입원료 신고 접수 시설은 463개소, 병상 수는 9,536개이다.(https://www.hpcj.org/what/pcu_tdfk.html)
2   고령자 시설에 거주할 때, 그 시설로 주민등록을 옮기게 되므로 어떤 의미에서는 자택이다.
3   후생노동성 자료에 따르면, 2018년 7월 1일 기준 재택의료지원 진료소는 13,991개소, 재택의료지원병원은 1,345개소이다(https://www.mhlw.go.jp/content/12404000/000563523.pdf).

사망 장소	2000년(%)	2021년(%)
병원·진료소	81.0	67.4
고령자 시설	2.4	14.4
집	13.9	17.2
기타	2.8	1.8

제1-25 표(https://www.mhlw.go.jp/toukei/youran/indexyk_1_2.html) 참고, 필자 작성)

'터미널 케어'라는 말은 일본 의료계에서는 거의 듣지 않게 되었지만, 복지계에서는 간혹 들을 수 있으며, 어느 쪽이든 '마지막 몇 개월'이라는 이미지가 강하다. '완화 케어'는 암, 에이즈 이외에 심부전 등 비암성(非癌性) 질환도 대상이 되었지만, 특정 환자를 상정하고 있기 때문에 고령자가 포함된다는 이미지가 약하다. 이에 비해 '임종케어[End-Of-Life Care(EOL Care)]는 대상과 케어 기간이 확대된 경우에 적합한 용어이므로 이 글에서는 이를 사용하고자 한다.

최근 일본에서는 '지역 포괄 케어 시스템'과 유사하면서도 시야를 더욱 넓힌 '컴패션 커뮤니티(Compassionate Communities)', '컴패션 시티(Compassionate Cities)'[둘을 합쳐서 CC로 약칭]라는 개념이 주목받고 있다.[4] 재택에서의 EOL 케어를 전문가 중심이 아닌 시민 중심으로 자리매김하여 임종 문화를 현대적으로 재구성하려는 '공중보건과 말기 케어의 융합'[5]을

---

4 켈레히어의 저서 감역자(監譯者)이자 일본의 CC 주창자인 타케노우치 히로부미(竹之內裕文)는 굳이 가타카나로 '컴패션'을 사용하고 있다.
5 앨런클레히어(Allan Kellehear) 著, 다케노우치 호이로부미(竹之內裕文·홋타 사토코(堀田聰子) 監譯. 2022. 『컴패션도시: 공중보건과 말기케어의융합』, 東京: 게이오주쿠대학출판회(Allan Kllehear. 2005. Compassionate Cities: Public Health and End-of-Life Care, New York: Routledge).

지향하는 운동이다. 제안자인 앨런 켈레히어(Allan Kellehear) 등은 컴패션의 원천을 특정 종교에서 찾지 않고 인간이라면 누구나 가지고 있는 본성이라고 주장한다. 여기서의 커뮤니티는 지역사회라는 큰 공동체뿐 아니라 가족, 동네 야구팀, 슬픔 케어의 나눔 모임 등 작은 집단도 가리킨다. 다수의 커뮤니티가 서로 연결되고 행정도 이를 지원함으로써 컴패션 도시가 형성된다는 것이다. 지역의 문화, 전통, 종교성을 소중히 여기고 시민 누구나 이용할 수 있도록 다양한 커뮤니티를 연결함으로써 더 나은 EOL 케어와 슬픔 케어 환경을 조성하는 것을 목표로 하고 있다.

지역포괄케어시스템과 CC를 비교하면, 후자는 (1) 슬픔 케어에 대한 인식이 명확하고, (2) 개별 사례에 대한 대응보다는 안전망(Safety Net)처럼 연결망을 넓혀 가려는 사회운동적 측면이 강하며, (3) 시민으로부터의 상향적(bottom up) 접근을 중요시한다는 점을 들 수 있다.

2. 영적(Spiritual) 케어과 종교적 케어

세계보건기구(WHO)는 "(암 환자의) 통증 치료를 적절히 수행하기 위해서는 신체적 요인과 비신체적 요인의 검토가 필요하며, 모든 관련 요인을 포함하는 '총체적 통증(total pain)'이라는 개념이 유용하다. 이 개념에는 침해적인 신체적 요인 외에 심리적, 사회적, 영적(spiritual) 제반 요인이 포함되어 있다"고 말한다.[6] 일본의 완화 케어에서도 통증은 이러한 네 가지 범주

---

6   세계보건기구(WHO)편, 다케다 후미카즈(武田文和) 역. 1993. 『암의 통증으로부터의 해방과 완화케어-암환자의 생명에 대한 좋은 지원을 위하여』, 東京 : 金原出版(WHO Expert Committee. 1990. *Cancer pain relief and palliative care*, World Health Organization Technical Report Series 804, Geneva: World Health Organization), 15-16쪽.

로 이해되었다.

영적 고통(spiritual pain)의 대표적인 정의는 무라타(村田)의 '자아의 존재와 의미의 소멸로 인해 발생하는 고통'[7]이며, '영적 고통을 돌보는 것'[8]을 영적(spiritual) 케어라고 한다. 이러한 의료 모델 이해에서는 케어의 대상은 사람이 아니라 고통(pain)이 되어 버리는 것, 그리고 '고통은 완화하고 제거해야 한다', 또한 '고통의 표출이 없는 사람에게는 영적 케어의 개입은 하지 않는다'고 해석하게 된다. 종교계에서는 '고통은 성장의 계기가 된다', '영적 케어의 대상은 제한적이지 않다'는 비판도 여기저기 보이지만, 이런 견해가 주류가 되지는 않는다.

'spiritual'의 해석 변천을 조사한 가미야(神谷)[9]에 따르면, 호스피스·완화 케어 전문가들 사이에서는 1970년대 중반부터 1980년대 중반까지는 '종교적'이라는 번역이 많았고, 1980년대 중반부터 1990년대 중반까지는 '영적'이라는 번역이 추가되었으나, 어느 쪽으로도 정착되지 않고 1990년대 중반 이후에는 '스피리츄얼'로 사용되게 되었다. 이처럼 영적 케어와 종교적(religious) 케어도 혼동되어 왔는데, 그 차이에 대해 구보데라(窪寺)는 다음과 같이 정리고 있다.

Ⓐ 영적 케어, 종교적 케어를 하나의 것으로 이해하는 방법[10]

---

7   무라타 히사유키(村田久行). 2011. 「말기암환자의영적고통과그케어」, 『일본통증클리닉학회지』 18(1), 1-8쪽.
8   앞의 글, 5쪽.
9   카미야 아야코(神谷綾子). 2000. 「第10章 영적 케어라는 것」, 칼베커 편저, 『생과 사의 케어를 생각하다』, 京都 : 法藏館, 230-246쪽.
10 Brun, W. L.. 2005. A proposed Diagnostic Schema for Religious/Spiritual Concerns, *The Journal of Pastoral Care and Counseling*, 59(5), pp. 425-429; Koenig, Harold G.. 2008.

Ⓑ 영적 케어와 종교적 케어를 별개의 것으로 이해하는 방법[11]

Ⓒ 영성과 종교를 별개의 것으로 이해한 후, 영적 케어와 종교적 케어를 통합하여 '종교적 영적 케어'를 생각하는 것[12]

Ⓓ 영적/종교적/철학적/심리적 케어와 같이 케어의 학문적 영역의 폭을 넓혀 포괄적인 케어를 구상하는 것[13]

구보데라는 언급하지 않았지만, Ⓐ에 포함된 주장의 예로서 후카야(深谷)·시바타(柴田)는 "이 '생명의 벼랑 끝'에 있어서 채플린(chaplain)의 개입을 영적 케어와 분리하고 배제(?)하는 방향으로 이론을 형성하는 것에 대해서는 강한 의문을 느끼지 않을 수 없다"[14]고 하여 Ⓑ의 입장인 다니야마(谷

Medicine, Religion, and Health: Where Science and Spirituality Meet, PA: Templeton Foundation Press.

11 세계보건기구(WHO) 편, 다케다 후미카즈(武田文和) 역, 앞의 책; Doyle, D., Hanks, G., Cherny, N., and Calman, K. (eds.). 2005. Oxford Textbook of Palliative Medicine, Third Edition, Oxford: Oxford University Press; 다니야마 요조(谷山洋三). 2020. 「민간신앙에 뿌리를 둔 슬픔 케어의 가능성」, 『그리프&빌리브먼트연구』 創刊号, 43-49쪽.

12 Bartel, M.. 2004. What is Spiritual? What is Spiritual Suffering, The Journal of Pastoral Care and Counseling, 58(3), pp. 187-201; 오시타다이엔(大下大圓, Oshita Daien). 2005. 『치유되고 치유되는 영적 케어-의료·복지·교육에 활용하는 불교의 마음』, 東京:医学書院; 후지하라 아키코(藤腹明). 2000. 『불교와 간호 - 우파스타나:곁에 서다』, 東京:三輪書店.

13 구보데라 토시유키(窪寺俊之). 2017. 『영적 케어 연구:기초의 구축에서 실천으로』, 아게오시(上尾):세이가쿠인대학출판회에서 일부 기재 방식 변경. Elkins, D. N., Hedstorm, L. J., Hughes, L. L., Leaf, J. A. and Sounders, C. 1988. Toward a Humanistic Phenomenological Spirituality, Journal of Humanistic Psychology, 28(4), pp. 5-18; Farran, C. J., Fitchett, G., Quiring-Emblen, J. and Burck, J. R.. 1989. Development of a Model for Spiritual and Intervention, Journal of Religion and Health, 28(3), pp. 185-194. Fitchett, G.. 1995. Linda Krauss and the Lap of God: A Spiritual Assessment Case Study, Second Opinion, 20(4), pp. 41-49.

14 후카야 미에(深谷美枝, Fukaya Mie)·시바타 미노루(柴田實). 2012. 「영적 케어와 도우

山)나 구보데라(窪寺)를 비판하고 있다.

그러나 Ⓐ나 Ⓒ와 같은 입장에서 정교분리 원칙을 엄격하게 지키려는 일본 공공장소에 관여하려고 하면 문제에 휩쓸리기 쉽게 된다. 일본 사회에서는 종교 활동은 사적인 것으로 간주되어 공공장소에서 종교성을 드러내는 것을 삼가는 것이 당연시되고 있다. 이러한 사회적 상황에서는 영적 케어와 종교적 케어를 구분한 후 "(경청 등의) 좁은 의미의 영적 케어 → (기도 등의) 종교적 자원 활용 → (신자를 위한 의식 등의) 좁은 의미의 종교적 케어"[15]로 단계를 밟아 진행하는 것이 현실적이고 윤리적이지 않을까.

여기서는 Ⓑ의 입장에서 영적 케어와 종교적 케어의 기본적인 차이에 대해 확인하고자 한다. 〈그림1〉과 같이 표현할 수 있다.

〈그림1〉 종교적 케어와 영적 케어에서 케어 제공자와 케어 대상자와의 관계성의 차이[16]

※ (1) 원은 케어 제공자와 케어 대상자 각각의 세계관/가치관의 범위를 나타낸다. (2) 종교적 케어에서는 제공자의 세계관/가치관 속에서 '지원'이 발견되고, 반대로 영적 케어에서는 대상자의 세계관/가치관 속에서 '지원'이 발견된다.

미의 종교성에 대한 실증적 연구」,『메이지가쿠인대학 사회학부부설연구소연보』42, 43-57쪽.

15　다니야마 요조(谷山洋三). 2016.『의료인과 종교인을 위한 영적 케어: 임상 종교사의 관점에서』, 東京 : 中外醫學社, 101-102쪽.

16　다니야마 요조(谷山洋三). 2014.「영적 케어의 담당자로서의 종교인: 비하라승(Vihara僧)과 임상종교사」, 가마타도지(鎌田東二) 編,,『강좌 영성학1: 영적 케어』, being·net·press(125-143)의 134쪽을 일부 수정.

종교적 케어에서는 사찰이나 신사(神社), 교회, 병원 등의 채플에 보이듯이 케어 대상자가 종교인 등 케어 제공자의 세계관/가치관에 '지원'을 요구하고 있으므로, 케어 제공자는 종교적 가치관 등을 제시한다. 이에 반해 영적 케어에서는 케어 대상자는 자신이 처한 상황조차 객관화할 수 없고, 외부에 도움도 요청할 수 없기 때문에 케어 제공자는 자신의 세계관/가치관을 잠시 내려 두고, 케어 대상자가 원래 가지고 있던 세계관/가치를 되찾을 수 있도록 돕는다. 단, 그림 1은 양자가 처음 만나는 장면을 가정한 것이므로, 이후 전개에 따라 영적 케어에서 종교적 케어로 전환될 수도 있다.

어느 쪽의 케어도 모두 그리스도 교회에서 제공되어 온, 신자들을 위한 목회적(pastoral) 케어가 그 원천이며, 일요일에 교회에 다닐 수 있는 비교적 건강 남녀노소를 대상으로 해 온 긴 역사를 가지고 있다. 이러한 인식에 입각하면, 영적 케어도 종교적 케어도 EOL 케어에 국한되어서는 안 된다는 것은 자명하다.

3. 채플린, 임상 종교사

채플린(chaplain)은 그리스도교 문화권이나 그 영향을 받은 국가에서 군대, 경찰, 소방, 교도소, 학교, 의료, 나아가 스포츠, 기업, 의회 등에 배치되는 종교인이다. 그들은 교회 외부의 시설에서 활동해 왔다. 일본에서는 교도소, 의료, 학교 등에서 볼 수 있다.

일본의 '채플린 역사'를 개관하면, 문헌에서 확인할 수 있는 일본 최초의 군대 채플린은 14세기에 '진승(陣僧)'이라는 명칭으로 등장한다.[17] 그 후 제

---

17 이마이 마사하루(今井雅晴). 1984. 「중세의 진승(陣僧)의 계보」, 『인문학과 논총』 17,

2차 세계대전 시기까지 '종군승(從軍僧)'의 활동이 보이지만,[18] 전후(戰後)의 자위대에는 존재하지 않는다. 교카이시(敎誨師)는 1880년대에 그리스도교인이나 정토진종(淨土眞宗) 승려들에 의해 시작되었고,[19] 현재는 자원봉사이지만 공인된 존재가 되었다. 또한 1860년대 나가사키 영사관에도 채플린이 있었다.[20]

근대 이후 그리스도 교회에서 자선활동에 열심이었던 것은 가톨릭과 구세군, 그리고 가가와 도요히코(賀川豊彦; Kagawa Toyohiko)의 하느님 나라 운동이었다.[21] 그리스도교계 학교나 의료복지 시설에는 사제나 목사가 영적 케어나 목회적 케어를 제공해 왔을 것으로 추측되지만, 언제부터 채플린이라는 명칭을 사용하기 시작했는지는 확실하지 않다. 예를 들어 1884년 설립된 모모야마(桃山) 학원에서는 대학에서 정식으로 채플린을 칭한 것은 1965년 4월부터이다.[22] 현재 종교계 학교에는 채플린 또는 종교 과목 담당 교원이 존재하며, 건학정신에 부합하는 종교적 배경을 가진 종교인이 고용된다.

37-74쪽; 오야마 신이치(大山眞一). 2010. 「중세 무사와 일편(一遍)·시중(時衆)의 주변」, 『종교연구』 83(4), 1458-1459쪽.

18 안나카 나오후미(安中尚史). 1996. 「근대 니치렌(日蓮) 교단에서의 종군승(從軍僧)의 활동에 대해」, 『인도불교학연구』 44(2), 743-747쪽; 오가와라 마사미치(小川原正道). 2012. 「근대 일본에 있어서 전쟁과 종교 - 불교계의 관점에서」, 종교정보센터기고칼럼, http://www.circam.jp/columns/detail/id=3276(2021. 2. 26. 열람)

19 시게타 신지(繁田眞爾). 2019. 『'악(惡)'과 통치의 일본 근대 - 도덕·종교·감옥교회(敎誨)』, 京都: 法藏館. 201-207쪽.

20 기무라 노부카즈(木村信一). 1970. 「우리나라 최초의 개신교 교회에 대하여」, 『모모야마가쿠인대학그리스도교논집』 6(59-74), 68쪽.

21 구로카와 토모부미(黒川知文). 2004. 「일본에서의 그리스도교 선교의 역사적 고찰 III」, 『아이치교육대학연구보고』 53(인문·사회과학편), 59-68쪽.

22 다니구치 테루소(谷口照三). 2015. 「모모야마가쿠인대학에 있어 '건학정신'과 교육 연구 - 「그리스도교정신」으로의 회귀 동향과 앞으로의 과제」, 41(2)(55-77) 61쪽.

의료시설에서는 종교계는 고용되는 경우가 많고, 비종교계는 자원봉사자가 되기 쉽다.[23] 공립 및 민간 의료복지 시설에서는 불교 신자가 활동하는 사례가 보인다. 일본의 초고령 다사(多死) 사회화 상황에서 병원이나 재택에서의 완화케어와 노인복지에 대한 수요가 많다.

자위대에도, 경찰·소방에도 채플린은 존재하지 않는다. 따라서 재난 시에는 First-Responder로서 활동할 수 없고, 건강 케어 분야의 채플린이 이재민을 위한 이동식 카페를 여는 등 자원봉사로 중·장기적인 케어를 제공하고 있다. 동일본 대지진 이재민 지원 활동으로 탄생한 카페 드 몽크(Café de Monk)는[24] 재난 시 슬픔 케어를 목적으로 시작되었지만, 임상 종교사의 보급과 함께 다양화되어 컴패션 커뮤니티에도 기여하는 활동으로 주목받고 있다.

의료시설에서는 '채플린', '임상종교사', '임상불교사', '비하라 승(Vihara 僧)', '영적 케어 워커(worker)', '카운슬러(counselor)' 등의 명칭으로 종교인이 활동하고 있지만,[25] 한편으로 영적 케어의 담당자는 종교인에 국한되지 않고 오히려 간호사가 담당하는 경우도 드물지 않다.

임상종교사란 2012년부터 도호쿠대학(東北大學)에서 양성을 시작한 일본 채플린으로, 공공장소에서 포교 전도를 목적으로 하지 않고 마음의 케어를 제공하는 종교인이다. 신토(神道), 불교, 크리스트교, 신종교의 종교

---

23 다니야마 요조(谷山洋三), 앞의 「영적 케어의 담당자로서의 종교인:비하라승(Vihara僧)과 임상종교사」.

24 가네다 타이오(金田諦應). 2021. 『동일본대지진:3.11 생과 사의 사이에서』, 東京:春秋社.

25 다니야마 요조(谷山洋三)·야마모토 카요코(山本佳世子)·미로타 다카후미(森田敬史)·시바타 미노루(柴田實)·가사이 켄타(葛西賢太)·우치모토 코유(打本弘祐). 2020. 「의료시설의 종교적 배경과 종교인의 활동 형태: 질문지에 의한 실태조사」, 『도호쿠종교학』16(27-40), 30쪽.

인을 대상으로 2018년에 자격제도화 되었다.[26] 임상종교사는 다양한 채플린의 형태 중 건강 케어·채플린을 모델로 삼고 있다. 의료복지에서는 온정주의(paternalism) 비판과 환자의 권리 옹호 측면에서 수동적·수용적 접근이 강조되고 있어, 교육·지도 측면을 가진 교도소 채플린(教誨師)이나 학교 채플린과는 다소 다른 성격을 띤다. 또한 유사한 자격으로 '영성치료사'[27]가 있는데, 이 자격은 종교적 배경을 조건으로 하지 않는다. 임상종교사는 약 200명, 영성치료사는 약 400명이 인증되어 있다.

임상종교사·영성치료사 교육은 임상목회교육(Clinical Pastoral ducation)을 기초로 하는 프로그램이 대부분이다. 도호쿠대학의 프로그램은 강의 149시간, 실습 122시간, 연습(그룹워크) 70시간 등 총 341시간으로 종교인과 비종교인(주로 의료복지 관계자가 많음)이 함께 공부한다. 도호쿠대학은 국립대학이기 때문에 교육에서도 특정 종교를 기초로 하지 않는다. 개인의 종교성이나 가치관을 객관화하는 것이 요구되지만, 종교적 다양성의 학습 환경이기 때문에 오히려 각자의 신앙을 깊게 하는 것이 가능하다. 영적 케어는 케어 대상자의 개별성을 존중하는 것을 기본으로 하고 있으므로 케어제공자에게도 마찬가지로 개별성을 존중하는 교육이 바람직하다.

4. 슬픔 케어

슬픔 케어(grief care, bereavement care)는 '유족 케어'로 번역되기도 하지

---

26 일반사단법인 일본 임상종교사협회에 의해 인정. 현재 회장은 가마타 도지(鎌田東二).
    필자는 사무국장.
27 일반사단법인 일본 영성케어학회에 의해 인정. 현재 이사장은 시마조노 스스무(島薗
    進). 필자는 부이사장.

만, 슬픔을 경험하는 것은 반드시 유족뿐 아니라 친구나 이웃들도 마찬가
지다. 또한 사별(死別)만이 아니라 다양한 상실 경험이 슬픔(grief)의 원인이
된다. 사람이나 반려동물과의 이별이나 배신, 직장·환경·지위 등의 상실,
질병이나 부상, 노화로 인한 신체적 쇠퇴도 슬픔이 된다. 또한 슬픔은 비애
나 분노와 같은 감정적 측면뿐만 아니라 비현실감이나 무력감 등의 인지적
측면, 두통이나 피로감 등의 신체적 측면, 과잉행동이나 은둔[히키코모리]과
같은 행동적 측면에도 영향을 미친다. 이러한 반응을 종합하여 슬픔이라
고 부른다.

슬픔은 질병에 걸릴 비율이나 사망률을 높이는 것으로 알려져 있다. 여
성 유가족의 병원 진료 횟수가 증가하고,[28] 정신질환의 위험도 높다.[29] 사망
률에서는 특히 사별 후 6개월 이내의 위험성,[30] 특히 남성 유족의 자살 위험
이 높다.[31] 이러한 리스크를 피하기 위해서는 다양한 형태의 슬픔 케어가

28 Parkes, C. M.. 1964. The effects of bereavement on physical and mental health: A study
    of the medical records of widows, British Medical Journal 2, pp. 274-279.
29 Jacobs, S. C., Hansen, F., Kasl, S., Ostfeld, A., Berkman, L., & Kim, K. 1990. Anxiety
    disorders in acute bereavement: Risk and risk factors, Journal of Clinical Psychiatry 51,
    pp. 267-274; Zisook, S. 2000. Understanding and managing bereavement in palliative
    care, in H. M. Chochinov, & W. Breitbart eds., Handbook of psychiatry in palliative
    medicine, New York: Oxford University Press, pp. 321-334; Murphy, S. A., Johnson, L.
    C., Chung, I. J., 6 Beaton, R. D.. 2003. The prevalence of PTSD following the violent
    death of a child and predictors of changes 5 year later, Journal of Traumatic Stress 16(1),
    pp. 17-25.
30 Stroebe, M. & Stroebe, W.. 2003. The mortality of bereavement: A review, in M. S.
    Stroebe, W. Stroebe, & R. O. Hansson eds., Handbook of Bereavement: Theory,
    Research, and Intervention.New York: Cambridge University Press, pp. 23-43.
31 Li, J., Precht, D. H., Mortensen, PO. B., & Olsen, J.. 2003. Mortality in parents after
    death of a child in Denmark: A nationwide follow-up study, Lancet 361(9355), pp. 363-
    367.

유용할 것으로 생각된다. 일본에서 장례식과 건강 관계를 조사한 결과, 장
례식을 생략한 경우 유족의 만족도가 낮아지기 쉽고, 그러한 유족은 의료
복지 의존도가 높으며,[32] 또한 그러한 유족은 장례업체나 승려의 대응에 강
한 불만을 갖는 경향이 있음이 밝혀졌다.[33]

슬픔 케어의 일반적인 접근법으로는 일상생활에 지장을 초래하는 경우
에는 정신과 의사에 의한 치료나 임상심리사에 의한 상담(counseling) 등이
있다. 그 정도가 아닌 경우에는 지원그룹(support group: 전문가 관여)이나
자조그룹(self-help group: 전문가가 관여하지 않는)을 통해 당사자들이 비판이
나 비교 없이 자신의 체험을 털어놓음으로써 외로움을 덜고, 슬픔 특유의
반응의 정상화(normalize), 그리고 다음 참석을 약속함으로써 자살 예방 효
과도 있다.

한편, 케어나 치료법으로 확립되지는 않았지만, 전통적 생활 속에서도
슬픔 케어의 효과가 있을 수 있다. 지역사회가 기능하고 있다면 배우자와
의 사별, 자녀나 손자와의 사별은 특별한 모임 없이도 자연스러운 형태로
공유되고 위로 받을 수 있을지도 모른다. 앞서 소개한 장례식을 포함한 종
교적 케어도 그중 하나일 것이다. 여기서는 종교와 슬픔 케어의 관계에 대
해 언급하고자 한다.

종교의 사회적 기능에 주목하면, 예를 들어 "신앙을 가진 사람은 사회적

32 Becker, C.B., Taniyama, Y., Kondo-Arita, M., Yamada, S., & Yamamoto, K.. 2022a.
How Grief, Funerals, and Poverty Affect Bereaved Health, Productivity, and Medical
Dependance in Japan, *OMEGA: Journal of Death and Dying* 85(3), pp. 669-689.

33 Becker, C.B., Taniyama, Y., Kondo-Arita, M., Sasaki, S., Yamada, S., & Yamamoto.
2022b. Mourners'Dissatisfaction with Funerals May Influence Their Subsequent Medical/
Welfare Expenses -A Nationwide Survey in Japan, *International Journal of Environmental
Research and Public Health* 19, p. 486.

지원을 받기 쉽다"[34]고 하는데, 이는 그리스도교나 신종교와 같이 정기적으로 모임을 갖는 교단에 국한된다. 다만 밀도 높은 인간관계나 엄격한 교리 해석으로 인해 어려움을 겪기도 한다. 서일본의 전통 불교 사원에서는 매달 돌아가신 분의 기일에 맞춰 승려가 신도들의 집을 방문해 가정용 불단 앞에서 경을 읽는 '월례 참배(月参り)'라는 관습이 있다. 집안이 어수선하면 승려가 이상함을 느끼게 된다. 독경 후에는 집주인이 스님에게 다과를 대접하기 때문에 그 대화 속에서 스님이 고민을 들을 수 있다. 말하자면 '산 자와 죽은 자를 이어주는' 역할을 한다.

또 하나의 종교적 기능에 대해 생각해 보자. Klass의 '지속적인 유대(continuing bonds)'의 발상의 원천이 된 죽은 자와의 관계가 계속된다는 신앙과 그에 관련된 다양한 의례·제사·관습은 일본의 종교문화로,[35] 불교라기보다는 민간신앙으로 분류된다. 사카구치(坂口)가 "불단은 유족이 고인과 마주하는 '창구'와 같은 기능을 지니고 있다고 생각된다"[36]고 지적한 것처럼, '죽은 자와 산 자를 이어주는 것'도 종교의 중요한 기능이다. 유족에게 있어서 조문은 사회적 관습이나 의무일 뿐만 아니라, 불안정한 망자를 안정시켜 산 자를 지켜보는 존재로 만든다는 점에서 중요하다. 단순한 장

34 Rodgers R.F. & DuBois R.H.. 2018. Grief Reactions: A Sociocultural Approach. in Bui, E. ed., *Clinical Handbook of Bereavement and Grief Reactions*. Chum: Humana Press, pp. 1-18.; Shuchter S.R. & Zisook S.. 2003. The course of normal grief. in Stroebe, M.S., Stroebe, W., & Hansson, R.O. eds., *Handbook of Bereavement: Theory, Research, and Intervention*. New York: Cambridge University Press, pp. 23-43.

35 Carl Becker. 2012. 「죽음을 마주했을 때 드러나는 일본인의 근본적 종교관」, 『완화케어』 22(3), 青海社, 207-211쪽; Klass, D. 1996. Grief in an Eastern Culture: Japanese Ancestor Worship. in Klass, D., Silverman P.R., & Nickman S.L. eds., *Continuing Bonds: New Understandings of Grief*. New York: Routledge, pp. 59-70.

36 사카구치유키히로(坂口幸弘). 2010. 『비탄학(悲嘆學) 입문 - 사별의 슬픔을 배우다』, 京都:昭和堂.

단점으로 이해하기는 어렵지만, 어느 상태가 유족에게 바람직한지는 두말할 나위가 없다. 불안정한 망자는 두려워해야 하는 존재까지는 아니더라도 연민 내지 보호의 대상이 되기 쉽고, 유족은 '지켜주지 못했다'는 후회를 계속 품게 되며, 유족의 마음도 안정되기 어렵다. 애도가 계속되고, 죽은 자가 안정(성불)했다고 믿게 되면, 그 죽은 자는 오히려 산 자를 보호하는 존재가 되어 "눈에 보이지는 않지만, 그 사람이 곁에 있는 것 같아서 안심할 수 있다"는 느낌으로 산 자에게 안정을 가져다주게 된다.

5. 누구를 위한 케어인가?

마지막으로 여기서 소개한 다양한 케어가 누구에게 도움이 되는지 생각해 보고자 한다. 예를 들어 고령자 P씨가 '더 이상 어떻게 해야 할지 모르겠다'고 고민할 때, 임상종교사는 먼저 경청의 자세를 보이며, P씨 안에 있을 법한 '버팀목'을 찾으려고 한다. 그 행위는 P씨를 위한 것이기도 하지만, 임상종교사에게도 중요한 경험이며, 다음 번 이후의 다른 사례에도 도움이 될 수 있을 것이다. 우연히 종교적 케어를 의뢰 받게 되더라도 마찬가지일 것이다.

슬픔 케어는 어떨까? 사별의 경우 독경이라는 종교적 케어를 선택했을 경우, 그 독경은 누구를 위한 것일까? 유족인 P씨를 위한 것이기도 하고, 고인을 위한 것이기도 하다. 그뿐만 아니라 P씨가 건강하게 살 수 있다면 사회에도 이익이 된다. 건강을 지탱한다는 점에 있어서는 영적 케어도 마찬가지일 것이다.

여기에 CC의 관점을 추가해 보자. 만약 P씨가 건강 해져서 임상종교사의 활동을 높이 평가한다면, 분명 친구나 친척들에게도 그 사실을 전할 것이다. 물론 임상종교사의 활동뿐 아니라 P씨가 경험한 다양한 건강 케어 서비스, 일상적으로 버팀이 되어 준 친구들의 존재, 수화 모임, 합창단, 서예 동호회원에게도 전달되고, 그리고 P씨가 관여한 많은 커뮤니티가 연결될 것이다. 그 연결로 수화 모임의 K씨와도, 서예학원의 J씨와도 연결될지 모른다. P씨가 컴패션(compassion)을 받고 전하면서 컴패션의 커뮤니티가 넓어진다. 고령자의 웰다잉(well-dying) 주변에 사회 안에서 공헌할 수 있는 시스템이 존재한다면 웰에이징(well-aging)에도 기여할 수 있을 것이다. 여기서 다룬 슬픔 케어, 영적 케어, 종교적 케어도 컴패션 커뮤니티를 통해 확산될 수 있는 가능성을 가지고 있다. 고령자뿐만 아니라 누구나 그 고리를 넓히는 주인공이 될 수 있다.

이규성

   사회복지나 고통자/임종자 케어의 분야에는 전혀 아는 것이 없는 나에게 다니야마 요조(谷山洋三) 교수님의 글은 몇 가지 생각할 거리를 던져 주었다. 다니야마 교수님이 소개하는 용어들은 비교적 낯설지만, 그럼에도 불구하고 복잡한 내용을 포함할 수도 있는 그 용어들이 간결하게 요약 정리되었기에 이 분야의 문외한인 나에게조차 쉽게 다가온 것은 오로지 다니야마 교수님의 능력에서 비롯되는 것이라고 본다.

   제1절에서는 고통자/임종자 케어의 개념 및 실천적 중점이 변화되고 있음을 보여주고 있는데, 내가 제대로 이해하였다면 컴패션 커뮤니티 또는 컴패션 시티가 새로운 대안으로 떠오르고 있다는 점을 알려주는 것 같다.

   제2절에서는 영적 케어와 종교적 케어에 대하여 간략히 소개하고 있다. 특히 다니야마 교수님은 이와 관련된 네 가지 모델을 알려주고, 종교의 공공성과 관련된 일본 사회의 입장도 알려주고 있다. 이는 대한민국에서도 참조할 만한 글인 것 같다.

   제3절은 일본에서의 채플린(Chaplain)의 역사에 대해서 설명하였고, 제4절은 슬픔 케어의 중요성을, 그리고 마지막으로 제5절에서는 제4절의 정신을 이어받아 케어는 단지 고통자/임종자만이 아니라 그 주변의 관련자에게도 중요하다는 사실을 알려주고 있다. 이는 케어에 대한 그동안의 개념이 컴패션 커뮤니티/시티로 확장됨에 따라 그 실천적 영역 또한 확장되고

있음을 보여준다.

이에 대한 나의 신학적 관점에서의 논평을 시작하고자 한다. 신학적 논술이 다니야마 교수님의 학문에 어떻게 영향을 줄 수 있는지는 확신이 서지는 않지만, 다니야마 교수님의 글에는, 교수님 본인이 의식하든 않든, 원하든 그렇지 아니하든 간에, 충분히 그리스도교 신학적 관점에서 재해석될 수 있는 여지가 있다는 점을 밝히는 바이다.

그리스도교는 예수 그리스도의 죽음과 부활에 대한 제자들의 경험에서 비롯된다고 할 수 있다. 예수 그리스도의 죽음과 부활 사건은 구약에서 가장 위대한 사건이었던 출애굽을 능가하고 포괄하는 사건이라고 그들은 굳게 믿었다. 구약에서 이집트에서 노예살이를 하던 이방인 노동자들을 광야로 탈출시키고 해방시킨 표면상의 주역은 모세였지만, 그럼에도 불구하고 그 근원적인 원동력은 사회 주변으로 밀려난 힘없는 자들을 외면하지 않고 항상 함께 있으며 이들을 하느님 나라의 의로운 인간으로 만들고 구원하고자 하는 역동적인 하느님이었다. 출애굽 사건에 대한 이들의 기억은 오늘날까지도 지속되고 있다. 한마디로 출애굽 사건은 해방의 사건이었다. 그것은 즉 노예의 삶에서 자유인의 삶으로 전환되는 획기적인 사건이었다. 비록 사막에서의 유랑이 많은 고통을 수반하였지만, 사실 이집트에서의 노예의 삶은 사막에서의 고통 받는 삶보다는 모든 면에서 풍족하였다고 할 수 있었다. 그럼에도 이들에게는 사막의 고통과 위험에도 불구하고 자유인으로서의 삶이 더 중요하였다. 그것은 노예의 삶에서는 상상하거나 기대하기 어려운 해방된 자유인으로서의 공동체였다. 그들은 고통과 위험이 도사리는 사막에서 오히려 먹을 것과 마실 것 그리고 그 밖의 모든 일들을 함께 공유하였다.

이스라엘 백성은 대대로 이 은총의 사건을 기념하고 감사하면서 자신들이 단순히 해방된 자유인의 삶을 누리는 것만 아니라, 자신들과 함께하는 사람들 중에서 사회의 주변부로 밀려나간 사람들, 즉 가난한 자/병자/갇힌 자/과부/고아 등의 사회적 약자들이 다시 사회의 중심으로 돌아와 올바른 자유인으로 살도록 하는 기회를 제공하는 것이 자신들의 과제요 의무라고 생각하였다. 구약의 예언자들이 정치인이 아니면서도 정치 비판 또는 사회 비판을 하는 이유는 정권을 잡으려는 시도가 아니라 하느님이 이스라엘 백성에게 부과한 과제를 이행하라는 호소였다.

이는 예수 그리스도에게서도 분명히 드러난다. 그는 배타적인 의미에서 특정 계층만 선호한 것이 아니라, 하느님이 인간으로 하여금 동료 인간들의 해방 및 자유를 위해 투신하라는 소명을 부과했음을 호소하는 것으로 일관하였다.

물론 이러한 호소에 인간들이 적극적으로 호응한다고 할지라도 가난한 자/병자/갇힌 자/과부/고아 등이 이 사회에서 사라지지는 않을 것이다. 아울러 그와 함께 동반하는 고통도 사라지지는 않을 것이다. 이스라엘 백성이 자유인이 되었다고 하더라도 사막의 고통과 위험이 사라지지 않듯 말이다.

고통과 죽음은 인류가 존재한 이후로 단 한 번도 사라지지 않은 인류 공통의 문제이다. 중요한 것은 하느님이 이스라엘 백성 나아가 인간을 잊지 않고 그들의 호소를 경청하며 그들과 함께 있으며 해방의 길로 나아간다는 것이다. 궁극적으로 하늘나라에는 그 어떠한 고통도 없겠지만 시공간의 제한된 역사 안에서 살아가는 인간들에게 고통과 죽음은 피할 수 없는 것이다. 하느님이 역사 안에서 이스라엘 백성과 함께한다는 것은 결국 고통과 죽음의 불가피한 사건을 통해서도 하느님이 인간을 자유로운 존재로 만든다는 데에 그 중요성이 있다고 할 수 있다.

spiritual이라는 단어는 spiritus라는 라틴어 단어에서 파생되어 나온다. 모두가 알다시피 spiritus는 숨/호흡/정신을 뜻한다. 이 단어는 원래 'spirare'라는 동사에서 오는 것으로 '숨을 쉬다'라는 뜻이다. 따라서 'spiritus'의 기본적인 의미는 생명의 가장 중요한 기능인 호흡과 긴밀히 연결되어 있기에 '생명력', '생기', '존재의 본질적인 힘' 등을 뜻하고, '정신', '영'으로 그 의미가 확장되어 인간의 '정신적', '영적' 존재를 포괄하는 개념으로도 사용된다.

spiritus가 사라지게 되면 생명현상도 사라지게 된다는 생물학적 관점에서 고찰되었던 spiritus는 생명 작용의 출발점이고 근본 원리라는 좀 더 고차원적 관점으로 확장되었는데, 이는 고대 유다인들이나 그리스인에게도 마찬가지로 보인다. 그리고 이는 그리스도교 공동체에서는 spiritus sanctus(聖靈, holy spirit)로 더욱 확장되기에 이른다. spiritus는 신적 차원에서 고찰되기도 하여 세상 만물들의 생명의 근본 원리로 이해된다.

spiritual이라는 단어는 어떠한 면에서는 우리가 흔히 접하게 되는 '영성적(靈性的)'이라는 뜻으로 이해될 수 있을 것이다. 그러나 spiritus의 의미가 원래는 무슨 뜻인지 그리고 그 의미가 어떻게 확장되는지를 알게 되면 spiritual이 단순히 좋은 생각을 나누고 북돋는 관점에서 이해되는 것만이 아니라 근본적인 생명의 원리를 나누는 차원이라고 보는 것이 더욱 합리적일 것으로 보인다.

만일 이러한 생각에 반대하지 않는다면, 영성적 담화(靈性的 談話)는 단지 좋은 생각을 갖도록 초대하는 대화의 형식만이 아니라 사실은 '생명을 북돋는 대화'라고 이해하는 것이 좋을 것 같고, 이러한 대화의 장은 모든 이에게 개방되어 있다는 점을 주목해야 할 것이라고 보인다.

그리스도교 교리 중에 가장 핵심적이라고 일컫는 삼위일체론이 있다.

삼위일체론 전반을 거론하는 것은 다소 무리가 있겠지만 조금이라도 언급하는 것이 도움이 되리라고 사료된다. 삼위일체 하느님이란 성부/성자/성령이신 한 분의 하느님을 말하는데 여기서 주목하고 싶은 것은 성령이신 하느님이다. 성령은 라틴어로 spiritus sanctus라고 한다. 그리고 이 성령은 하나의 위격으로 불린다. 즉 spiritus sanctus은 하나의 신적 위격(persona divina)이다. 원래 persona 개념은 문화적·법률적 차원에서 사용되어 마스크를 뜻하기도 하고 법률 대리인을 뜻하기도 한다. 이는 심리학적·사회과학적 차원에서 사용되기도 한다.

신적 위격으로서의 spiritus sanctus는 인간의 원형 또는 모델이 무엇인지, 또는 인간의 출발점이 어디인지를 알려주는 중요한 개념이다. 즉 인간 존재는 하느님의 모상으로서 하느님을 대리하며 하느님의 모습/목소리를 전달해주는 persona, 즉 persona divina인 spiritus sanctus를 알려주는 persona라는 뜻이다. 이는 대화를 할 때에 인격적 대화가 전제된다는 것을 뜻하며, 인격적 대화를 통해서 생명의 원천인 성령이 서로에게 선물로 내어준다는 것을 말한다. 이러한 대화는 개방적이어서 배타적일 수 없고, 나아가서 공동체적이고 친교적이라고 할 수 있다.

결국 영적인 차원에서의 케어란 인격적인 케어를 말하고 나아가서 죽음에 이르기까지 생명의 원천을 서로가 나누는 공동체적 케어라는 것을 할 수 있겠다.

맺음말로 본 논평자는 다음과 같이 말할 수 있겠다. 만일 이러한 신학적 입장이 설득력을 갖는다면 오늘날 임종 케어 또는 슬픔 케어 또는 영적 케어 그리고 컴패션 커뮤니티/시티는 그 어떠한 표현으로 하든 간에 다음과 같은 요인들을 고려해야 한다고 보인다. 여기에는 종교적 요소를 굳이 표현하지 않아도 될 것이다.

공동체적 삶의 강조(사회적 국가적 차원): 단순히 기능적, 법률적, 행정적 차원
이 아님

애정 있는 관심과 문제 제기

다양한 이유로 고통을 받는 주변부 인간에 대한 적극적 배려

고통과 죽음을 (배제하는 것이 아닌) 극복하는 함께함의 중요성

함께하는 삶의 나눔(단순히 Kovivenz가 아니라 Selbstmitteilung)

고통을 당하는 자·임종자에 대한 일방적 호혜 방식이 아니라 이들을 중심으
로 관련된 다양한 사람들이 함께하는 공동체 형성(=compassion community)

이로써 다니야마 요조 교수님의 귀한 논문에 대한 신학적 관점에서의 논
평을 마치고자 하며, 본 논평의 마지막은 "영적 차원의 케어에 대한 인간학
적 근거 또는 종교학적 근거에 대해서 좀 더 자세하게 설명을 부탁한다."
는 요청으로 대신하고자 한다.

웰다잉(Well-dying), 초고령사회를 맞는 한국 사회복지의 새로운 패러다임

김진욱

1. 늙어 가는 대한민국, 초고령사회의 그늘

한국은 세계에서 가장 압축적인 경제성장을 달성하였고 역동적인 민주주의의 성숙을 함께 이루어내었다. '시장경제와 민주주의의 병행 발전'이라는, 지금은 고인이 된 전직 대통령의 평생 지론이 현실화된 결과, 2021년 7월 UN 무역개발회의는 대한민국을 선진국으로 공식 선언하였다. 일제강점기와 한국 전쟁을 거치며 폐허만 남았던 이 땅에서 이루어낸 기적임에 틀림없다. 그뿐인가. 세계적인 한류 열풍은 K-pop과 K-food를 필두로 수없이 많은 'K 시리즈'를 세계인의 삶에 뿌려 놓고 있다. 이만하면 백범 김구 선생이 '나의 소원'에서 바라던 '우리를 행복하게 하고 나아가 남에게 행복을 주는', 한 없이 가지고 싶어 하던 '문화의 힘'이 현실화된 것이 아닐까?

나라가 선진국이 되었다는 것은 일반 국민들의 삶이 바뀌었음을 의미한다. 끼니를 이어 가며 하루의 생존을 고민하던 한국인들은 이제 더 오래, 건강히 살고 있으며 삶의 질을 높이는 데 열중하고 있다. 통계청에 따르면 우리나라 국민들의 평균수명(출생시 기대여명)은 1970년 62.3세(남 58.7세, 여 65.8세)에서 2020년 83.5세(남 80.5세, 여 86.5세)로 지난 반세기 동안 21년 넘게 증가하였다.(통계청. 2022) OECD 국가들 중에 평균 수명이 가장 긴 국가로 다섯 손가락 안에 꼽히고, 지난 50년간 평균 수명이 가장 크게 증가한 국가이기도 하다. 양적인 측면뿐 아니라 질적 측면을 보여주는 건강수명 (healthy life expectancy) 역시 2019년 기준 73.1세로 전 세계에서 일본 다음으로 길다.

　그러나 사람들은 점점 더 오래 살지만 여러 복합적인 이유로 젊은이들이 결혼과 출산을 기피하면서, 지난 20년 간 OECD에서 가장 낮은 수준의 합계출산율을 기록해 왔다. 2023년 가임여성 1인이 평생 낳는 아이의 수는 0.78명을 기록했다. 한국 사회가 집단 자살 사회로 치닫고 있다는 우려가 사방에서 쏟아지는 이유이다.

　평균 수명의 증가와 저출산의 결합은 한국으로 하여금 세계에서 유례없는 빠른 인구의 고령화를 경험하게 하고 있다. 한국은 65세 이상 노인인구의 비율이 2000년 7%를 넘어 고령화 사회로, 2017년에는 14%를 넘는 고령사회에 진입하였다. 베이비붐 세대가 본격적으로 노인인구로 편입되면서, 2025년에는 노인이 인구의 20% 퍼센트를 차지하는 초고령사회가 될 것으로 예측된다. 나아가 2019년 15%이던 노인인구 비율은 2050년 40%에 육박할 것으로 보여 세계에서 가장 고령화 문제가 심각한 나라가 될 것으로 보이며, 80세 이상 초고령 노인의 비율도 전체 인구의 15%를 넘어 일본 다음으로 높을 것으로 예상된다.

　한국의 급격한 인구 고령화와 초고령사회로의 진입은 더 많은 사람들이 더 건강히, 더 오래 산다는 긍정적 측면만 있는 것은 아니다. 오히려 인구의 고령화로 인한 경제·사회의 활력 저하와 함께 현실적으로 직면하게 되는 수많은 문제가 있다. 여기서는 초고령사회로 진입하며 야기되는 문제를 세 가지만 언급하고자 한다.

　첫째, 모두가 고루 건강히 오래 살지 않는다. 소득계층, 교육수준, 직업 등 사회 계층적 요인에 따라 건강 상태와 수명에 큰 차이를 보인다. 소득 하위 20% 계층의 기대수명은 78.6세인데 건강수명은 61세에 불과하다. 거의 17년간 질병을 앓다 죽음을 맞는다는 의미이다. 반면, 가장 소득이 높은 상위 20%는 기대수명 85세, 건강수명 72세로, 하위 20%보다 기대수명은 6년 더 길지만, 건강수명의 차이는 11년이나 된다. 경제적으로 여유로우면 더 건강한 노년생활을 보낸다. 삶의 질뿐만 아니라 죽음의 질(죽음을 맞는 과정)에서도 소득계층에 따른 격차가 나타날 가능성이 크다.

둘째, 한국의 많은 노인들이 경제적으로 궁핍한 삶을 산다. 성인자녀와 동거하며 부양을 받는 노인의 비율은 크게 감소하고, 노인 1인 혹은 부부가구가 전형적인 노인 가구의 모습이 되고 있다. 노인이 되어 은퇴하였지만 공적 소득보장제도의 혜택이 크지 않고 개인적으로도 노후 준비를 충분히 하지 못했다면, 여생을 빈곤의 덫 안에서 보내야 하는 '장수의 저주'를 경험하게 될 가능성이 크다. 한국의 노인빈곤율은 OECD 최고 수준이며, 국가가 보장하는 노후소득보장이 충분치 않아 다수의 노인들이 여전히 일해야 생계를 꾸릴 수 있는 상황이다.

셋째, 초고령사회로 향해 가면서, 국가와 사회의 부담이 기하급수적으로 커지고 있다. 정부는 지난 2014년 기초연금을 도입하여 노인빈곤 문제에 적극적으로 대응하기 시작하였다. 또한 공적연금이 성숙되면서 연금의 수혜를 받는 노인들도 증가하게 된다. 문제는 더 많은 노인들이 연금을 받아가는 반면, 이들을 부양해야 할 생산가능인구의 비율은 저출산이 지속되며 지속적으로 감소하게 된다는 점이다. 이것이 연금 재정의 위기를 야기하는 핵심으로, 국민연금의 경우 현 상태가 유지된다면 2055년에 기금이 소진될 것으로 보인다. 초고령사회의 사회적 부담은 연금에 그치지 않는다. 건강수명과 기대수명의 차이가 커지면 의료보장제도를 통해 사회가 책임져야 할 (노인)의료비는 더욱 커지게 되고, 노인성 질환에 의한 장기요양 등 노인 돌봄에 대한 부담도 함께 급증하게 되기 때문이다.

2. 한국 복지국가의 발전과 웰빙(Well-being) 패러다임

30년 전, 필자가 대학생 시절만 하더라도 한국이 이렇게 빨리 초고령사회로 진입하리라고는 상상하지 못했다. 그리고 급격한 인구 구조의 변동과 더불어 복지국가의 확장이 압축적인 경제성장만큼이나 단시간에 이루어질 것이라고 예측하지 못했다. 멀게만 보였던 서구 복지국가의 모습이 30년 만에 형체를 드러내게 된 것이다. 복지국가는 단순한 복지제도의 확대만을 의미하지 않는다. 복지국가의 가시화는 시장경제와 민주주의라는 두 기둥 위에 얹힌 지붕으로 국민들이 사회적 위험이라는 비바람을 피할 수 있도록 국가 기능이 확장되었음을 의미한다. 국민 개개인이 경제성장이나 국가 발전과 같은 거대 담론에 희생되는 것을 당연하게 생각했던 개발 독재의 사고에서 벗어나, 한 사람의 인권의 가치를 존중하고 그 삶의 질을 높이는 것을 국가 정책의 최우선으로 두는 국가로의 패러다임의 전환을 의미한다. 국가적 차원의 공동 목표(발전/근대화 패러다임)에서 개인적 차원의 행복 추구(Well-being 패러다임)로 가치관의 무게추가 기울어져 가고 있음을 본다.

한국 복지국가의 탄생이라 할 시점에 대해서는 여러 의견이 있지만, 많은 국내외 학자들은 김대중 정부 때 복지국가의 기틀이 완성되었다고 본다. 크리스토퍼 피어슨[1]이 제시한 복지국가의 세 가지 기본 요건의 관점에서도 그러하다. 그는 (1) 사회보험의 보편 적용, (2) 권리로서의 최저생활보장, (3) GDP/GNP의 3~5%에 해당하는 복지지출을 복지국가라 부를 수 있는 최소한의 조건으로 보았다. GDP의 5%라는 복지 지출 규모는 1990년대

---

1   Pierson, C.. 2006. *Beyond the Welfare State?*. The Pennsylvania State University Press.

중반 이미 달성한 바 있고, IMF 외환위기를 거치며 사회보험의 적용범위가 외형적으로는 보편화되었다.(1999년 국민연금 도시자영업자로 확대) 마지막으로 여러 우여곡절과 정치적 논란 끝에 2000년 생활보호법이 폐기되고 국민기초생활보장법이 시행됨으로써 권리로서의 최저생활보장이라는 과업을 달성하였다. 이후 21세기 들어 집권한 여러 정권에서도, 이념의 차이에 따른 부침이 없지는 않았으나, 한국 복지국가의 내실은 착실히 다져졌다.

노무현 정부는 사회서비스의 확대를, 이명박 정부는 장기요양보험의 시행과 무상보육을, 박근혜 정부는 기초연금 확충 및 공공부조의 개별급여화를 진행하였다. 문재인 정부는 건강보험의 보장성을 강화하고 아동수당, 실업부조, 상병수당의 도입을 추진하였다. 이태수는 문재인 정부 시절 한국이 보편적 복지국가로의 내실을 다졌다고 평가한다.[2]

한국 복지국가의 발전과 함께 국민들의 삶도 크게 달라졌다. 아이를 낳으면 지자체별로 출산장려금을 지급받고 출산휴가와 육아휴직을 부여받는다.(물론 제도적으로 보장된 권리를 현실적으로 쓸 수 없는 많은 취약계층이 존재한다.) 부모급여와 아동수당을 지급받으며 아이가 자라는 동안 무상보육, 무상교육, 무상급식이 이루어진다.(동시에 아동에 대한 사교육비 부담은 매우 크다.) 큰 질병에 걸리더라도 재난적 의료비 때문에 빈곤해질 확률은 매우 낮아졌다. 실업급여는 매우 보편화되었고, 대다수의 노인들은 기초연금을 지급받는다. 아직 노인빈곤율은 매우 높은 수준이지만, 2014년 도입된 기초연금은 저소득 노인들의 삶의 질을 크게 개선시켰다. 돌봄을 비롯한 사회 서비스의 혜택도 크게 향상되었다. 노인성 질환에 의해 장기요양이 필

---

2   이태수. 2022.「'문재인 정부 복지정책의 평가와 과제'. 문재인 정부 5년 평가와 과제」, 소득주도성장특별위원회.

요한 경우 누구나 시설 또는 재가서비스를 받을 수 있다. 예기치 못한 위기가 발생하면 국가에 긴급지원을 요청할 수 있다. 과거와 달리 동사무소의 사회복지공무원들은 도움이 필요한 주민들에게 어떤 식으로든 필요한 도움을 줄 수 있는 다양한 수단과 자원을 가지고 있다. 더 나아가, 국가의 도움을 요청하지 못하는 고립 위기 가구를 직접 발굴하여 필요한 도움을 주는 것에 국가와 지자체의 행정력을 집중하고 있다. 이렇듯 복지국가가 확장되고 성숙되면서 국민들의 객관적인 복지(웰빙) 수준 역시 개선되었음에 분명하다. 그런데 국민들은 과거보다 더 행복할까?

우리가 선뜻 이 질문에 긍정적으로 답하지 못하는 이유는 행복이 어떤 위험으로부터의 안전 보장만으로 확보될 수 없기 때문이다. 행복은 크게 두 의미를 갖는다. 하나는 욕구의 충족을 행복의 근원으로 보는 헤도니즘(hedonism), 다른 하나는 삶의 근원적 의미(자아실현)를 추구하는 유다이모니아(eudaimonia)이다. 복지국가가 대응하고자 하는 사회적 위험은 대단히 표준화되어 있다. 대다수의 인간이 보편적이고 기본적인 욕구를 충족시키고자 한다. 그러나 사람들은 수동적으로 어떤 혜택을 받고 위험에서 안전을 보장받는 것 이상을 추구한다. 자신의 삶에 대한 통제권을 확보하고자 하며(자기의 삶을 스스로 책임지고 싶어하고), 나아가 다른 사람이나 자신이 속한 공동체에 영향을 미치는 것을 의미 있는 삶으로 규정한다. 이러한 방향은 사회복지의 패러다임 역시 단순한 잘 지내는 것(웰빙)에서 벗어나 인간의 고차원적 욕구를 지향해야 함을 의미한다. 즉 복지국가의 혜택을 받는(안정) 수동적 시민에 머물지 않고, 스스로의 삶을 결정할 수 있는 능력을 갖추고 여러 삶의 영역에서 스스로의 선택권을 행사할 뿐 아니라(자율), 타인을 돕고 네트워크를 확장하며 공적 영역에 적극적으로 참여함으로써 영향력을 행사하는(영향), 적극적 시민(active citizen)을 추구해야 함을 보여준다.

3. 사회복지학에서의 죽음 논의

웰빙 기반의 사회복지 패러다임이 한계에 다다른 또 하나의 중요한 이유가 있다. 초고령사회에서 피할 수 없는 죽음을 문제를 '잘 사는 것'에 기초를 둔 웰빙 패러다임으로는 제대로 다룰 수 없기 때문이다. 복지국가의 확장을 통해 한국인의 삶의 질(웰빙 수준)은 높아졌을지 몰라도, 죽음의 질(Quality of Death)은 결코 나아지지 않았고 그 문제에 대한 관심도 크지 않다는 말이다.

그러나, 인간이 행복을 추구한다면, 반드시 삶의 마지막 단계에 해당하는 '복(福)'을 누릴 수 있어야 한다. 잘 죽는 복이다. 전통적 유교문화에서도 고종명(考終命)은 壽(장수), 富(부유함), 康寧(건강), 攸好德(봉사)와 함께 오복(五福)을 구성하며 삶을 깨끗이 마무리하고자 하는 소망을 담고 있다. 그러나 '모든 사회적인 소망을 달성하고 남을 위하여 봉사한 뒤에는 객지가 아닌 자기 집에서 편안히 일생을 마치기를 바라는'(한국민족문화대백과사전: 오복) 고종명의 의미와 달리, 현재 한국인의 죽음은 병원 응급실이나 중환자실에서 맞는 객사(客死)가 주를 이룬다. 누구나 삶의 마지막을 각종 기기를 부착한 채 힘겨운 고통 속에 맞이하는 것을 바라지 않을 것이다. 1980년대 초만 하더라도 자택에서 임종을 맞는 것이 절대 다수였고 병원에서 '객사'하는 비율은 10%가 채 되지 않았다. 그러나 지금은 정반대이다.

그렇다면 왜 이리도 급격하게 주택 임종이 감소했을까? 첫째, 복지국가의 발전에 따라 의료 서비스에 대한 접근성과 그 혜택이 커졌기 때문이다. 연명치료에 대한 의료비 부담이 완화되면서 끝까지 최선을 다하는 것이 가족의 도리라 생각되었을 것이다. 둘째, 1997년 중증환자를 부인의 요청에 따라 집으로 퇴원시킨 의료진이 형사처벌을 받은 일명 '보라매병원' 사건이 결정적인 전환점이었다.[3] 이후 의학적으로 소생할 수 없다고 의사가 판단하면 집으로 모셔 마지막 순간을 가족과 함께하도록 하는 대신, 최선의 노력으로 삶을 최대한으로 끌고 가야 한다는 연명치료가 대세가 되었다.

셋째, 가족들의 돌봄 부담 때문이다. 인구의 고령화로 장기요양 환자가 급증하고 가족 및 지역공동체가 훼손되면서 비공식 영역이 임종 환자를 보살피는 것이 어려워졌다. 반면, 복지국가의 돌봄 기능(사회 서비스) 확대로 장기요양을 중심으로 공식적 돌봄 체계가 확장되었다. 고령의 장기요양 환자들이 요양원에 머무르다 임종 직전 의료기관에 옮겨져 사망하는 것이 표준적인 죽음의 모습이 되었다. 넷째, 사망 시점 및 이후의 절차 때문이다. 환자가 사망하면 의사의 사망진단서를 받아야 한다. 사망진단서 상의 사인은 병사, 외인사, 그리고 기타 및 불상으로 나뉜다. 병사(자연사)가 아니면 경찰이 수사해야 할 사건이 되므로[4], 가족의 입장에서는 병원에서 임종을 맞아야 복잡하고 불필요한 절차 없이 장례로 넘어갈 수 있다.(《조선일보》 2023.6.27)

이렇듯 초고령화 사회에서 한국 노인들은 '만성질환→장기요양→병원 임종'이라는 매우 표준화된 삶의 종착점을 맞는다. 그러나 이것은 노인들이 생각하고 바라는 좋은 죽음과는 매우 다른 모습이다. 2004년 한국사회복지학회지에는 한국 노인이 생각하는 좋은 죽음이란 어떤 것인지 연구한 사회복지학계의 첫 논문이 발표된 바 있다.[5] 이 연구는 한국 노인들이 생각

---

3   박종철. 2022. 『나는 친절한 죽음을 원한다』, 홍익출판미디어그룹.
4   우리나라에서 사인이 '병사'라는 것을 증명할 수 있는 방법은 의사의 진단서나 이장(통장)의 증언뿐이다. 그런데 인구의 대부분이 도시에 사는 지금, 통장이 사람들의 형편을 알고 있는 경우가 드물고 심지어 대부분의 사람들이 통장이 누구인지조차 모르는 경우가 태반이다.
5   김미혜, 권금주, 임연옥. 2004. 「노인이 인지하는 '좋은 죽음 의미 연구」, 『한국사회복지

하는 좋은 죽음이란 '복 있는 죽음'으로, 고통 없이 천수를 다하며 준비된 죽음을 좋은 죽음으로 보았고, 자녀에게 부담을 주지 않고 부모 노릇을 다하며 자녀가 임종을 지켜주는 등 부모-자녀 관계의 측면도 좋은 죽음을 구성하는 핵심 요소로 나타났다. 이것은 앞서 언급한 고종명의 전통적 사상과도 일맥상통한다. 유용식이 배우자와의 사별한 노인들을 대상으로 한 연구에서도 좋은 죽음에 대한 큰 맥락에는 변화가 없었다. 그의 연구에서 좋은 죽음은 ① 편안한(고통 없는) 죽음, ② 후회 없는(준비된) 죽음, ③ 의미 있는 죽음(가족 임종 및 영적 지지), ④ 연명치료 없는 자연스러운 죽음, ⑤ 배려하는 죽음(남은 가족에게 부담이 되지 않는)으로 구성되었다.[6]

   그러나 복 있는 좋은 죽음을 소망하는 것에서도 사회경제적 격차가 존재한다. 장경은은 빈곤 여성 노인의 죽음 인식과 준비에 대한 연구를 통해 빈곤 노인들에게 죽음은 '고단한 인생살이에서 벗어남'을 의미한다고 하였다.[7] 가난과 질병(고통)으로 점철된 고생스러운 현실 자체가 죽음과 다르지 않고 미래에 대한 기대와 희망이 없어 죽음에 대하여 수용적 태도를 보였다. 또한 가족이 부재한 경우가 많아 전통적인 장례(죽음) 준비에 큰 한계를 보이고 있었다. 바라는 좋은 죽음의 모습은 일반 노인과 크게 다를 것이 없으나, 빈부의 격차에 따라 삶의 질은 물론 죽음의 질에도 큰 차이가 나타날 수 있음을 보여준다. 이것은 사회복지사들이 복지현장에서 마주하는 수많은 죽음들에서도 여실히 드러난다.[8] 학대로 인한 죽음, 고독사의 현장,

　　학』 56(2).

6　유용식. 2017. 「사별한 노인이 인식하는 좋은 죽음에 관한 현상학적 연구」, 『한국지역사회복지학』 62.

7　장경은. 2010. 「빈곤여성노인들은 어떻게 죽음을 인식하고 준비하고 있을까?」, 『한국사회복지학』 62(4).

8　김미옥. 2017. 「사회복지학에서의 죽음에 관한 응시와 성찰」, 『한국사회복지질적연구』

질병이나 궁핍을 비관하여 선택하는 자살 등 사회복지 현장과 죽음은 매우 밀접하게 연결되어 있다. 더욱이 사회복지사라는 한 인간이 감내해야 할 죽음의 무게도 크다.[9] 간간이 발견되는 고독사의 현장을 수습하는 것은 경찰과 함께 출동하는 사회복지사의 몫이 되기 십상이고, 자기가 담당했던 클라이언트가 갑자기 사망하여 충격을 받으며, 또 그 죽음을 맞는 주변인(가족)의 태도를 보며 큰 내적 갈등을 경험하기도 한다. 죽음을 성찰하고 상실이나 애도의 과정이 필요한 것은 비단 가까운 가족이나 지인뿐만 아니라 사회복지사들에게도 반드시 필요한 부분이 되고 있다. 이것은 초고령화 사회가 심화될수록 더욱 더 그러할 것이다.

4. 초고령사회를 맞는 한국 복지체계의 대응 방향
─죽음의 질과 웰다잉

한국 사회복지학계에서 비중 있게 논의되고 있는 죽음 관련 주제는 자살, 고독사, 호스피스 등이다. 스스로 삶을 포기하는 죽음(자살), 주위에 아무도 없이 쓸쓸히 맞이하는 죽음(고독사), 고통 속에서 몸부림치다 생을 마감하는 죽음(호스피스)은 모두가 피하고 싶은 모습이자, 죽음에 다다르기까지의 과정에서 극심한 삶의 질 악화가 수반된다는 공통점이 있다. 웰빙을 기반으로 하는 사회복지 패러다임에서 이러한 죽음의 모습은 죽음의 질이라는 본질적 탐구가 아니라, 여전히 살아 있는 자의 웰빙이라는 관점에서 문제 상황이 되는 것이다. 그러나 초고령화 사회에 접어드는 과정에서 사

9(1).
9 차유림. 2022. 「죽음을 접하는 사회복지사에 대한 연구 동향 분석」, 『사회과학연구』 7(2).

회복지의 패러다임도 이제 죽음 자체의 문제, 죽음의 질에 초점을 맞추어야 한다. 한국 사회복지체계(또는 복지국가)가 삶의 질을 높이는 것에 더하여 죽음의 질을 높이는 것으로 확장되어야 하는데, 이를 위해서는 몇 가지 과제가 심도 깊게 논의되어야 한다.

첫째, 죽음의 질을 측정하기 위한 척도 개발의 필요성이다. 사회과학으로서 사회복지학은 문제 상황에 대한 과학적이고 객관적인 사정을 바탕으로 개입의 방향을 모색한다. 웰다잉 기반 사회복지 패러다임 정착을 위해서는 사람들이 맞게 되는 죽음의 질(quality of death)에 분석과 개입의 초점을 맞출 필요가 있다. 신양준 등은 호스피스·완화의료 이용자의 삶의 질 및 죽음의 질을 측정하는 체계적 문헌 고찰을 진행하면서, 삶의 질은 이용자를 대상으로, 죽음의 질은 환자 사망 후 제3자를 통해 측정하고 있음을 밝혔다.[10] 여기에서 필자가 주목한 것은 죽음의 질을 측정하고자 한 두 편의 연구이다. 패트릭(외)[11]은 미국에서 증상 및 개별 치료, 죽음에 대한 준비, 죽음의 순간, 가족과의 시간, 치료 선호, 전인적 관심 등 6개 영역의 31개 문항으로 죽음의 질(Quality of Dying and Death, QODD)을 측정하였다.[12] 미야시타 등[13]은 우리보다 앞서 초고령사회를 경험하고 있는 일본의 사례로서, 죽음의 질을 측정하기 위해 육체적·심리적 편안함, 선호하는 곳에서

10 신양준, 김진희, 김희년, 신영전. 2023. 「호스피스·완화의료 이용자의 삶과 죽음의 질에 영향을 미치는 요인에 대한 체계적 문헌고찰」, 『보건사회연구』 43(3).

11 Patrick, D. L., Engelberg, R. A. & Curtis, J. R. 2001. Evaluating the quality of dying and death. *Journal of pain and symptom management,* 22(3).

12 Patrick, D. L., Engelberg, R. A. & Curtis, J. R.. 2001. Evaluating the quality of dying and death. *Journal of pain and symptom management* 22(3).

13 Miyashita, M., Morita, T., Sato, K., Hirai, K., Shima, Y., & Uchitomi, Y.. 2008. Good death inventory: a measure for evaluating good death from the bereaved family member's perspective. *Journal of pain and symptom management,* 35(5).

의 임종 등 18개 영역(54문항)으로 구성된 Good Death Inventory 척도를 개발하였다.[14] 초고령사회를 앞둔 우리나라에서도 한국인의 죽음의 질을 측정하는 도구의 개발이 시급하다. 한국인의 죽음의 질에 대한 현상 진단, 그리고 죽음의 질에서 나타난 격차와 불평등이 분석될 수 있어야, 죽음의 질을 높이기 위한 정책과 실천 모형 개발이 가능하기 때문이다.

둘째, 죽음의 질과 관련된 자기결정권의 문제를 깊이 있게 논의하고 사회적 대화와 타협을 모색하는 것이다. 복지국가는 삶의 질과 행복을 증진시키는 것을 목표로 하며 삶의 과정에서 인간의 자기결정권을 인정하고 있다. 그러나 삶의 마지막이 다가올수록 타인과 의료체계에 의존하는 부분이 커지고, 자기결정권은 점점 축소되는 상황을 맞게 된다. 사전연명의료의향제도는 스스로 의사를 표시할 수 없는 임종 단계에서도 본인의 자기결정권을 존중하기 위한 장치이다. 이 제도는 큰 거부감 없이 우리 사회에 정착되고 있지만, 좀 더 적극적 의미의 자기결정권의 경우 그 사정이 사뭇 다르다. 최근 언론에서 70년을 해로한 네덜란드 전 총리가 평생을 함께 한 동갑내기 배우자와 함께 안락사를 선택한 사실을 보도하였다.(《조선일보》 2024.2.12) 고통 속에 삶을 이어가는 환자들이 많아질수록 안락사를 둘러싼 자기결정권 문제는 더욱 격한 사회적 논쟁을 불러올 것이다. 또한 임종 장소를 둘러싼 갈등과 자기결정권도 논의될 필요가 있다. 본인의 의사와 무관하게 의료기관으로 옮겨져 임종을 맞이하는 상황에서, 스스로 죽을 장소를 정하는 문제도 중요한 자기결정권의 영역이 될 가능성이 크기 때문이다.

셋째, 존엄한 죽음을 사회적 의제로 공론화하는 것이다. 삶의 과정에서

---

14 Miyashita, M., Morita, T., Sato, K., Hirai, K., Shima, Y., & Uchitomi, Y.. 2008. Good death inventory: a measure for evaluating good death from the bereaved family member's perspective. *Journal of pain and symptom management* 35(5).

인간의 존엄성을 지키는 것은 현대 국가의 핵심적인 정책 목표이지만, 죽음의 과정에서는 이 절대불변의 원칙이 지켜지기가 쉽지 않다. 극심한 통증은 인간의 존엄성을 무너뜨리는 근본 요소이다. WHO는 고통 없는 죽음을 인간이 누려야 할 당연한 권리로 강조하면서 모르핀과 같은 마약성 진통제의 사용을 죽음의 질을 판단하는 중요한 지표로 설정한 바 있다.[15] 또한 와상 상태에서 배변과 영양 등 기본적 일상생활을 전혀 수행할 수 없을 때에도 인간의 존엄성이 위협받는다. 이렇게 의학적으로 호전을 기대할 수 없어 장기요양의 상태로 넘어가면 웰빙보다는 웰다잉에 신경 써야 할 단계가 되므로, 삶의 마지막을 존엄하게 마무리할 수 있도록 요양의 질적 기준을 수립하는 것이 필요하다. 무엇보다, 존엄한 죽음과 그렇지 못한 죽음 등 죽음의 질 격차 문제에 대응하기 위한 정책의제를 개발하는 것이 중요하다. 삶의 질 격차가 죽음의 질 격차로 이어지지 않도록, 그래서 복지국가가 명실상부하게 '요람에서 무덤까지' 모두에게 인간의 존엄성을 보장할 수 있도록 방향을 잡아야 한다.

---

15 우리나라는 2010년 이후 마약성 진통제의 접근성이 크게 개선되어 2015년 기준 죽음의 질이 80개국 중 18위로 올라섰으나(The Economist, The 2015 Quality of Death Index), 이것은 외래의 근골격계 질환자에게 집중적으로 처방되었기 때문이었다.(박종철. 2022. 앞의 『나는 친절한 죽음을 원한다』)

다나카 유키(田中有紀)

한국이 진입한 초고령화 사회는 세 가지 문제를 야기한다. 먼저 소득 차이에 따라 죽음의 질에 격차가 나타날 가능성, 한국 노인의 높은 빈곤율, 그리고 국가와 사회의 부담이 증가한다는 것이다. 복지국가의 길을 걸어온 한국은 국가적 차원의 공동목표(발전/근대화 패러다임)에서 개인적 차원의 행복추구(Well-being 패러다임)로 가치관을 전환하면서 국민들의 객관적 복지(Well-being) 수준은 향상되어 왔다. 그러나 필자는 "국민은 과거보다 더 행복한가?"라고 반문한다. 복지국가의 혜택을 받는 수동적인 시민에서 벗어나 스스로 삶을 결정하고, 타인을 돕고, 공공영역에 적극적으로 참여하는 시민을 추구해야 한다. 유교적 '고종명(考終命)'처럼 인간은 마지막 단계에서도 행복을 누려야 하지만, 지금은 장기 요양 후 병원에서 임종을 맞이하는 것이 표준이 되었다. 이는 바람직한 임종의 모습과는 다르다. 또한 애초에 빈곤 노인에게 죽음은 '고단한 삶에서 벗어나는 것'에 불과하고, 경제적 격차가 존재하기 때문에 사회복지 현장과 죽음은 매우 밀접하게 연관되어 있다.

죽음의 질을 높이기 위해 필요한 것은 첫째, 죽음의 질을 측정하는 척도를 개발하는 것이다. 이를 통해 죽음의 질에 나타난 격차와 불평등을 분석할 수 있을 것이다. 둘째, 죽음의 질에 대한 자기결정권 문제를 심도 있게 논의하는 것이다. 셋째, 존엄한 죽음을 사회적 의제로 공론화하여 죽음의 질 격차 문제에 대응하는 정책 의제를 개발하는 것이다.

김 선생님의 논문은 한국의 복지사회로서의 현황을 상세히 소개하고, 임종에 관한 전통적 가치관도 고려하면서 이 시대에 필요한 죽음의 방식, 특히 죽음의 질이라는 개념을 키워드로 하여 현재 우리가 취해야 할 방법에 대해 상당히 구체적인 제안을 하고 있는 중요한 논문이라고 생각했습니다. 이어서 질문을 드리겠습니다. 저는 특히 죽음의 질을 측정하는 척도 문제에 관심을 가졌습니다.

첫 번째 질문입니다. 논문에서 인용하신 두 가지 척도, 미국의 Quality of Dying and Death(QODD)와 일본의 Good Death Inventory는 각각 어떤 특징이 있나요? 미국과 일본에서는 양질의 죽음이 무엇인지에 대한 사람들의 생각에 차이가 있을까요?

두 번째 질문입니다. 한국인의 죽음의 질을 분석하기 위해서는 어떤 척도를 사용해야 할까요? 미국이나 일본과 기본적으로 같은 척도로 분석해도 문제가 없을까요?

세 번째 질문입니다. '죽음의 질'을 측정하려고 하면 필연적으로 사후에 제3자에게 질문을 하게 되는데, 위의 두 연구도 제3자에게 질문을 통해 척도를 측정한 것으로 이해해도 무방할까요? 경제적으로 어려운 분의 경우 가족도 없이 고독사하는 경우나 학대 사망의 경우 가족이 있다고 해도 믿을 수 없을 것 같은데, 어떻게 질문을 하고 있는지 궁금합니다.

김진욱

다나카 유키 선생님의 유익한 논평에 깊이 감사드립니다. 선생님의 질문에 대한 답을 간단히 정리하고자 합니다.

첫째, 일본과 미국의 척도의 기본 내용은 크게 다르지 않다고 생각합니다. 일본 GDI 척도는 열 가지의 핵심 영역과 여덟 가지의 선택적 영역으로 구성되어 있습니다. 핵심 영역은 환경적·육체적·심리적 편안함, 삶의 완결, 원하는 곳에서의 임종, 타인에게 폐가 되지 않는 것, 가족 및 의료진과의 관계를 포함합니다. 미국 QODD 척도는 증상 및 돌봄, 죽음에 대한 준비, 죽음의 순간, 가족과의 시간, 치료 선호, 전인적 관심 등 6개 영역으로 이루어져 있습니다. 조금 더 자세히 척도의 내용을 살펴본다면 차이가 없지는 않으나, 사람들이 원하는 죽음의 모습에 대한 공통점이 더 많다고 생각합니다.

둘째, 한국인의 죽음의 질을 분석하기 위한 척도는 따로 개발되어야 한다고 생각합니다. 물론 위에서 언급한 일본과 미국의 척도가 중요한 참고자료가 되겠지만, 한국의 문화를 반영한다고 볼 수 없기 때문입니다. 예를 들어 한국에서는 배우자와의 관계 이상으로 부모-자녀 관계가 중요하다고 생각합니다. 한국 노인들이 생각하는 좋은 죽음의 모습에는 자녀에게 부담을 지우지 않는 것이 매우 중요한 요소로 지적되었습니다. 미세하지만 이러한 문화적 차이를 반영하는 것이 필요합니다.

셋째, 좋은 죽음을 측정하려는 척도들은 크게 죽음을 앞둔 사람들의 '삶의 질'을 측정하거나, 망자의 사후에 제3자를 대상으로 '죽음의 질'을 측정하는 것으로 나뉩니다. 말씀하신 것처럼 죽음의 질은 필연적으로 제3자, 즉 임종 직전에 돌봄을 담당했던 분들을 대상으로 측정합니다. 고독사나 학대에 의한 사망의 경우 임종 직전 돌봄을 받았다고 볼 수 없어서 제3자에 의한 측정이 가능할 것 같지 않습니다. 이러한 비극적인 죽음은 죽음의 질이 가장 떨어져 있는 상태라고 말씀드릴 수 있어서, 따로 측정이 필요할까 하는 생각도 하게 됩니다.

이상으로 답변을 마치며, 다시 한번 귀중한 논평에 감사드립니다.

암 경험을 통해 이야기하는 웰다잉[*]

가마타 도지(鎌田東二)

[*] 「제140회 함께 공공하는 쟁명개신미학을 함께 디자인하는 워크숍 발표 (2024년 2월 6일)」, 2. 「鎌田東二 씨, 암과 마주하는 '신화와 시'(『日本経済新聞』(전자판), 2023년 8월 4일)」, '여생을 걱정할 겨를이 없다', '그리프케어의 전문가가 4기 암진단을 받고'(『婦人公論』 2023년 9월호 특집 〈힘들이지 않고 후회없이 자기답게〉 이상적인 '삶의 마무리').

1. 제140회 함께 공공(公共)하는 생명개신미학(生命開新美学)을 함께 디자인하는 워크숍[1]

사회자: 시간이 되었습니다. 오늘은 제140회 함께 공공하는 미학을 함께 디자인하는 워크숍을 몇 주 전부터 준비했습니다.

3월에 동북대학교에서 열릴 예정인데, 한국의 가톨릭 계열의 유명한 대학인 서강대학교와 동북대학교가 공동으로 주최한다고 합니다. '초고령사회에서의 웰에이징과 웰다잉'이라는 주제로 진행되는데, 그 준비라는 의미에서 이 워크숍을 3월에 있을 회의까지 그 준비로 삼자는 취지로 진행하고 있습니다. 그래서 오늘은 가마타 도지 선생님의 말씀을 듣고, 그것을 바탕으로 그 회의 준비를 위한 대화를 나누고자 합니다.

가마타 선생님에 관해서는 더 이상 소개할 필요가 없을 것 같습니다만, 다시 한번 말씀 드리겠습니다. 지금 가마타 선생님이 잠시 자리를 비우셔서 그동안에…. 이게 아마 가마타 선생님이 가장 새로운 소식이 될 것 같은데, 방금 보내주셔서 일주일 전쯤에 도착한 이 사진전, 현장 작업의 기록이라고 하네요. 가마타 선생님이 이번에 참고자료로 보내주신 잡지, 신문 기사에 나와 있듯이 2022년인가요, 암이 발병했다고 하네요. 2022년 12월에.

---

1   2024년 2월 6일, YOU TUBE 동영상 링크(한국어 자막):https://www.youtube.com/watch?v=WgDs9SH7frw

그것이 벌써 심각한 단계가 되었다고 하네요. 이 사진집, 현장 작업의 기록은 기본적으로 가마타 선생님이 암에 걸렸다는 것을 알고 나서, 일본 각지에서 이러한 현장 작업, 사진전이 이루어졌다는, 정말 감동적인 기록이 될 것입니다. 이 책에 기록된 그대로입니다. 작년 12월, 지금부터 한 달 전쯤에 암이 뇌로 전이된 것을 알게 되었다고 합니다. 오늘은 그 힘든 와중에도 이야기를 들려주시는 거죠. 선생님, 그럼 이야기를 시작하겠습니까?

가마타: 네, 알겠습니다. 몇 분 정도 하면 되나요?

사회자: 30분 정도로 생각하고 있습니다.

가마타: 네, 알겠습니다. 시간이 되면 말씀해 주세요. 그 시점에서 제 얘기는 그만하고, 나머지는 여러분과 함께 토론을 하면서 논의할 수 있으면 좋겠어요. 큰 흐름에 대해 충분히 이해하지 못했습니다만, 웰빙과 웰다잉에 대해….

사회자: 웰에이징과 웰다잉이요….

가마타: 웰에이징과 웰다잉이라고 하는 것이죠. 바로 저 자신이 지난 3년 동안, 지난번에 말씀드린 게 3년 전인가, 2년 전인가, 이 미학 프로그램의 하나로서 한국 분들과 함께 온라인을 통하여 연구회를 했을 때요, 그것도 아직 코로나가 한창이어서 대면으로 할 수 없는 상황이었죠. 여름이었는데, 2021년이었나…?

사회자: 2022년 7월이에요.

가마타: 그럼 2년 전이네요. 좀 더 정확하게는 1년 반 전. 거기서 오오쿠니누시(大国主)에 대해서 이야기했는데, 그 오오쿠니누시 이야기를 꺼냈을 때만 해도 제 암이 아직 발견되지 않았어요. 암이 발견된 게 2022년 12월 16일이니까요. 아무튼 오오쿠니누시에 대해 이야기를 한 후 여름이 끝나고 가을이 되자 배가 엄청나게 빙글빙글 돌면서 식중독인가 싶을 정도로

배가 아팠어요. 배가 빙글빙글 도는 것이 계기가 되어, 그것이 빙글빙글 돌고 멈추지 않아서 여러 번 병원에 가서 검사를 받았지만, 혈액 검사나 위내시경 검사 등에서는 전혀 이상이 발견되지 않아 '이상하다, 이건 어떻게 생각해도 뭔가 원인이 있겠구나'라고 생각했습니다.

그리고 주치의의 소개로 이 지역에서 가장 큰 민간 종합병원이 일본 침례병원이라는 개신교계 병원이라서, 그곳으로 갔습니다. 그랬더니 '잘 모르겠지만, CT 검사를 받아볼까요'라고 하였습니다. 제가 그때 병원엘 저녁에 갔는데, '오늘은 CT를 찍을 시간이 없다'고 하더라고요. 그런데 그때 제가 바로 그다음 날 도쿄로 가서 라이브 공연 준비를 해야 할 형편이었어요. 제가 참여하는 5인조 밴드에서 발매한 〈절대절명〉이라는 제3집 앨범의 라이브 리허설이 2월 17일, 본 공연이 2월 18일로 잡혀 있었거든요.

그래서 제가 '오늘 할 수 있다면 오늘 하자'고 했어요. 운 좋게도 그날 CT 검사를 받을 수 있었어요. CT 촬영 후에 의사가 사진을 돌려보는 시간이 있었고, 그리고 진료실로 불려가서 검사실로 향했을 때, 의사는 '2기인가, 3기인가…'라는 식으로 말했죠. 그때의 제 느낌은 이 책에도 썼으니 자세한 내용은 이 두 권의 책을 읽어 보시면 되겠습니다.

한 권은 춘추사에서 낸 『슬픔과 돌봄의 신화론-스사노오, 오오쿠니누시(悲嘆とケアの神話論-須佐之男・大国主)』이고, 또 한 권은 작년 7월에 낸 7번째 시집 『생명의 귀향』입니다. 이 두 권의 책 뒷부분에 암에 걸린 후의 제 사정을 꽤 자세히 썼으니 참고해 주시면 좋겠습니다.

아무튼 그때 그런 일을 당하면서, '이건 어떻게 해야 하나'라고 생각했죠. 왜 그런 생각이 들었냐 하면, 의사 선생님의 처방이 "소장이 이미 빵빵하게 부풀어 올랐어요. 언제 장폐색이 될지 모릅니다. 장폐색이 되면 소장이 파열됩니다. 이대로 가면 파열될 겁니다. 이대로 가다가 이대로가다 가열되면 배를 가르고 그 찌꺼기라고 할까, 소화물을 다 빼내는 수술이 굉장히 힘들어지기 때문에 그렇게 되지 않도록 조심해야 합니다. 그래서 음식은 유동식 외에는 먹지 말아야 합니다. 고형물은 먹지 마세요. 그리고 격렬한 운동은 하지 마세요. 절대안정을 취한 상태에서 수술 준비 기간을 보내라"는 것이었어요.

그런데 다음날 도쿄 나카노에서 리허설이 있었고, 그다음 날도 쿄히몬야에서 50명을 모아 '절대절명'이라는 제목의 라이브를 해야 했어요. 5인조 밴드로 15곡을 2시간 동안 노래하는 거였어요. 이미 모든 준비는 끝나 있는 공연이었어요.

이걸 할 건지 말 건지 그 자리에서 스스로 판단해야 했습니다. 그래서 그때 '내가 죽어도 좋으니까 공연을 하겠다'고 결심을 했습니다. 장폐색으로 구급차에 실려 가서 배를 가르고 메스를 대는 힘든 수술이 되더라도, 라이브를 완수하고 거기서 죽어도 좋다'고, 완수하고 싶다는 굉장히 강렬한 사명감이라고 할까, 용기라고 할까 그런 것이 생겼어요. 사명감도 물론 있었지만, 용기가 생겼어요.

용기를 내서 도쿄에 가서 리허설을 했어요. 그때 밴드 멤버들에게 "사실 어제 암 3기 정도라는 진단을 받았어요. 그래서 장폐색이 될지도 모르지만, 쓰러지면 쓰러졌을 때의 일은 어쩔 수 없으니까 다들 그 점만 기억해 둬요."라고 말했고, 그렇게 실행에 옮겼어요, 다음날 공연을.

그건 좀, 저에게는 어떤 의미에서 기괴한 시간이었고, 아마 여러분은 모르실테니까, 그런 자신의 위기감이라고 할까, 각오라는 것은 여러분은 모르시니까 잘 몰랐을 거라고 생각합니다만, 하지만 라이브 공연은 완벽하게 할 수 있었어요.

나름대로 '이걸 하면 더 이상 후회 할 일이 없겠구나'라고 생각하며 돌아왔습니다. 돌아올 때도 신칸센으로 돌아올 때, 고야에서 정전되어서 선 채로 교토까지 계속 기타나 무거운 소라고둥이나 돌피리 같은 것을 가지고 갔기 때문에 정말 힘들었지만, 그렇게 공연을 마치고 왔습니다.

저에게 있어서 첫 번째로 죽음을 향한 한 걸음, 웰다잉의 한 걸음이었어요. 서막이라고 할까요. 집에 돌아온 그 다음 날 응급 입원을 하라고 하더군요. 1차 응급 입원으로 내시경 카메라를 넣고, 내시경으로 실제 암의 상태를 보겠다고 했습니다. 그리고 그 내시경을 보고 필요에 따라 절제할 수 있는 상태라면 어느 정도 절제하겠다고 했습니다.

내시경을 한 결과 용종 같은 것이 몇 개 있어서 다음 날인 12월 19일에 용종을 몇 개 떼어냈는데, 검사 결과로는 상행 결장암이라고 해서 소장과 대장이 만나는 곳에 상당히 큰 대장암으로 증식해 있었습니다. 그래서 그곳이 막혀서 소화가 안 되니까 소장이 빵빵하게 부어올라 언제 장폐색이 올지 모르는 상태가 되어 있었습니다.

그래서 50센티미터, 거의 상행결장이라고 하는 오른쪽 장의 세로로 50센티미터 정도 되는 부분을 전부 적출하게 되었습니다. 옆으로 흐르는 것은 횡행결장, 왼쪽으로 흐르는 것은 하행결장이라고 합니다. 크게 상행결장, 횡행결장, 하행결장이라는 것은 장이 둥글게 배를 이렇게 둘러싸고 있다고 합니다. 림프절에도 전이됐을 가능성이 높기 때문에 림프선, 림프절도 절제하는 수술을 2023년 1월 11일, 그날이 가장 빨리 수술할 수 있는 날이어서 그날 수술할 예정이라고 했습니다.

'111(좋은 위)', 저는 같은 수를 좋아하기 때문에 의사에게 "좋은 위(111)의 날로 만들어 달라"고 부탁을 드렸고, 외과의사인 키노시타 씨라는 부원장이 제 수술을 담당해 주었습니다. 그 후로는 『생명의 귀향』에 쓴 대로, 일단 절제 수술은 성공적이었습니다. 하지만 그 후 회복 과정에서 합병증이 생겼습니다. 합병증은 유즙복수(乳糜腹水)라는 것으로, 한마디로 지방이 흡수되지 않고 새어 나오는 상태가 되어서 이것을 새지 않는 상태로 만들어야 퇴원할 수 있다는, 즉 일상생활을 무사히 할 수 있다는 것이었습니다. 이를 치료하기 위한 요법이 힘들어서, 보통은 일주일 금식요법으로 모든 환자가 다 낫는데, 저는 단식을 했는데도 낫지 않았습니다. 그리고 2주차에 접어들었습니다. 2주일이 지나도 낫지 않았는데, 2주차에 접어들면서 혈압을 낮추기 위한 또 다른 기구를 하나 더 달고, 링거 두 개, 큰 튜브 같은 거, 그런 기구를 들고 다녔습니다.

화장실에 갈 때도 그런 기구를 두 개씩 가지고 가야 하니까 일일이 전원을 끄고 켜고 하는 게 힘들었습니다. 그때 저는 그 수술의 2단계라고 할까, 더 심각한 상태로 "만약 그 유즙복수가 2주 금식 요법으로 나아지지 않으면 어떻게 하나요?"라고 물었더니, "다시 한번 개복 수술, 배를 열고 연결해야 합니다. 다시 수술해야 하고, 봉합도 해야 합니다"라고 하는 말을 듣고, 그때 처음으로 죽음을 더 강하게 의식하게 되었습니다.

그건 뭐랄까, 어떤 마음이었을까요…. 죽는다는 것 자체에 대한 두려움은 그전에도 그 이후에도 전혀 없었고 오히려 감사한 마음뿐이었지만, 체력이 안 되겠다는 생각이 들었죠. 결국 QOL(Quality of Life)이라는 것은 그 사람의 컨디션과 체력 여부에 따라 크게 달라지니까요.

나에게 중요한 것은 수명보다 그 사이의 QOL이었습니다. 그 어떤 삶의 시간을 보낼 수 있는가. 바로 웰다잉의 시간이죠, QOL 시간. 그 죽을 때까지 살아 있는 시간의 QOL을 어느 정도 보장하기 위해서는 일상생활 활동(Activity of Daily Life ADL), 요컨대 신체 기능의 일정한 확보라는 것은 어떤 의미에서 필수 조건이 됩니다. 예를 들어, 걸을 수 있다든가, 일어설 수 있다든가, 밥을 스스로 먹을 수 있다든가…. 그런 ADL 상태를 일상생활 상태를 유지할 수 있을 정도로 회복하기 위해서는 유즙 분비물 문제를 거의 완벽하게 치료해야 합니다.

하지만 회복 후 약 한 달 동안 단식을 계속해야 하는데, 이건 정말 체력이 버틸 수 없을지도 모른다는 생각이 들었어요. 그때부터 죽음이 더 가깝게 느껴졌어요. 어느 쪽으로 갈지 스스로도 확신할 수 없었고, 의사를 믿는다는 강한 마음도 없었습니다. 물론 신을 믿는 마음은 내 안에 강하게 있었지만, 그렇다고 해서 낫는다는 보장은 어디에도 없으니까요. 이제 맡길 수밖에 없다, 하늘의 운에 맡길 수밖에 없다는 느낌이었죠. 맡기는 마음으로 지낼 수밖에 없었어요. 그러다가 2주째 되던 날, 그때까지 하얗던 배액, 즉 유즙이라는 지방이 새어나오는 것이 점점, 점점 투명한 소변의 혈색, 대체로 옅은 갈색이었는데, 갈색으로 변해 갔어요. 유즙 복수가 낫는 것 같았어요. 입원한 지 한 달 만에, 그해(2023) 2월 6일에 퇴원할 수 있었어요.

그리고 그 사이에, 이것은 제게 있어서는 3단계라고 할 수 있는데요, 단식 요법을 할 때 심포지엄을 온라인으로 하거나, 도시샤 대학에서 하는 심포지엄에 참가하거나, 조치 대학 슬픔 케어 연구소의 '영적 돌봄과 예술'이라는 수업을 두 번 온라인으로 하는 등, 일상생활에서 자신의 QOL이나 필요한 업무는 온라인으로 할 수 있었습니다. 단식 치료 중에도… 목소리가 안 나올까봐 걱정했는데, 막상 수업이 시작되면 제법 괜찮은 목소리가 나와서 다들 '건강해서 안심했어요'라고 얘기해 주는 그런 분위기였어요. 그건 평소에 수업을 하거나 노래를 부르면서 목을 단련하고, 목소리를 내는, 발성을 나름대로 해 온, 일종의 레슨의 덕분인 것 같다는 생각도 듭니다.

그리고 그 과정에서 2023년 1월 17일, 즉 한신 아와지 대지진이 일어난 1월 17일 새벽에, 병원에 있으면 잠을 잘 수밖에 없으니까, 빨리 자고 빨리 일어나서, 4시 정도에 일어났어요.

5시 46분이 한신 아와지 대지진이 발발한 시간대인데요, 바로 그 한 시간 정도 전에 아리가도우사(ありがとう寺) 주지이자 히로시마 대학 명예교수인 마치다 소호(町田宗鳳) 씨로부터 메일이 왔어요. 마치다 소호 선생님의 메일 내용은 제 몸을 매우 걱정하며 "이번 기회에 3년 정도 쉬고, 더 이상 밖에 나가지 마세요. 가마타 씨, 이제부터는 이런 저런 활동은 그만하고, 정말 선인처럼 칩거하는 게 어떨까요?"라고 제 몸을 걱정하는 메일을 보내 주셨어요. 저는 뭐랄까, 대단하달까, 그런 반응을 보였어요. 그 메일을 받자마자 이런 시를 썼어요. 그게 이번 7번째 시집 『생명의 귀향』의 첫 번째 시입니다.

손끝에 닿다

손끝으로 말하다
죽음의 시기를 깨닫게 하소서

맑은 달 기울어지는 대문자

암자는 썩어 가고 풀만 무성하다
천성인어(天声人語)는 들리지만
오직 한결같이 열려 있는 샛별
잘 짜인 엉터리
잘 짜인 엉터리

해월의 섬은 금방이라도 가라앉을 것 같다.

최후의 포효를 하고 있다

오 오 오 오 오 오

향락도 칼로 달려가는 새들 같은 해안의 힘으로 이 배를 갈라 바위문을 열어라 꿈의 견우성(彦星)을 낳아라 꿈의 공주별을 낳아라

천상의 목소리를 들려주어도
광천통곡(狂天慟地)의 한가운데를 걷다

2023년 1월 17일 오후 5시 46분
한신 대지진이 일어난 시간에 다이몬지산을 올려다보며 기록

　침례병원 병실에서 오른쪽으로 침대에서 다이몬지산(大文字山)이 보입니다. 다이몬지산에는 구카이(空海)가 기도했다는 암자, 법당이 있습니다. 거기서 '노우마사무스만다바다라단….' 불명왕의 진언 같은 걸 외우고요.
　마치다 씨는 제 몸을 많이 걱정해 주시고, '천천히 쉬세요'라고 말씀해 주셨는데, 저는 그런 마음이 전혀 들지 않았어요. 아니, '이제 죽어도 좋으니 내가 좋아하는 활동을 하다가 죽고 싶다.' 그냥 그것, 그 일념뿐이었습니다. 그래서 '이 배를 갈라 바위문을 열어라'라는 말은 그때의 제 참된 영혼의 목소리라고 생각해요.
　그리고 그다음에는 무엇을 할 것인가. 바위문을 열고 '꿈의 견우성(彦星)을 낳아라', 즉 이 암문(巖門)을 열어 세상에 이렇게, 빛을 가져오는 거예요. 천태종 식으로 말하자면 '한구석을 밝히는, 국보를 낳는다'는 뜻이군요. 사

이쵸(最澄) 씨의 원(願)이라면, '꿈의 공주별을 낳아라'에서 '천성인어(天声人語)는 듣게 하지만' 이것은, 즉 마치다 소호(町田宗鳳) 씨의 메일을 말합니다.

즉, 이것은 하늘의 목소리이자 사람의 목소리였던 것이죠. 당신은 이제 충분히 일했으니까, 충분히 쉬고 가라는 말이지요. 그렇지만 마치다 씨, 저는 완전 부정은 아니지만 그렇게 생각하지 않아요. 왜 아니냐 하면, 내가 살아온 것은 쉬기 위해 살아온 것이 아니라, 무언가를, 사명을 이 시대에, 이 일본에 전달해야 한다는 일념으로 이렇게 살아왔기 때문이에요.

그 한 가지 소원이 시인으로서 자리매김하는 일입니다. 그 소원을 향한 노력이 최근 4~5년 사이에 세 권의 시집을 내게 했어요. 2018년에 첫 번째 시집 『상생의 시축』을 냈습니다. 두 번째 시집은 『몽통분만(夢通分娩)』입니다. 세 번째 시집은 2019년 9월 1일, 간토 대지진이 일어난 날에 『광천통지(狂天慟地)』라는 시집을 냈습니다. 이 『광천통지』에서, 지금 마지막으로 손 끝으로 이어진다는 시 속의 '광천통지(狂天慟地)의 한가운데로 간다'는 것은 한마디로 하늘이 미쳐서 땅이 떨고 있는 상황이지 않습니까.

이미 헤이세이(平成) 이후 30년 넘게 그런 생각을 계속해 왔기 때문에 이 시대에 더 이상 여유롭게 쉬고 싶다는 생각을 할 수 없을 것 같아요. 왠지 그 『광천통지』 속에서 나무를 심든 시를 쓰든 뭐든 상관없지만, 뭔가 해야 한다는 일념으로 지내 왔습니다. 이미 지구가 이상해졌다는 것은 누구나 알고 있지만, 저는 이 세 번째 시집 『광천통지』에서 〈여러분 날씨는 죽었습니다〉라는 시를 썼어요. 이 〈여러분 날씨는 죽었습니다〉는 두 편(〈여러분 날씨는 죽었습니다〉, 〈여러분 날씨는 죽었습니다 2〉)으로 구성되어 있습니다. 그걸 시집으로 내고, 나머지는 음유시인으로서 노래를 부르거나 시를 낭송하면서 헤매고 다녔어요.

그리고 정년이 되어, 71세에 정년퇴직을 하고, 조치 대학을 그만두었습니다. 그리고 이제 자유롭게 여기저기 돌아다닐 수 있겠구나 하는 상황에서 〈절대절명〉이라는 세 번째 앨범을 내고 첫 번째 '레코발라이브'를 하기 직전에 암이 발견되었어요.

그래서 저는 '암유시인(癌遊詩人)'이라는 이름을 걸고, 그때까지는 음유시인으로 자칭하며 활동했지만, 암 발병 이후로는 '암유시인'으로 자처하며 현재에 이르고 있습니다. 그것이 지난 2년 반 동안의 저의 웰다잉이자 동시에 웰에이징이기도 한 여정입니다.

저는 웰에이징에 관심이 많은 것은 아닙니다. 그것은 그냥 그대로 내버려 둘 수밖에 없다고 생각합니다. 저는 교토대학의 종교철학자 우에다 시즈테루(上田閑照) 씨가 말한 이 말에서 많은 영감을 받았기 때문에 이런 식으로 생각해 보고 싶습니다.

우에다 시즈테루 씨와 가와이하 야오 씨가 나눈 대담에서 아이와 노인의 관계에 대해 두 사람이 서로 생각을 주고받았어요. 융은 노현자(老賢者) 원형(原型)과 동자(童子) 원형, 혹은 동자와 노인이라는 것은 둘 다 심적 표상, 상징 같은 것을 담당하고 있다고 했습니다.

저는 그것을 1988년부터 '옹동론(翁童論)'이라는 형태로 지금까지 4부작을 발표해 왔습니다. 일본 문화 속에서의 아이와 노인의 신화, 전승문화가 어떤 형태인가를 파헤치면서 아이와 노인의 관계를 다시 한번 인간 존재론으로 생각해야 한다는 문제제기를 해 왔습니다.

그런 맥락에서 물론 융의 생각도 잘 알지만, 저에게는 더 절실하게 공감할 수 있었던 것은 우에다 시즈테루 씨의 다음과 같은 말입니다.

우에다 씨는 "인간은 누구나 두 명의 자녀를 가지고 있다. 두 아이와 함께 살아간다. 앞의 아이와 뒤의 아이다. 앞의 아이는 나이에 걸맞게 늙어간다. 주름이 생기고, 흰머리가 생기고, 이가 빠지기도 한다. 하지만 뒤의 아이는 변하지 않는다. 계속 아이로 남는다"고 했어요.

나도 지금에 이르러서야 그 말이 맞다는 것을 실감합니다. 표면적으로는 확실히 늙어 가고 있어요. 나이를 먹어 가고 있어요. 하지만 내면의 아이라고 할까, 마음속 깊은 곳의 나는 여전히 어린아이로 남아 있습니다. 노화되지 않은 내가 있어요. 이 노화되지 않은 부분을 저는 영성의 가장 근본에 있는 것이라고 생각하기 때문에, 이 부분을 살아간다는 것이 우에다 씨의 이 발언을 듣고 더욱 구체적으로, 변하지 않는 나를, 어린아이 같은 나를 어떻게 살아갈 수 있을까, 그것이 스사노오가 되고 오쿠니누시로도 연결되는 거죠.

일본 신화의 맥락에서 말하자면, 이즈모라는 곳에 있는 신화 전승의 세계라고 할 수 있습니다. 앞의 문화는 다카마가하라(高天原)에서 천황가로 전해져 내려오는 문화이지만, 뒤의 신도(神道)라는 것은 노인이 되기도 하고, 어린아이가 되기도 하는 그런 맥락을, 그런 생명의 숨결이라는 것을 살아가면서 그 안에 노래, 시가 있거나 혹은 예능이 있어요. 그런 세계를 자신의 신도 신학으로, 신도론으로 살다가 죽는 겁니다. 그런 생각으로 살아왔고, 지금도 그것을 현재 진행형으로 하고 있는 중입니다.

이를 몇 가지 구체적으로 실천하고 있어요. 가장 최근의 사례인데요, 어제 제가 혼자 진행하는 온라인 강의에서 나가야마 노리히오의 『무지의 눈물』이라는 책을 다뤘어요. 연쇄 살인범에 대한 이야기인데요. 그런 것을 매일매일 밤마다 혼자서 강의를 하고 노래를 부르는 줌 강의, 1월 2일부터 53번의 줌 강의를 하고, 그것을 유튜브에 올려서 누구나 자유롭게 볼 수 있도록 하고 있습니다. 이건 지금 현재 제가 밖에 자유롭게 돌아다닐 수 없는 상황이라서 하는 거죠. 뇌에 4기암이 전이돼서 연말에 방사선 치료를 받았어요. 게다가 재발해서요. 더 확대되어서 폐, 림프, 간 등으로 그 영향이 확장되어서 퍼져나갔어요. 그걸 어떻게 할 것인가 하는 항암제 치료 2라운드에 접어들었습니다. 이제 여기저기 자유롭게 돌아다닐 수도 없는 상황이 되어 가고 있기 때문에 방금 말씀드린 줌(zoom)을 이용한 나만의 1인 대학, Independent University, '교토재미대학'이라는 것을 만들어서 혼자서 수업을 하고 기록을 쌓아가는 일을 현재 하고 있습니다. 그것이 제가 말씀드릴 수 있는 웰다잉의 모습이라고 할 수 있습니다. 이상입니다.

사회자: 네, 감사합니다. 가마타 선생님, 정말 감사합니다. 지금까지 들으신 대로 가마타 선생님은 지금 웰다잉, 웰에이징, 그것을 정말 실천하고 계신 것 같습니다. 그 실천의 내용을 지금 말씀해 주셨어요. 물론 그 실천은 가마타 선생님의 지금까지의 신도신학, 이 이론에 의해 뒷받침되고 있는 것이지요. 우리는 웰에이징, 웰다잉을 실제로 실천하고 있는 가마타 선생님의 이야기에서 여러 가지 소중한 깨달음을 얻을 수 있지 않을까 하는 생각이 듭니다. 그럼 이제부터는 모두 함께 대화하는 시간으로 넘어가도록 하겠습니다.(이하 생략)

2. 가마타 도지 씨, 암과 마주하며 지은 「신화(神話)와 시(詩)」²

종교철학자 가마타 도지(鎌田東二)가 신화와 시를 둘러싼 저서를 잇달아 출간하고 있다. 지난해 말 대장암이 발견되어 1월에 수술을 받았다. "이제부터는 죽음을 광원(光源)으로 한 뺄셈의 인생이 될 것이다. 내가 해야 할

---

2 《니혼게이자이신문》 전자판, 2023년 8월 4일 2:00.

일이 더 명확해지고(clear), 바르게(straight) 되었다"고 밝게 말한다.

> 손끝에 고하고 / 죽음을 깨닫게 하소서 / 하늘이 맑고 달이 기울어진 대문자
> / 암자는 썩어 풀만 무성하네(「손끝에 고하고」에서)

7월에 출간한 『생명의 귀향』(港の人 출판)은 입원 중과 퇴원 후 쓴 30편의 시로 구성된 시집이다. 암에 걸린 것에 대해 부정이나 분노의 감정은 일어나지 않았고 "갑작스러운 수용이었다"고 말한다. "몸에도 마음에도 관계에도 부정적인 일은 일어납니다. 하지만 거기서 끝나지 않고 재구축하는 것이죠. 『고지키(古事記)』의 이자나기 이자나미에게 주어진 '수리고성(修理固成)'이죠. 관리(Maintenance)하고, 통제(Control)하고, 전환(Shift)하는 거죠. 제 경우에는 그 방법이 시를 쓰는 것과 음악이었어요."

5월에 출간한 『슬픔과 케어의 신화론』(春秋社 출판)은 『고지키(古事記)』에 묘사된 스사노오노미코토(須佐之男命)와 오오쿠니누시노카미(大國主神)를 주제로 한 논고와 자신이 지금까지 발표한 신화와 관련된 시로 구성. 이나바의(因幡) 흰토끼를 구한 신으로 잘 알려진 오오쿠니누시노카미의 성격에서 고난과 치유를 발견한다. "오오쿠니누시노카미는 고통을 원망하지 않습니다. 지금은 격차, 환경오염과 같은 부정적 유산에 대응해야 하는 시대입니다. 부정적인 연쇄를 전환하는 방법을 오오쿠니누시노카미의 이야기는 메시지로서 묻고 있습니다."라고 지적한다.

오래전부터 '신토(神道)송 라이터'로서 라이브 활동을 펼쳐 왔다. 최근에는 시에 주력하면서 '음유시인(吟遊詩人)'이라는 수식어가 붙었고, 현재는 암과 함께 음유하는 '암유시인(癌遊詩人)'이라고도 한다. "신체의 부정적인 부분을 의식함으로써 '자신(自身)'을 더 잘 알게 되었고, 더 자유로워졌다"

고 힘주어 말한다.[가쓰라호시코(桂星子)]

3. 남은 생을 걱정할 겨를이 없다[3]
─슬픔 케어 전문가가 암 4기 진단을 받고

【편집자 주】죽음을 의식하지 않을 수 없게 되었을 때, 사람은 그 충격을 어떻게 받아들여야 좋은가? 종교철학자인 가마타 도지(鎌田東二) 씨는 올해 2월 대장암 판정을 받았다. 후회 없이 살기 위한 방책과 사생관에 대한 체험적인 조언을 들었다.

근본적인 통증을 어떻게 케어할 것인가

"먼저 제가 연구해 온 '슬픔 케어(Grief care)'에 대해 말씀 드릴게요. 사람은 살다 보면 때로는 어쩔 수 없는 상실감에 사로잡힐 때가 있습니다. 가족이나 사랑하는 사람, 일이나 사물, 사는 보람 등 소중한 무언가를 잃음으로써 넘쳐흐르는 고통을 '슬픔(Grief)'이라고 하는데, 이러한 인간의 근원적인 아픔을 마주할 수 있도록 돕는 것을 '슬픔 케어'라고 부릅니다.

예를 들어, 사랑하는 사람의 죽음을 맞닥뜨린 사람, 특히 자식을 잃은 부모님은 슬픔에 잠겨서 살아가는 의미조차 잃어버리고 말아요. 자연의 섭리에 따라 부모의 죽음은 그래도 받아들일 수 있지만, 자녀의 죽음은 불합리하게 느껴지고, 압도적인 상실감만이 퍼져 나가지요.

그러한 고통을 케어할 수 있느냐고 한다면 그럴 수 없다는 것이에요. 그

---

3 『부인공론(婦人公論)』 2023년 9월호 특집 〈무리하지 않고 후회 없이 나답게〉 이상적인 '인생의 끝'.

럼 어떻게 해야 좋을까요? 'doing(케어하는 것)'은 할 수 없지만 'being(그곳에 있는 것)'은 할 수 있어요. 일본어로 하면 '곁에 있다'가 되지만, 그 한마디로 표현할 수 있을 만큼 쉬운 것은 아닙니다. 무언가를 하는 것이 아니라 그저 곁에 있으면서 고통과 아픔을 받아들이는 것이라는 '곁에 있음(being with)'의 이미지입니다.

슬픔 케어는 영국의 간호사이자 의사인 시슬리 사운더스(Cicely Saunders), 미국의 정신과 의사 퀴블러 로스(Kubler-Ross) 등이 주창하여, 1960년대 병원 임상 현장에서 시작되었어요. 치료와 임종에는 의료 행위뿐만 아니라 슬픔과 정신적 고통에 특화된 케어가 필수적이라는 생각이 퍼져 나간 것입니다.

제가 슬픔 케어에 관여하게 된 바탕은 제 성장 과정에 있을지도 모르겠습니다. 어렸을 때 저는 본가에서 떨어져 할아버지, 할머니와 3명이 따로 살았어요. 할아버지는 제가 초등학생이 되기 전에 뇌출혈로 쓰러져 반신불수(半身不隨)의 와병 상태, 할머니는 유방암 치료를 거부하고 있었기 때문에 유방이 조금씩 암에 침범당하고 있었어요. 어머니는 매일 검게 변해가는 할머니의 유방을 소독하러 오셨습니다. 할아버지는 뇌출혈 후유증으로 말을 할 수 없었지만, 눈을 마주치면 원하는 걸 알 수 있었어요. '허리를 주물러 달라는 거구나' 같은 식이죠. 그래서 주물러 드리면 아주 기분 좋은 표정을 지으셨죠.

당시 저는 죽음이나 질병에 대한 두려운 느낌은 없었습니다. 그저 눈앞의 모든 것을 바라보고 있었을 뿐입니다. 나중에 슬픔 치료를 이론적, 임상적으로 배우게 되는데, 그 근간은 사람이 죽음으로 향하는 순간순간을 빠짐없이 지켜본 어린 시절에 있다고 생각합니다."

'죽어 가는 과정'을 자신에게 적용해 보았다

가마타 씨의 몸 상태에 이상이 생긴 것은 2022년 10월 말이었다. 식사 후 위가 부풀어 오르면서 '덜컹덜컹' 소리가 나기 시작했다. 여러 병원을 돌아다니며 위내시경 검사를 받았지만 이상은 없었고, 종양표지자 수치도 정상이었다. 대장암이라는 것을 알게 된 것은 2개월 후인 12월 중순이었다.

"복부 CT 검사에서 대장의 일부인 상행결장(上行結腸)의 시작점에 암이 발견됐어요. 그 당시에는 2기 또는 3기로 판정을 받았어요. 올해 1월 복강경(腹腔鏡) 수술로 상행결장 50센티미터를 절제하는 수술을 받았죠. 수술 후 합병증으로 한 달간 입원했다가 2월 초에 겨우 퇴원했어요. 하지만 그 다음 주 검사에서 폐에 하나, 간에 일곱, 림프절에 한 개의 전이가 발견되어 대장암 4기라는 진단을 받은 것입니다.

4기라는 말을 듣고도 왠지 모르게 마음은 평온했어요. 퀴블러 로스가 주창한 '죽어 가는 과정'에 따르면 임종이 임박했음을 알게 되면 사람은 '부정(Denial)', '분노(Anger)', '협상(Bargaining)', '우울(Depression)', '수용(Acceptance)'의 순서로 진행된다고 하는데, 저의 경우 단번에 '수용' 단계에 도달한 느낌이었습니다. 부정도, 분노도 없이 떠오른 감정은 그저 '감사'였습니다.

왜 그럴까요? 안 좋은 상태의 원인을 알게 되어 후련해진 것도 있겠죠. 어린 시절 죽음을 가까이서 본 경험도 있고, 젊은 시절 오토바이 사고 등 목숨을 잃어도 이상하지 않은 일을 여러 번 겪으면서 살아온 경험도 있어서 '지금 살아 있는 것만으로도 감사하다'고 진심으로 생각하고 있었기 때문인지도 모르겠습니다. 애초에 저는 병을 적으로 생각하지 않습니다. 암은 내 안에서 태어난 내 자신의 일부분이거든요. 수술 전에는 '암아, 힘들게 해서 미안해'라고 사과하기도 하고, 절제할 때는 조금 외로울 정도였어요.(웃음) 이런 일련의 감정을 저는 '복잡성(複雜性) 감사'라고 칭하고 있습니다.

남은 시간을 의식하고 나서부터는 시와 라이브에 한층 몰두하고 있습니다. 제가 살아가는 증거 중 하나가 시를 짓는 것입니다. 10대에 시에 눈을 뜬 이후 마음의 '틈새'에서 말이 뿜어져 나왔습니다. 70세가 된 것을 계기로 '음유시인(吟遊詩人)'을 자처하며 전국 라이브 공연을 시작했습니다. 그리고 그것이 7번째 시집이자 입퇴원 시집인 『생명의 귀추(歸趨)』가 되었습니다.

의사로부터 장폐색(腸閉塞)의 위험이 있으니 안정을 취하라는 말을 들었지만, 암 선고 이틀 후 예정되어 있던 도쿄 공연을 결행했어요. 동료 밴드의 연주를 배경으로 자신의 시를 외쳤죠. 내용은 종교철학부터 애묘(愛猫)인 아기 고양이를 추모하는 노래까지 다양했습니다. 이것만은 죽어도 좋으니 어떻게든 해내고 싶었습니다.

또 하나, 히에이산(比叡山)에 오르는 것도 저에게 있어서는 사는 것 그 자체예요. 산기슭에 있는 집에서부터 히에이산을 오르기 시작한 것은 2006년, 이후 혼자서 864번이나 올랐습니다. 왕복 4시간 정도 걸립니다. 매번 산 정상에서 '하늘(天)-땅(地)-사람(人)'을 향해 세 번 박수를 치며 기도하는데, 역시 퇴원 3일 후의 첫 박수는 생각처럼 되지 않았습니다.(웃음)

현재 7차 항암치료 중인데, 손발, 입술 저림, 안면 경직 등 항암제 부작용이 계속되고 있습니다. 의사들은 '무리하지 않도록'이라고 말하지만, 무리는 하지 않고 있습니다. '음유시인'으로서의 라이브도 히에이산도 저에게는 치료이자 자기 케어입니다. 즉, 저는 제가 하고 싶은 일을 하고, 이전과 다름없는 생활을 계속하고 있습니다.

1월에 수술 후 마취에서 깨어나자마자 옆에 있던 아내의 손을 잡고 "사랑해"라고 말했어요. 깨어나자마자 가장 먼저 말하기로 마음먹고 있었어요. 그 자리에는 의사도 간호사도 몇 명 있었는데 모두 웃고 있었습니다. 이때 아내는 주치의로부터 전이(轉移) 가능성이 있다는 말을 들은 지 얼마 되지 않았으므로 '사랑해'라는 말을 할 때가 아니라고 생각했던 것 같아요. 그 이후에도 항암치료를 받으면서 음악 활동과 등산을 하고 있고, 내가 전혀 낙담하지 않는 것을 보면서 조금씩 다르게 생각하는 것 같습니다. '이 사람, 꺾이지 않는구나'라고 생각하게 되는 것 같아요.

사실 향후 5년간의 생존계획표(生存計劃表)를 만들었습니다. 몇 년 몇 월에 무슨 책을 출판한다든가, 움직일 수 있을 때 내가 하고 싶은 일을 하고 싶다 라든가…. 물론 아내에게도 보여주고 있어요. 그런 삶의 모습을 보여주면 가족들이 '참 즐거울 것 같다'고 안심할 수 있을 것 같아서요."

가족끼리 부담 없이 죽음에 대해 이야기를 나누자

가족의 죽음이 슬픈 것은 '애착'이 있기 때문이니, 그것도 자연스러운 일입니다. 그런 슬픔과 부정적인 감정을 내려놓기 위해서는 죽음을 터부시하지 말고 평소에 가족끼리 자신의 사생관에 대해 부담 없이 이야기하는 것이 좋다고 생각합니다. 일본인들은 비교적 그런 이야기를 피하는 경향이 있는데, 저는 가족들과 스스럼없이 솔직하게 이야기해요. 제 장례식 준비라든가, '장례식은 재밌게 치르세요'라든가.(웃음)

'죽으면 다시 태어날 수 있을까' 등 의견을 서로 주고받는 것도 좋을 것 같아요. 설령 환생하지 않더라도 유전자를 포함한 생명의 릴레이가 미래로 이어진다는 등으로 서로 상상해 보기도 하고요.

세계 대부분의 종교는 내세 즉, 죽음 이후에 다른 세계가 있다, '죽으면 끝'은 아니라고 말합니다. 신앙은 마음의 평화에 작용하기 때문에 죽음에 대한 불안을 해소할 수 있죠. 또한 일본에는 사계절이 뚜렷한 풍토 특유의 사생관이나 『고지키(古事記)』, 『니혼쇼키(日本書紀)』에 묘사되어 신화로써 전해져 내려오는 특유의 삶과 죽음에 대한 사상도 있습니다. 자연이나 팔백만의 신을 모시거나 신사(神社)나 불각(佛閣)에서 기도한다든지 하는 행위의 역할도 크죠. 한편 무종교인이라도 각자의 방식으로 마음의 평온을 얻는 것은 가능합니다. '늙음'도 죽음을 향해 가는 과정이기 때문에 나이 먹는 것을 싫어하는 사람도 있을 거예요. 제가 존경하는 종교철학자 우에다 시즈테루(上田閑照) 씨의 말에 "누구에게나 '겉의 아이'와 '내면의 아이'가 있다. '겉의 아이'는 나이를 먹어 쇠하지만, '내면의 아이'는 나이를 먹지 않는다"는 말이 있습니다.

저도 72세라서, 얼굴에 흰머리가 생기고 주름이 늘고 항암제의 영향으로 머리카락도 빠졌습니다만, 아무리 나이를 먹어도 전혀 변하지 않는 것, 제 경우는 시를 짓는 기쁨이 내 안에 확실히 있습니다. 사람은 누구나 그런 것을 반드시 가지고 있는 것입니다. 중요한 것은 내 안의 아이로 남아 있는 자신(내면의 아이)을 제대로 바라보고 있는가 하는 것입니다. '내 안의 아이'가 활기차게 활동하기 시작하면 그것이 바로 실물 크기의 자신입니다. '내 안의 아이'가 살아 움직이면 늙는다 해도 마음은 생기가 돌고 장난기 넘치는 아이로 남을 수 있습니다.

인생의 고난은 관점을 바꾸는 계기가 될 수 있으며, 관점이 바뀌면 즐길 수 있는 것입니다."

죽음의 공포를 완화시키는 힘

"죽음은 납득할 수 있는 것이 아니에요. 그래서 죽음을 의식하지 않을 수 없게 되었을 때, 만약 옆에서 손을 잡아주는 사람이 있다면 그 안도감은 마지막까지 힘이 될 것입니다.

그러나 지금의 일본은 다사(多死) 사회, 무연고(無緣) 사회입니다. 독거노인이 늘어나면서 임종 직전에 손을 잡아줄 사람이 없는 상황이 많아지고 있습니다. 저는 일본임상종교사협회(日本臨床宗教師會) 회장도 맡고 있습니다만, 가족이 없는 사람도 타인의 간병을 받으며 안심하고 죽을 수 있는 사회로 만들어야 할 필요가 있다고 생각합니다. '동행이인(同行二人)'(순례자에게 고호대사(弘法大師)가 다가가는 관계)의 의식(意識)으로, 앞으로는 사회나 지역에서 임종을 지키는 제도가 중요해질 것이라고 생각합니다.

'임상종교사(臨床宗教師)' 활동은 11년, 동일본대지진으로 사망한 분들의 공양(供養)과 유족 케어를 목적으로 도호쿠대학(東北大學)에서 시작되었습니다. 포교나 전도를 목적으로 하는 것이 아니라, 유족의 마음에 가까이 다가가 오로지 그들의 목소리에 귀를 기울입니다. 종교 종파를 넘어서 활동하고 있으며, 현재 전국에 200명 이상이 피해 지역과 의료시설, 복지시설 등에서 활동하고 있습니다.

슬픔 케어의 관점에서 볼 때, 생명의 마지막 단계에 필요한 것은 의료가 아니라 '돌봄, 간호, 그리고 종교적인 관계' 이 세 가지입니다. 여기서 말하는 종교란 불안을 없애고 마음을 평온으로 이끄는 방법이라고 생각해 주세요. 죽음을 앞둔 최후의 순간에 집착이나 답답함을 누군가에게 털어놓을 수 있다면 마음이 한결 편안해집니다. 자신의 이야기를 제대로 들어주는 존재가 있다면, 그것만으로도 안심할 수 있는 경우도 있습니다. 케어 하는 쪽은 상대방이 내뱉는 말을 기다렸다가 그저 받아들입니다. 사람과 사람의 관계 안에서만 풀려나가는 것이 확실히 있는 것입니다.

이렇게 말하는 저도 죽음이 전혀 두렵지 않은 것은 아닙니다. 죽음에 대한 공포의 정체는 내가 사라지는 것, 즉 자아가 소멸하는 것에 대한 두려움이라고 생각합니다. 두려움과 불안은 지워 버리지 않아도 됩니다. 죽음은 누구에게나 반드시 찾아오며, 결코 특별한 일이 아닙니다. 동서고금의 고전에서도 있듯이, 사람은 삶과 죽음의 의미를 계속해서 묻고 있습니다. 나름대로 계속 질문하고 깊이 생각함으로써 뭔가 보이는 것도 있을 것입니다. 생명에는 그러한 힘도 숨겨져 있는 것입니다.

저에게 있어 죽음을 받아들인다는 것은 '맡긴다는 것'이라는 느낌입니다. 다시 말해, 자신의 생명에 감사하며, 놓아준다는 이미지입니다. 저의 경우는 신불습합(神佛習合)이지만, 맡기는 대상은 부처님이든 신이든 자연이든 위대한 무언가든 좋습니다. 앞으로 얼마나 더 살 수 있을지는 모르겠지만, 저는 모든 것에 '고맙습니다'라는 감사의 말을 하고 떠나고 싶습니다.

(구성: 기쿠치 아키코(菊池亜希子))

김영훈

가마타 도지(鎌田東二) 교수님은 대장암 투병 생활을 겪으며 저희가 논의하고 있는 웰빙과 웰다잉에 관하여 깊이 있는 성찰을 담은 말씀을 해 주십니다. 도지 교수님의 감동적이고 용기 있는 발표문은 단지 지적인 차원에서뿐만 아니라 정서적이고 영적인 차원에서도 깊은 울림을 전해 줍니다. 깊이 감사드립니다. 제가 논평이라는 역할을 맡았는데 도지 교수님의 발표문에 제가 논평을 한다기보다는 교수님의 체험과 성찰을 더 배우는 마음으로 청해 듣기를 바라며 제가 준비한 글을 읽겠습니다.

일찍이 퀴블러 로스는 임종의 과정을 겪는 다섯 가지 단계로 부정, 분노, 협상, 우울, 수용의 순서로 설명합니다. 그런데, 교수님은 암에 걸린 것에 대해 부정이나 분노의 감정은 일어나지 않았다고 말씀하십니다. 도지 교수님은 자전적 시집인 생명의 귀환을 통해서 암의 체험은 "갑작스러운 수용"이라는 이미지를 통해 설명합니다. 그런데 도지 교수님은 이 수용이란 수동적이고 폐쇄적인 의미라기보다는 일종의 "수리고성"이란 말처럼 투병체험은 관리하고 통제하고 전환하는 재구축의 과정일 수 있다고 말씀하십니다. 이는 글쓰기라는 작업을 통해서 가능할 수 있다는 점을 교수님 스스로 보여줍니다. 웰빙과 웰다잉의 치유적 글쓰기라는 키워드를 중심으로 조금 더 이야기해 보겠습니다.

저는 도지 교수님이 겪고 있는 투병 생활에 관한 자전적인 글을 읽으면서 Arthur W. Frank를 떠 올렸습니다. 아서 프랭크(Arthur W. Frank)는 질병의 서사에 대한 연구를 하는 캐나다 캘거리대 사회학과 명예 교수입니다. 프랭크는 1995년에 질병의 서사에 대한 연구인 『몸의 증언』(The Wounded Storyteller)을 출간한 이래로 『이야기를 숨 쉬게 하기: 사회서사학의 관점에서』(Letting Stories Breathe: A Socio-narratology, 2010) 등을 출간하며 투병 생활을 이야기로 풀어내는 것이 가지고 있는 힘에 관해 탐구했습니다. 특히, 그가 서른아홉의 나이에 심장마비로 쓰러졌다가 이듬해 암을 진단받고 투병한 경험을 바탕으로 쓴 에세이 『아픈 몸을 살다』(The Wounded Storyteller) 〈몸의 의지에 따라:질병에 대한 성찰〉(At the Will of the Body: Reflections on Illness)에서 도지 교수님이 웰빙과 웰다잉에 관해 말씀하시는 맥락과 비슷한 맥락을 말하는 대목 이 있어 소개하고자 합니다.

> 나는 계속 회복 중인 사람으로 "살고 싶다. 죽을 수도 있다는 공포는 여전히 남았고, 그래서 더욱 아직 하지 않은 일이나 마음껏 하지 못한 모든 일을 지금 하려고 노력하게 된다. 계속 회복 중인 사람으로 살 때 내가 살고 싶은 삶을 바로 지금 붙잡으려 애쓰게 된다. 여전히 암이 있는 사람처럼 사는 일은 귀하다. 계속 질문을 던지게 하기 때문이다. 다시 아프게 된다면 그동안 시간을 잘 보냈다고 자신 있게 말할 수 있을까?"
> - 아서 프랭크, 『아픈 몸을 살다』, 210쪽.

바로 이 지점에서 암과 같은 질병이란 교수님이 말씀하신 "갑작스러운 수용"의 자리이며 동시에 "수리고성"의 자리라고 이해할 수 있습니다. 달리 말하면, 자신을 데려간 삶과 죽음의 경계로서의 질병이란 또한 삶과 죽음을 내려다 볼 수 있는 장소임을 알 수 있습니다. 그러므로 질병이란 단지 아픈 사람들에게는 피해야 할 해로운 것으로서 치유되어야만 하는 종양이 아니라, 어떻게 사는 것이 좋은 삶인지 그리고 어떻게 죽는 것이 좋은 죽음인지에 관해 질문을 제기하는 "수리고성"의 자리라고 할 수 있습니다. 교수님은 이를 "인생의 고난은 관점을 바꾸는 계기가 될 수 있으며, 관점이 바뀌면 즐길 수 있는 것입니다."라고 부연 설명하셨습니다.

그런데, 비단 아픈 몸을 사는 이들뿐만 아니라, 건강한 이들에게도 달리 말하면 아직 질병에 걸리지 않고 아프지 않은 사람들에게도 질병의 서사는 인간을 하나로 묶을 수 있는 일치와 연대의 길을 제기할 수 있음을 잊지 않았으면 좋겠습니다. 우리는 일찍이 코로나 팬데믹을 겪으며 인류 공동체의 연대성에 관해 깊이 성찰할 수 있었습니다. 인간에게 아프다는 것은 가장 인간답게 만드는 조건이며 질병이란 그 고통스러운 체험의 한가운데 존재합니다. 아픈 사람들뿐만 아니라 그들을 돌보는 이들, 그리고 우리의 삶이 참으로 취약하다는 사실을 정직하게 인정하고 받아들이며 함께 나누어야 합니다. 질병과 같은 고통스러운 체험을 함께 나눌 수 있고 서로 격려하는 연대의 역량이 요청됩니다. 그런 의미에서 도지 교수님의 발표는 우리 사회가 아픈 사람들의 이야기를 외면하지 않고 함께 귀 기울여 들음으로써 웰빙과 웰다잉에 관해 성찰할 수 있는 좋은 기회가 됩니다.

도지 교수님은 앞서 자신의 대장암 4기 진단의 체험을 수용과 감사의 과정으로 표현하셨습니다. 교수님은 웰다잉이란 죽음을 받아들이는 것이기에 곧 내어 맡긴다는 느낌으로 설명을 하십니다. 즉, 자신의 생명에 감사하며, 그 생명을 다시 놓아준다는 이미지로 들려주시는데요. 종교인들과 영성가들뿐만 아니라 문학가들과 음악가들은 이 점에 관해 참 많은 이야기를 하는데요. 이를테면 아르헨티나를 대표하는 가수 메르세데스 소사는 '인생이여 고마워요'(gracias alla vida)라는 노래에서 인생이 자신에게 베풀어 준 생명에 대해 감사의 노래를 봉헌하지요. 북미의 시인 메리 올리버는 죽음이 찾아올 때 오히려 생명에 대한 경이로움을 노래합니다. 올리버는 '죽음이 찾아 올 때'(When death comes)에서 이렇게 노래합니다.

삶이 끝날 때, 난 말하고 싶네, 내 삶 내내,

난 경이로움과 결혼한 신부였으며,

세상을 품에 안은 신랑이었다고.

삶이 끝날 때, 난 궁금해 하고 싶지 않네,

내가 특별하거나 참된 삶을 살았는지.

내 삶에 대해 한숨짓고, 두려워하고,

격렬하게 논쟁하고 싶지 않네.

단지 이 세상을 다녀간 것만으로 난 끝내고 싶지 않네.

올리버는 죽음이 찾아올 때 단지 한숨짓거나 두려워하기보다는 경이로움을 품에 안고 이 세상을 바라보며 감사하고 싶다고 노래합니다. 교수님도 죽음이 두렵지 않은 것이 아니고 불안이 없는 것도 아니지만, 삶과 죽음의 의미를 계속 묻고 있다고 들려주십니다. 결국, 웰빙과 웰다잉을 논의하면서, 삶과 죽음, 건강과 질병을 성찰하면서 정말로 중요한 점은 삶이나 죽음이냐 혹은 건강하냐 아프냐가 아니라 우리가 생에서 어떤 가치를 추구하고 있는가라고 저는 생각합니다.

저는 여기서 한 가지 질문을 드리며 교수님의 말씀을 더 청해 듣고 싶습니다. 교수님은 웰다잉이란 죽음을 받아들이는 것이기에 곧 내어 맡긴다는 느낌으로 설명을 하십니다. 내어 맡긴다는 것은 곧 타자를 전제로 하고 있다고 생각합니다. 즉, 관계성의 측면이지요. 예를 들면, 예수 그리스도는 최후의 만찬에서 자신이 영원한 성부에게서 왔다가 다시 성부에게도 돌아가는 것을 깨닫고 제자들의 발을 씻겨 주시기로 했다고 합니다. 또한 예수 그리스도가 십자가상에서 돌아가실 때는 자신의 영을 하느님께 내어 맡겼다고 복음사가는 전합니다. 생명을 다시 놓아주고 내어 맡긴다는 관계성의 맥락에서 웰다잉을 좀 더 설명해 주실 수 있을까요?

좋은 죽음을 돕는 이들을 위한 안내

이진현

1. 머리말

선종(善終)은 한국 천주교 초기부터 지금까지 애용되는 용어로 원래는 『善生福終正路(선생복종정로)』[1] 즉 "착하게 살다가 복되고 거룩한 죽음을 맞이할 수 있도록 올바른 길을 가야 한다"는 뜻의 한문 신심서 제목에서 유래했다. 천주교 전통에서 선생복종(善生福終)은 "임종 때 종부성사(終傅聖事, extrema unctio)를 받아 큰 죄가 없는 상태에서 죽는 것"을 뜻하고, 이것을 다시 줄인 선종(善終)은 '좋은 죽음', '거룩한 죽음', '복된 죽음'이란 의미로 라틴어 표현 bona mors와 스페인어 'bien morir'의 뜻과 딱 맞아떨어진다.

초기 예수회는 임종사목(臨終司牧)을 체계적으로 수행하는 데 도움이 될 지침서를 가지고 있지 않았다. 이 주제를 다룬 초기 문헌들은 다소 짧은 메모와 영적 단상들로 대부분 영신수련의 죽음과 심판 묵상에 관련된 것이었다. 이 임종사목의 역사에서 전후 분기점을 이루는 것이 폴랑코(Juan Alfonso de Polanco, 1517-1576)의 『선종봉사지침(善終奉仕指針, El Directorio

---

1 『善生福終正路』: 이탈리아 출신의 예수회 중국 선교사 로벨리(J.A. Lobelli, 陸安德, 1610-1683)가 저술한 신심서적으로, 1652년 북경에서 상·하 2책으로 간행된 이후 신자들 사이에서 널리 읽혀졌고, 1794년 북경 구베아(Gouvea 湯士選) 주교의 監准과 1852년 상해 마레스카(Maresca, 趙方濟) 주교의 감준으로 重刊되었다. 이 책은 모든 신자들에게 현세의 삶을 마무리할 때 바람직한 선종을 준비할 수 있도록 안내하고자 저술된 것으로 폴랑코의 선종봉사지침 영향을 받은 한문판이지만 원문의 직역이나 완역이 아니다.

de ayudar a bien morir)』(이하 『지침』으로 약칭)이다.[2] 그는 예수회 제3차 총회(1573) 후 26년간의 총장 비서 소임을 마치고 말년에 『지침』을 작성했다. 1575년 성탄 전야에 메르쿠리안 총장 신부는 "선종을 돕는 폴랑코의 책이 출간되었다"는 소식을 전하는 편지를 당사자에게 보냈다. 폴랑코 사후 1578년 개정된 이 지침서는 임종자 돌봄에 관련된 예수회 초기 회원들의 저술들을 요약하여 예수회 1세대 영성문헌의 공백을 메우고 지혜와 실용성과 엄숙함의 기능을 충실히 이행했다.

이 책은 폴랑코가 직접 겪은 것을 포함해 "여러 신심 깊은 의사들의 저술 중에서 선별된 일상의 경험과 실무적인 내용[3]을 담고 있어, 실제적이고 유연하며 바로 활용할 수 있는 안내서 기능을 한다. 저자는 "지식이 풍부한 사람들이 오랜 경험을 통해 고찰하고 본인들이 저술로 남긴 내용을 필요 이상으로 길어지지 않게 최대한 간추려 정리했다"고 밝히고 있다. 이러한 실용적인 성격, 신학적 토대, 사목적 감각 덕분에 『선종봉사지침』은 출간 직후 널리 보급되었다. 이 지침서는 성서적 영감, 임종자의 심리에 대한 섬세한 접근, 신학적 기초, 경험과 지혜로 가득 찬 사목적 관점으로 구성되어

---

2 '善終奉仕指針'은 필자가 정한 제목이다. 라틴어판 제목은 *Methodus ad eos adiuvandos qui moriuntur: ex complurium doctorum ac piorum scriptis, diuturnoque usu et observatione collecta* [임종자를 돕는 방법: 여러 의사와 경건한 사람들의 저술 및 오랜 실천과 관찰 모음].

3 본래 제목은 "Manual para ayudar a bien morir entresacado de los escritos de numerosos y piadosos doctores, así como de la experiencia y práctica usual" [여러 신실한 의사들의 저술과 일상의 경험 및 실무에 근거한 선종을 돕는 안내서]. 본고의 저본은 1578년 간행된 *Método para ayudar a bien morir* [선종을 돕는 방법]을 Francisco Javier de la Torre가 편집한 것으로 Carlos Badero González가 현대 스페인어로 옮기고(transcription) 해설했다. José García de Castro Valdés가 편집한 *Los Directorios de J. A. de Polanco, SJ* (Universidad Pontificia Comillas, 2016), 272-406쪽에 들어 있다. 설명은 González의 해제(247-271)를 주로 참고하였다.

있어 오랫동안 예수회원·신학생·사제들이 사용했다. 초기 예수회 수련자들은 이 책으로 병원 실습(probation)을 했고, 이후 임종사목 수행을 위한 참고서로 활용했다.

1591년 이후 『선종봉사지침』은 크리스토발(Cristóbal de Madrid)의 『고해사제 지침(Directorium ad confessori)』과 『빈번한 영성체에 관한 안내(De frequenti usu sanctissimi Eucharistiae sacramenti)』와 함께 출판되어 사목적으로 널리 활용되었다. 폴랑코 지침서의 성공은 수많은 판본과 번역본으로 이어졌다. 17개의 라틴어 판본이 알려져 있는데, 대부분 16세기에 나온 것들이고(로마 1577; 베니스 1577; 사라고사 1577; 딜링가 1578; 부르고스 1578; 리옹 1579), 독일어(딜링가 1584), 프랑스어(두아이 1599; 리옹 1605; 파리 1610·1693·1695) 및 포르투갈어(리스본 1802)로도 번역되었다. 그의 『지침』은 수세기동안 개정과 재간행으로 널리 보급되며 오늘날까지 이어져 왔다.

2. 예수회 임종사목, 이냐시오와 초기 동료들의 유산

폴랑코의 『선종봉사지침』은 사부 로욜라의 이냐시오(Ignacio de Loyola, 1491-1556)가 종종 마주했던 죽음에 대한 통찰에서 시작된 것이다. 이냐시오는 임종의 의미를 깊이 고찰하고 있었는데, 자서전에 자신이 죽음의 위험에 처했던 네 가지 순간을 언급한다.[4]

1521년 그는 팜플로나 전투에서 부상을 당한 후 로욜라에서 '죽음이 임박할 때' 나타나는 증상을 보였다. 의사들은 그가 회복될 가능성이 거의 없다고

---

4   예수회한국관구 역. 1997. 『로욜라의 성 이냐시오 자서전』, 이냐시오영성연구소.

보고 종부성사를 받으라고 권했다. 그 심각성은 자정까지 호전되지 않으면 죽음이 분명해질 정도였다.[자서전 2~3]

1522년 만레사에서 이냐시오는 매우 심각한 열병에 걸려 죽음의 문턱에 이르렀다. 그는 몇몇 독실한 신자들에게 자신을 불러 죄인이라고 크게 외치며 자신이 저지른 모든 범죄를 상기시켜 달라고 요청했다.[자서전 32]

1535년, 발렌시아에서 이탈리아로 가는 배가 심한 폭풍을 만나 방향타가 부러지고 많은 사람들이 꼼짝없이 죽었구나 판단했다. 그러나 이냐시오는 죽을 준비를 하면서 자기 죄를 두려워하거나 벌 받는 일이 무섭지는 않지만, 주 하느님께서 주신 은총과 선물을 잘 쓰지 않았다는 생각으로 커다란 슬픔과 혼란에 빠졌다.[자서전 33]

1550년 로마에서 그가 매우 심각한 병에 걸리자, 본인과 주위 사람 모두 임종이 닥친 것으로 여겼다. 이때 그는 죽음을 생각하면서 지극한 기쁨과 영적 위로를 받아 눈물을 흘렸는데, 이런 기분이 그 뒤로도 빈번히 일어났기 때문에 거기서 너무 위로를 얻는 일이 없게 하려고 죽음에 관한 생각을 여러 번 떨쳐버렸다.[자서전 33]

이 네 번의 고비에서 이냐시오는 죽음이 임박한 체험을 하고 나서 '죄인이라는 자각, 책임을 다하지 못한 후회, 영적 위로' 등 뚜렷하게 성숙해지는 모습을 보여준다. 질병은 제2의 본성처럼 줄곧 이냐시오의 인생을 따라다녔는데, 사료로 확인된 다음 사례들처럼 병을 앓을 때마다 그는 자신의 실존을 자각하고 죽음 너머의 존재와 마주한다. 아레발로(1506, 위축성 비염), 팜플로나와 로욜라(1521, 다리 부상), 만레사(1522, 다리 장애와 장염), 베니스-예루살렘(1523, 열병), 파리(1528, 복통), 아즈페이티아(1535, 의료 처방), 비첸사(1537, 열병), 그리고 로마에서는 1539년 심각한 질환에 이어 1542~1543

년과 1546~1556년 사망 때까지 줄곧 병에 시달렸다.

이처럼 이냐시오는 잦은 병치레를 하며 병원에서 다른 환자들과 함께 오랜 시간을 보냈다. 그는 만레사·바르셀로나·알칼라의 병원에서 투병생활을 하고, 회복을 위해 고향 로욜라에 갔을 때 막달레나 병원에서 지냈으며, 첫 동지들은 여러 병원에 흩어져 봉사했다.[자서전 93] 이냐시오는 자신과 동료들이 삶의 마지막 순간에 있는 사람들을 도와달라는 요청을 자주 받았던 체험에서 임종사목이 예수회의 소명임을 깨달았다. 이냐시오는 1546년 트리엔트 공의회 자문 신학자로 참석하는 동료들에게도 병원 방문을 권고한다. 본인도 로마에 있을 때 자주 병원을 방문했고, 회원들에게 가장 낮은 소임을 자처하고 "육신의 안정을 거슬러" 병원에서 봉사하라고 권유한다.

이냐시오는 질병으로부터 선익을 얻는 법을 배웠다. 모든 것 안에 계시는 하느님의 현존, 장수와 단명에 신경 쓰지 않음, 삶의 마지막 순간 분별의 가치, 질병에서 하느님의 뜻을 배울 기회, 특정 상황에서 환자의 책임 자각, 아플 때 기도의 중요성, 그리스도 안에서 죽는 것과 치유자 그리스도를 모두 얘기하는 영성…. 이러한 덕목들은 수련자 견습(probation)을 위한 교육적 목적, 현실을 직면하는 분별력의 가치, 아픈 이웃을 섬기는 사도적 지향, 시련과 박해에 시달리는 사람들에게 깊은 신뢰를 줌으로써 이웃을 감화시키는 등의 결실로 이어졌다. 그리하여 병원 사도직은 초기 동료들 사이에서 통상적인 관행이 되었다. 실제로 성인은 생애 말년에 『간병 직분(El oficio de enfermero)』(1553-1554)과 『건강 옹호자(El procurador de la salud)』(1556)를 저술했다. "나는 세상의 모든 보물보다 형제들의 건강을 더 소중히 여긴다."고 말할 정도로 이냐시오는 동료 예수회원들의 건강과 질병에 관심을 쏟은 총장이었다.

그러나 안타깝게도 이냐시오의 임종 상황은 폴랑코에게 뼈아픈 회한을 남겼다. 7월 29일 이냐시오는 말라리아로 추정되는 열병이 악화되자 폴랑코를 불러 속히 교황에게 가서 자신과 라이네즈를 위한 축복기도 청원을 부탁했다. 하지만 폴랑코는 이냐시오가 늘 아파해서 병을 과장하고 있다고 생각했고, 다음 날 보내야 하는 서신을 처리하는 것이 더 시급하다고 판단했다. 7월 31일 새벽녘이 되자 동료들은 이냐시오의 죽음이 임박했다는 사실을 알아차렸고 그제야 폴랑코가 교황의 강복을 받기 위해 급히 교황청으로 달려갔다. 하지만 그가 집에 돌아왔을 때 이냐시오는 주위에 아무도 없이 아무런 위로도 성사도 축복도 받지 못한 채 홀로 숨을 거두었다.

예수회 초창기 회원들은 가정·병원·감옥에서 임종자 곁에서 선종을 돕는 요청을 자주 받았다. 첫 기본법(1540)에는 이미 "병원 환자 돌봄"을 명시하고 있는데, 당시 병원은 치료보다 임종자들의 안식처 기능을 하는 곳이어서 죽음을 앞둔 가난한 이들과 노숙인들이 흔했다. 초기 예수회원들은 콜레라나 말라리아 같은 전염병에 걸릴 위험을 무릅쓰고, 실제로 많은 형제들의 희생을 초래했음에도 불구하고, 밤낮을 가리지 않고 온갖 부류의 환자들을 찾아가 고해를 듣고 사망의 순간까지 곁에서 위로를 주었다. 수많은 임종자 돌봄 요청에 초기 동료들은 가능한 모든 사람들을 돌보며 기꺼이 성실하게 이 일에 투신했다. 그들은 큰 애덕으로 환자들을 돌보고 깊은 위로를 주며 주변의 모든 사람들을 감화시켰다. 이렇게 예수회원들에 대한 좋은 평판이 널리 알려지자, 본인 곁에 돌볼 사람이 있는 환자들도 그들이 곁에 있지 않으면 마음이 평안하지 않다고 생각했기 때문에 임종 때 함께 있어 달라고 부탁했다. 그들은 교황과 매춘부, 학자와 어린이, 귀족과 빈민, 왕과 거지 등 신분에 상관없이 누구에게나 다가가는 진정한 치유자로 여겨졌다.

예수회 회헌에 따르면 "무엇이 선종에 도움이 되는지 이해하는 것"이 중요하다. "이웃이 잘 살 수 있도록 도와주어야 하는 것처럼, 마찬가지로 그들이 죽음도 잘 맞이할 수 있도록, 즉 궁극적 목적인 영원한 행복을 얻을 수도 있고 잃을 수도 있는 대단히 중요한 기로에서 어떻게 해야 하는지 힘껏 도와주어야 한다."[회헌 412][5] 이것은 초창기 예수회원들의 경험이 반영된 것으로 그들의 최우선 사도직은 성인과 순교자의 죽음을 기리며 역병에 걸린 이들, 병원이나 감옥의 환자, 사형수와 이단자의 선종을 돕는 것, 즉 그들이 마지막 숨을 멈출 때까지 함께 있으며 위로하는 것이었다.

3. 『선종봉사지침』 개요

1) 책 소개

이 책은 인생을 마무리하는 가장 특별하고 긴박한 시점인 임종의 순간을 어떻게 마주하고 동반할 것인지 다룬다. 폴랑코는 "우리가 건강할 때 종종 죽음을 떠올려야 하며, 죽음의 순간에 우리가 바라던 대로 삶을 정리해야 한다."[20:7]고 말하며 죽음은 좋은 스승이라고 단언한다. 폴랑코가 살던 시대의 신학과 종말론에 따르면 "죽음은 가장 중요한 사안이다. 죽을 때 실수는 구제책이 없다."[1:1][6] 이 결정적인 순간에 조금이라도 부주의하거나 방심하면 인생에서 성취한 모든 것이 망가질 수 있다.

임종은 영적 고투의 시간으로, 선한 영과 악한 영이 각자의 목적을 위해 영혼을 차지하고자 애쓰며 다투고 싸운다. 곧 죽음이 임박했을 때는 악마

---

5 예수회한국관구. 2008. 『회헌과 보충규범』.
6 "1장 1항"을 1:1로 간단히 표기. 이하 같은 형식.

의 존재가 가장 강하게 느껴지는 순간이다. 폴랑코에 따르면 악마는 '인생의 마지막 단계'에 이른 사람에게 남은 '부족한 시간'마저 빼앗으려고 하는데, 여러 가지 방법으로 타락시키려 유혹하고, 더 강한 힘으로 공격할 기회를 노리며 으르렁대는 사자처럼 주변을 어슬렁거린다. 따라서 임종의 순간과 상황에 주의를 기울여 돌보는 것이 시급하고 중요하다.

2) 『선종봉사지침』 구성[7]

폴랑코의 『선종봉사지침』은 인물이나 주제에 따라 크게 세 부분으로 구성된다.

첫째, 임종 봉사자(1장. 죽음을 앞둔 이들을 돌보는 사람들), 둘째, 임종자(2~18장), 셋째, 간병인 및 동반 봉사자(19~20장).

〈『善終奉仕指針(선종봉사지침)』 목차〉

인사말: 신실한 독자들에게

1장: 임종자(臨終者)를 돕는 사람에 관한 사항

2장: 임종자의 영혼을 돕기 위한 대화

3장: 임종자와 논의해야 할 사항 - 가족, 육신 및 영원한 재화에 관한 것들

4장: 필요한 것이 부족한 임종자를 위로할 때 해야 할 일

5장: 신앙 안에서 죽음을 맞는 사람들, 특히 필요한 것을 분명히 알지 못하는 이들을 위한 지침

---

7   이 항목에서는 카를로스 바시에로 곤잘레스 교수의 폴랑코 지침서 원고 편집본 Los directorios de J.A. de Polanco, SJ(2016)에 포함된 "El Directorio de ayudar a bien morir" (1575, 247-406쪽) 본문을 일부 인용하고 번역했다.

6장: 희망을 드높이고 실천하는 방법

7장: 임종 시 자선을 실천하고 장려하는 방법

8장: 이미 필요한 모든 조치를 취한 임종자에게 봉사자가 해야 할 일

9장: 살고 싶은 과도한 애착으로 충분히 평온한 영혼으로 죽지 않거나 하느님의 뜻에 따르지 않는 이를 돕는 방법

10장: 세속적 애착이나 다른 이유로 죽음을 지나치게 두려워하는 이를 돌보는 방법

11장: 인내가 약한 사람을 돌보는 방법

12장: 신앙을 의심하는 유혹유혹에 더 심하게 흔들리는 사람들을 돌보는 방법

13장: 불신앙이나 절망에 시달려 힘들어하는 이들을 돕는 방법

14장: 억측과 과신이란 상반된 악에 사로잡힌 사람들을 돕는 방법

15장: 정신이 온전하지 못한 임종자를 돌보는 방법

16장: 이성과 언어 능력이 있지만 죽음이 임박한 환자를 돌보는 방법

17장: 정신은 온전하지만 의지가 약한 사람이 해야 할 일을 할 수 있도록 도와주는 방법.

18장: 전투, 결투, 사형 등 폭력적인 죽음을 앞둔 이들을 돌보는 방법

19장: 임종자를 돌보는 데 도움이 되지만 별개로 처리해야 하는 것들

20장: 임종 봉사자가 제공해야 할 도움들

(1) **돕는 이들(임종 봉사자): 죽음은 가장 중대한 사안이다[1장]**

폴랑코가 보기에 임종자를 돌보는 일은 자신의 힘으로는 수행할 수 없는 '숭고한 사목'이다. 임종 봉사자는 "하느님 앞에서 자신의 약함을 겸손하게 인정하고 자신을 과신하지 말며 하느님의 도우심에 모든 희망을 두고" 이루고자 하는 바를 추구해야 한다. 이 결정적인 순간에 방심하거나 부주의

하면 임종자가 삶에서 이룬 모든 것을 무너뜨릴 수 있다. 그러므로 봉사자는 죽음을 맞이하는 순간을 신중하고 세심하게 다루는 법을 아는 것이 중요하다. 폴랑코는 선종을 돕는 이들이 숙지해야 할 여덟 가지 사항으로 자애·신뢰·선의·기도·섭리·절제·정보·만남을 꼽고 하나하나 설명한다.

핵심은 "임종자들을 돕겠다는 가장 순수한 의도"를 가지고 "그들이 구원받고자 하는 열망을 스스로 일깨우는 것"이다. 또한 이 직분을 수행하는 사람은 누구나 "임종자들을 도울 수 있는 은총을 달라고 매일 기도하며, 그들을 돕는 소명을 받은 이들 한 명 한 명을 위해 특별한 애정으로 기도해야 한다."

말할 내용의 순서와 방식을 준비하는 것이 매우 중요하다. "늘 같은 내용이나 같은 방식으로 말하면 안 되고 죽음이 임박한 사람의 성향과 장소, 그리고 시간이 더 많거나 적음에 따라 달리 말하는 것이 바람직하다." 화났거나 차분한 이들, 현명하거나 무지한 이들, 고통스럽거나 그렇지 않은 이들이 각자 서로 다른데, 모든 사람에게 똑같은 말을 하는 것은 적절하지 않다. 늘 분별력을 유지하며 '상황에 따라' 그리고 '지금 이 사람의 처지에 적합하다고 판단되면 그에 맞게' 자원을 사용하는 유연함이 필요하다.

> 말하는 방식은 천천히 온유하게, 때로는 묻고 때로는 기도하며, 상대방이 듣거나 생각한 것을 더 잘 소화할 수 있도록 침묵을 지키고, 지시보다는 상기시키는 것으로 여겨지게 신중하면서도 단순하게 말해야 합니다.[1:6]

무엇보다도 아픈 사람이 누구이며 어떤 상태인지, 특별히 중요한 것이 있는지, 우울한지, 잘 듣는지 알아차리는 것이 중요하다. 폴랑코는 임종자와의 첫 만남이 어떻게 이루어져야 하는지 오늘날에도 유효한 내용을 설명한다.

　대화를 갑자기 시작하지 말고 환자와 그 주변 사람들에게 정중하게 인사하십시오. 그의 안부를 묻고 공감해주고 호의를 보이십시오. 환자가 직접 무엇인가 말하고 싶어 하면 그의 얘기에 귀 기울여 들어주십시오. 같은 주제를 가지고 큰 음성으로 얘기하거나 내용을 반복하여 그를 괴롭히지 않도록 주의하십시오. 대신에 조금씩 그의 성향을 알아가며 위로하고 호감을 얻고자 노력하고 다정함과 신중함으로 그를 대하십시오. 그러면 그는 자신의 구원에 관해 기꺼이 듣고 더 쉽게 수용하여 더 많은 유익을 얻을 것입니다. 그리고 다시 방문할 경우 그가 괜찮은 상태로 회복될 수 있다면 주님 안에서 치유되는지 불편한 점은 없는지 확인하십시오. [⋯] 마지막으로, 환자가 알아야 할 것을 명확하게 설명한 후 그와 주변 사람들을 돌보는 경건하고 겸손한 자유를 사용하십시오.

　임종자를 돌보는 사목은 만남에 기초한 위로의 사도직으로 기쁘고 자비롭고 세심해야 한다. 폴랑코는 "그를 위로하고 그의 호감을 얻고자 노력하며 다정함과 신중함으로 그를 대하라. 그가 주님 안에서 거듭날 수 있도록 보살펴야 한다"고 분명히 말한다. 그는 임종자가 기분 상하지 않도록 해야 한다고 세 번이나 거듭 당부한다.

(2) 영혼과 육신의 준비[2~4장]

　모든 것은 고해성사로 이어지고 핵심 요소(참회·희망·사죄·보속·화해)를 가르치는 것으로 시작하여 임종자가 성체성사와 환자 도유를 받는 것으로 마무리되어야 한다. 아울러 그가 하느님의 은총과 사랑 안에서 이 세상을 떠날 수 있도록 육신의 평안과 영혼의 선익을 고려한 방식으로 도와야 한다.

> 온유함과 애정을 가지고 … '지금도 가장 사랑이 넘치시고, 전능하신 분이시
> 며, 나에게 허락하신다면 건강을 회복시켜 주시거나, 어떤 경우에도 구원과
> 영생을 주심으로써 나를 도울 수 있는 하느님 아버지께 전심으로 의지할 때'
> 임을 알려주십시오. 또한 예수 그리스도께를 바라보며, 나를 그토록 사랑하
> 시고 나를 위해 피를 흘리신 참된 친구이신 그분 안에서 희망을 가져야 할
> 때'임을 일깨워야 합니다. [2:2]

폴랑코는 그리스도를 참으로 신실한 친구로, 하느님을 영원히 완전한 건
강으로 치유해 주시는 "가장 지혜로운 의사"로 비유한다. 그는 깊은 온유
함으로 고백성사를 권고하는데 "환자가 죄를 더 잘 기억하고 불신과 과도
한 절망에 빠지지 않도록 적당한 절제로 이끌며" 필요하다면 그가 진심어
린 참회를 할 수 있도록, 더 편리한 시간으로 연기한다.

그는 임종자가 "너무 두려워하지 않도록 하고 … 하느님께서 그와 함께
하신 자연과 은총의 많은 혜택을 떠올리도록"(2:4) 사제가 배려해야 한다고
조언한다. "참회가 두려움이 아닌 사랑으로 가득 차도록, 그리고 그가 회복
된다면 자신의 삶을 진지하게 보상하겠다는 결심이 확고해질 수 있도록 …
그리고 가능한 한 유연하게 그의 상태에 맞는 보속을 주고 … 다른 고행을
추가하지 않습니다."[2:6]

인생의 마지막은 원수들과 화해하고, 배상하고, 매장 장소와 방법, 유언,
가난한 이들에 대한 유증, 공적 의무, 재산 관리, 아내와 자녀의 보살핌, 경
건한 일과 같은 외부 재화에 관한 문제를 잘 마무리하는 시간이다.[3:6]

⑶ 믿음·희망·사랑을 실천하며 임종자를 돕는 일[5~7장]

제5장은 '신앙 안에서 임종자를 대하는 방법'(교리 지도)을 다룬다. 지침서가 작성될 당시 개신교와 대립하는 상황에서 명시적인 신앙고백의 문제가 있었는데, 폴랑코는 기도·칭찬·봉헌·간구·감사·숙고, 성부·성자·성령의 하느님을 떠올리는 맥락에서 교리를 가르친다. 제6장은 이 책에서 가장 아름답고 가장 긴 장으로 폴랑코의 영적 체험에서 가장 깊은 부분인 "희망을 키우고 실현하는 방법"을 다루고 있다. 그에 따르면 어떤 이는 희망을 잃고 불안하게 살고, 다른 이는 너무 희망에 차 있으며, 또 다른 이는 그 중간에 머물러 있어서 각자의 처지를 고려해야 한다.

폴랑코는 지복직관의 열망을 불러일으킴으로써 '희망의 실현'을 이야기한다. 이냐시오와 마찬가지로 그는 이 열망의 핵심을 잘 알고 있다. 이를 위해 그는 다양한 성경 본문, 특히 시편과 예언서 구절을 인용하며 설명한다. 본문은 성경에 근거하여 천국의 빛나는 이미지를 제시한다. 천국은 더 이상 죽음도 울음도 없는 아름답고 즐겁고 쾌적한 보금자리, 주님의 궁전이자 사랑과 거룩함의 장소, 천사와 성인들의 처소이다.

죽음은 숨겨진 진리의 빛 속으로 들어가는 것이자, 일어나 하느님의 광채를 바라보고 그분을 대면하여 바라보는 것이며 그분의 선하심과 아름다움을 누리는 것이다. 폴랑코는 [임종의] 시간에 하느님의 선하심을 묵상하도록 초대한다. 하느님의 뜻은 널리 퍼져 있어 무에서 유를 창조하시며, 예술가가 자신의 작품을 아끼듯 우리를 사랑하시고, 기꺼이 복을 내려 베푸시고 죄인들을 회개시키신다. 사목자는 임종자로 하여금 그리스도의 공덕을 떠올리도록 격려한다.

이렇게 자신을 비워 가난하게 된 당신 아드님을 주님께서 어찌 공동 상속자로 삼지 않을 수 있겠습니까? 자신은 아무것도 요구하지 않고 그대를 위해 목숨을 바친 그런 친구처럼 주님께 간청하고 지복을 구하는 그 분의 말을 듣지 않겠습니까?

이 장엄한 장은 성모·천사·성인 등 "하느님 앞에 얼마나 많은 전구자(轉求者)들이 있는지, 또 얼마나 엄숙하면서도 너그러운지" 고찰하는 것으로 마무리된다.

폴랑코는 멋진 표현으로 말과 감정이 어우러진 공동기도를 바치라고 제안한다. "희망을 키우는 또 다른 방법은 봉사자가 성경에서 발췌하거나 인용한 짧은 기도로 병자로 하여금 입뿐만 아니라 심장으로, 즉 마음을 다해 그 분을 따라갈 수 있도록 인도하는 것이다."(6:11) 그는 통회와 희망을 결합하여 시편 50편을 기도하며 자신이 잘못한 사람들에게 용서를 구하고 보속에 힘쓸 것을 권고한다.

제7장은 "임종자가 자선을 실천하고 증진하는 방법"에 관한 내용이다. 그것은 "현세에서 내세로 나아가기 위한 최선의 소양"으로 "적극 행사하고 불을 지펴야 한다." 자선(caritas)은 "천상의 상급을 증대시키는 데 많은 도움을 줄 수 있다."[7:1] 폴랑코는 [창조·은총·영광으로] 받은 유익에 대한 묵상, 그리고 기도와 성인들의 모범을 제시하며 자선을 독려한다.

⑷ 다양한 상황에 처한 사람들과 동반하기[8~18장]

이 부분에서 폴랑코는 본인이 인간 심리에 대한 심오한 통찰력을 가지고 있음을 보여주며, 그 사람의 인간적, 심리적 특성과 그 순간의 심각함에 처한 그의 구체적인 마음 상태에 맞게 다양한 사목 방법을 적용하고자 한다. 각 장은 사제가 방문하는 동안 마주할 수 있는 사람들의 다양한 특성을 다루고 있다.

① 준비를 잘한 사람 [8장], ② 심리적 어려움에 처한 사람, ③ 죽음을 받아들이지 않거나 하느님의 뜻에 따르지 않는 사람 [9장], ④ 옳은 것보다 죽음을 더 두려워하는 사람 [10장], ⑤ 참을성이 없는 사람 [11장], ⑥ 신앙을 거스르는 유혹을 받는 사람 [12장], ⑦ 절망에 빠진 사람 [13장], ⑧ 너무 많은 억측과 과도한 자신감을 보이는 사람 [14장], ⑨ 신체적 어려움에 처한 사람, ⑩ 몹시 아픈 사람 [15장], ⑪ 일부 장애가 있는 사람 [16~17장], ⑫ 전투, 결투, 사형 등 폭력적인 죽음을 앞둔 사람 [18장].

아픈 사람이 성인이고 성숙한 사람이라면 "[스스로 죽음을 준비할 수 있도록] 본인에게 맡기거나" 점잖게 권고해야 한다. 이것은 부당한 부양과 반대이다. 간절히 계속 살고 싶어 하는 사람들에게는 "우리 모두 죽을 수밖에 없는 운명이다, 죽음은 생명으로 가는 관문이며 영광을 누릴 희망이 있다, 생명을 내어주는 것이 곧 하느님을 기쁘게 해 드리는 것이다" 등의 이유를 들어 "삶에 대한 애착을 조금씩 줄일 수 있도록" 도와야 한다.

이승에 대한 온갖 미련과 걱정 때문에 죽음을 더 두려워하는 이들에게는 천상의 도움, 곧 우리의 모든 것을 돌보시는 하느님의 보호와 자애를 일깨워 준다.

참을성이 없는 조바심은 화를 키우고 선익을 앗아가 버리며, 고통이 오히려 치유와 증거가 될 수 있고, 이런 시련을 허락하신 분은 우리의 선을 위해 고난을 내리시는 지극히 사랑이 넘치는 하느님이시기에, 감사하면서 인내해야 한다는 것을 상기시키며 초조한 이들을 도와준다.

폴랑코는 신앙의 시련을 겪는 이들과 논쟁하지 말고 함께 신경을 바치며 복음과 그리스도, 천사, 교부, 공의회, 기적등을 표현한 상본을 그들 앞에 두고 기도할 것을 권한다. 절망하는 사람들에게는 하느님의 인내와 그리스도의 중재(대속), 그리고 우리의 심판자가 곧 우리의 변호인이자 보호자이심을 상기시키며 그들을 격려한다. 교만한 이들에게는 우리가 보잘것없는 종일 뿐이며 우리가 빚진 것을 결코 다 갚을 수 없음을 일깨워 준다.

살 날이 얼마 남지 않은 이들에게는 고해성사와 영성체, 신심 활동을 권유한다. "스스로 의식을 제어할 수 없는" 사람들의 경우 정신이 온전한지, 아직 할 말이 남아 있는지, 목소리를 잃었는지, 몸짓으로 의사소통을 할 수 있는지 살피면서 그들에게 다가간다. 완고함·불신앙·이단·악마 숭배로 인해 구원에 꼭 필요한 일을 하고 싶지 않아서 "자기 의지로 병든" 이들에게는 "이름을 불러주며 다정하게 묻고 온정을 베풀며 연민의 마음을 최우선으로" 환자가 자비를 얻을 수 있도록 사랑의 표현으로 권고한다. 전투나 결투, 또는 극형을 앞둔 이들에게는 죽음이 하느님의 손에 달렸다고 받아들일 수 있도록 위로를 건넨다.

(5) 다른 사람들의 도움[19~20장]

죽음이 임박한 순간에는 환자 주변의 모든 요소에 주의를 기울이는 것이 좋다. 폴랑코는 임종자를 위해 곁에 있는 사람들, 가족과 친척, 지인들의 기도가 중요하며, 임종자를 위해 자선을 베풀고 미사를 드리는 것, 성수와 십자가 성상을 가져와서 환자에게 수시로 입을 맞추도록 격려하는 것, 환자가 가장 좋아하는 시편을 반복해서 읊고 신경을 낭송하는 것의 유익함을 강조한다. 폴랑코는 사제와 신자들이 병실에서 기도하고, 배우자와 자녀가 기도하고, 이웃 아이들이 임종의 상황에 처한 이들을 위해 기도하라고 격려한다. 봉사자는 환자 곁에 있는 이들을 위로하고 환자의 외출이나 휴식을 돌봐야 한다.

폴랑코는 끝으로 죽음은 확실하지만 그 시간은 불확실하다는 점을 상기시키며 글을 마무리한다. "그러므로 마지막 순간에도 우리는 낙심하지 말고 계속 좋은 일을 해야 한다."[갈라 6:9 참고] 마지막은 선의 시간이며 귀중한 시간이다.

주님께서 우리의 구원을 이루기 위해 우리에게 허락하신 시간이 얼마나 귀한가! 예를 들어 상인에게는 시장, 재물을 갈구하는 사람에게는 금광이나 보물을 발견하는 것과 같다. 뱃사람에게는 잔잔한 날씨와 순풍이, 농부에게는 수확의 때인 것처럼, 현재의 시간을 그냥 지나치면 다시는 이런 기회가 오지 않을 것이다. 임종자가 단 한 시간이라도 통회와 선행으로 자신을 충만하게 준비하여 복을 받을 수 있다면 얼마나 좋겠는가! 그렇지 않으면 그는 영원한 저주에 빠질 수 있다.

> 그러므로 우리가 시간이 있는 동안 모든 사람에게, 특히 같은 믿음을 가진 사람들에게 선을 행합시다.[20:8]
> 마지막 때는 "자유롭고 열린 온 마음이 천상의 복을 갈망하고 지극한 선만을 사랑하도록 인도되는 시간입니다.[20:13]

4. 지침서의 성경적·신학적·영성적 바탕

1) 성경적 바탕

폴랑코는 성경을 깊이 이해한 전문가로 가능한 모든 경우에 적합한 구절을 찾아낸다. 성경은 폴랑코가 묘사하고 제시하는 많은 상황에 영감과 통찰을 선사한다. 지침서 본문에는 103건의 성경구절이 인용되고 있는데 지혜문학이 가장 많이 인용되는 점이 흥미롭다.

구약 56구절: 시편(29회), 집회서(9회), 욥기(4회), 잠언(1회), 지혜서(1회). 예언서는 10회로 이사야 7회, 사무엘·엘리야·에제키엘이 각각 1회 언급된다.

신약 47구절: 바오로 서간(16회), 공관복음(14회), 요한복음(5회)이 자주 인용된다.

이 구절들은 회심의 필요성, 겸손, 하느님 안에서 충만함을 향한 부르심, 창조주를 마주할 기대, 현세적 재화의 덧없음, 만남과 희망의 기쁨 등 본질적인 것들을 일깨워 준다.

2) 성전(聖傳 Traditio)과 교도권(敎導權 Magisterium)의 유산

지침서는 성인들과 전승의 모범적인 인물들을 21회 언급하지만 성경의 인물은 거의 언급하지 않는다. 폴랑코가 특정 본문에서 성경 인물을 인용하는 경우는 7건뿐이다. 성인은 프란치스코, 요한 크리소스토모, 아우구스티누스, 예로니모가 두 번씩 언급된다. 성인이 등장하는 본문은 다음에 열거되었는데 폴랑코가 직접 인용한 경우에는 해당 구절을 실었다. 그가 성인들을 언급하는 주된 이유는 그들의 모범을 통해 신앙에 따른 선종의 유익함을 설명하기 위해서이다.[7:10 외]

3:5. 성 라우렌시오: "나의 모든 소유물은 가난한 이들이 하늘로 가져갔다."
7:8. 안티오키아의 성 이냐시오, 성 아르세니오(Arsenius, 354-449), 성 안토니오("태양아, 왜 내가 참 빛을 관조하는 것을 막느냐?"), 성 프란치스코, 복자 뤼스브룩(Jan van Ruusbroec, 1293-1381), 디오니시오 카르투시아노(Dionysius Cartusianus, 1402-1471).

9:4. 성 요한 크리소스토모: "현세의 선한 이들은 더 좋을 때 떠난다."

9:9. 성녀 프락세데스(Praxedes, +165, "그녀는 많은 죄악을 보지 않도록 현세를 떠나게 해달라고 하느님께 기도했다"), 성 힐라리온("죽음을 준비하는 사람은 두려워할 필요가 없다"), 성 치프리아노("믿음을 의심하고 절망하는 사람 말고 누가 이승을 떠나기를 염려하랴?")

10:11. 성녀 마르타(+270), 투르의 성 마르티노 주교(316-397), 성 프란치스코, 프랑스 성 루이 성왕: 이들은 땅바닥으로, 화염 속으로, 벌거벗은 채로, 십자가에 팔이 걸리는 등 다양한 방식으로 죽음을 맞이하는 그리스도인의 모습을 보여준다.

11:3. 성 요한 크리소스토모: "죽음을 받아들이고 그 불가피함을 미덕으로 삼는다."

11:9. 성 아우구스티누스: "주님, 여기 이승에서 저를 불태우고 자르시더라도 영원토록 저를 용서해 주소서."

12:12. 성 아우구스티누스: "무지한 이들이 현자들을 믿음으로 인도했다."

13:10. 성 안셀모: "주님, 제가 순수함을 잃었다면 제가 당신의 자비를 없애버린 것입니까?"

17:9. 성 바실리오: 악마에게 주었던 문서 되찾기.

18:2. 성 예로니모: "주님께서 모든 것의 한계를 아시듯 고문의 정당한 한계도 아신다."

18:3. 성 예로니모: "그리스도께서는 십자가에서 강도를 거두시고 살인의 형벌을 순교로 바꾸셨다."

폴랑코는 교회 교도권(magisterium) 문헌을 두 번만 언급하는데—교황의 단죄 교서 「주님의 식탁(In Coena Domini)」(1363~1770)[16:11]과 제4차 라테란

공의회 교령 「환자 돌봄(Cum infirmitas)」(1215)[17:4]—주제의 민감성 때문에 주석이나 설명을 거의 하지 않는다.

3) 지침서의 수사학

(1) 본문의 대화적이고 실용적 성격

이 책이 성공한 또 다른 비결로, 폴랑코는 죽음이란 무겁고 심각한 주제를 본문에서 놀라운 형식적 짜임새로 매우 잘 풀어나갔다. 지침서는 5다섯 가지 대화 층위가 서로 맞물려 있는데, 폴랑코는 죽음을 앞둔 사람이 겪는 복잡 미묘한 상황을 잘 이해하고 사안별로 능숙하게 다룸으로써 신중하고 꼼꼼한 지침을 마련했다.

폴랑코는 음성과 이미지를 조화롭게 결합시켜 임종자가 하느님의 은총과 사랑으로 이 세상을 떠날 수 있도록 돕는다. 남아 있는 시간이 짧고 '영혼의 구원'이라는 큰 목표가 있기 때문에 그 지침들에는 효과적으로 이 목적을 이루는 데 도움이 되기를 바라는 마음이 담겨 있다. 폴랑코는 적절하게 온화하고, 단순하고, 간결한 한마디(1:6)에 깊은 확신을 가지고 있다. 말은 영혼이 신성한 사랑으로 향하도록 '추동해야' 한다. 폴랑코는 다양한 육신의 인물(임종자, 사제, 봉사자, 동반자)과 영적인 인물(성부, 성자 예수 그리스도, 마리아, 천사, 성인) 사이의 일련의 대화를 '조화롭게 전개'한다. 이 다양한 음성과 대화의 합창은 임종자와 영적 공감대를 형성하며 펼쳐지는 '구원의 교향곡'과 같다. 대화의 다섯 층위가 어떻게 표현되는지 살펴보자.

(1) 선종봉사자와 폴랑코의 대화는 "이해하다, 배려하다, 기도하다, 돌보다, [그의 처지에] 맞추다"와 같은 문체로 나타난다.

(2) 폴랑코는 선종봉사자가 임종자를 올바르게 대하는 자세를 갖도록 안

내한다. 이는 "먼저 말하지 마라, 시작하지 마라, 도와주라, 알려주라, 데려가라, 격려하라, 권유하라, 일깨우라, 조언하라, 물어보라, 설명하라"와 같은 권고형 동사의 형태로 표현된다.

(3) 하느님과 임종자의 대화: 이것은 성삼위에게 바치고, 성모·천사·성인들에게 부탁하는 다양한 기도와 담화에서 나타난다.

(4) 임종자와 봉사자와의 대화: 지침 세부사항은 본문의 대부분을 차지한다.

(5) 성경 인물과 하느님과의 대화: 폴랑코는 임종자에게 기도에 참여하자고 제안하여 성경적 기도 공동체를 만든다. 임종자의 기도방은 구원의 음성과 인물들로 가득 차 있다. 그것은 "거룩한 예언자와 함께 말하십시오. 그들이 나에게 말했을 때 얼마나 기뻤는지…!"와 같이 표현된다.

(2) 감화를 주는 소재와 신심 행위

폴랑코는 죽음과 같은 중대한 순간에 감화를 주고 신심을 고취하는 데 도움이 되는 적절한 형식의 소재들을 능숙하게 사용한다. 마음에서 우러나오는 감탄사, 수사적 질문, 반복적 호명, 성인들의 위임, 성상 이미지(특히 십자가)의 가치, 침상과 방의 성수, 경건한 이들의 기도 등.[8]

그는 지침서 곳곳에서 임종 봉사자들을 위한 다양한 실천사항을 제시하는데, 이는 그의 심오한 인간적 지혜와 죽음 직전 각자 다양한 상황에 처한 사람들을 보살폈던 경험에서 나온 결실이다. 폴랑코는 상황이 허락하는 한, 죽음을 맞이하는 사람이 하느님의 현존과 인식에 머물 수 있도록 가능한 모든 수단을 동원하여 도와준다. "읽고, 설명하고, 의탁하고, 선사하고,

---

8   J. Garcia de Castro, *Polanco. El humanismo de los jesuitas*, pp. 219-220.

간청하고, 감사하고, 기억하고, 숙고하고, 묻고, 제안하고, 일깨우고, 독려하고, 상기시키고, 권유하고, 격려하고, 말하고, 추천하고, 보여주고, 기도하고, 대화하고, 알려주고, 알려지고, 돌보고, 준비하고, 연습하고, 진행하고…."[9] 그리고 무엇보다도 '돕는다(ayudar)'란 동사가 많이 사용된다.

4) 영성적 바탕―그리스도교 인본주의

⑴ 신중함, 다정함, 그리고 가장 중요한 분별력

지침서 첫 장에서 제시된 임종자를 돕는 첫 번째 자질은 애정(afecto)이다. 다만 돕는 이에게는 무엇보다도 '분별력(discreción)'(1:5)이 필요하기 때문에 이 다정함은 각 사람에 맞게 조정되어야 하는 신중한 정서이다. 이 신중하고 사려 깊으며 절제된 다정함이 분명하게 드러나는 순간들이 많이 있다. 사목자는 환자의 상황과(1:6) 그의 습관에 맞는 방식으로 말하고(1:7), 천천히 그 사람의 성향을 알아 가고(1:8), 겸손하고 신중하게 대하여 그의 호의를 얻고(1:8), 따뜻하고 부드럽게 알려주며(2:2), 너무 겁주지 말고(2:4), 다른 속죄행위(補贖)를 더하지 않고(2:6), 가능한 한 너그럽게 사죄해야 한다(大赦를 베풂, 2:6). 다양한 수단을 활용하며(5:8), 신중하고 온화하게 알려주며(9:2), 필요에 따라 미덕을 베풀고(9:8), 할 수 있으면 빨리 선행을 하도록 권고하고(10:1), 가능한 한 최선을 다하며(10:4), 상황과 환자의 마음이 요구하는 대로 행동한다(10:12). 또한 돕는 사람의 판단에 맡기고(12:14), 그

---

9 leer, explicar, encomendar, ofrecer, suplicar, agradecer, acordarse, ponderar, preguntar, sugerir, suscitar, excitar, recordar, exhortar, incitar, decir, recomendar, mostrar, orar, conversar, informarse, hacer saber, animar, cuidar, disponer, ejercitar, proponer, ir por delante...

의 재량에 따라 더 많은 또는 더 적은 문장으로 표현하며(13:10), 그를 일깨우고 구원을 얻는데 더 효과적인 도움의 수단을 더 유심히, 그러나 신중하게 살펴보는 것이 좋다(17:10). 시간과 장소와 사람들의 상황이 허락하는 대로(17:12), 그리고 분별 있는 사랑이 이끄는 대로, 사람과 시간을 고려하여(18:8), 그의 상황을 배려하며 유연하게(20:4) 대처할 것을 권장한다.

폴랑코는 뛰어난 인문주의자로서 비교(7:2,3), 사례, 추론, 설명, 구분과 차이점 등을 활용하여 '짜임새 있게'(1:5) 기술한다. 그는 [죽음을 대하는] 방식의 개요를 설명하고(서문: 3), 임종자의 유형과 상황을 내부적으로 참조하고 분류하며, 환자 정보와 관련 지식을 추구한다(1:7).

(2) 하느님과 성스러운 이미지

『선종봉사지침』에는 무서운 이미지, 우울한 묘사, 단죄의 위협, 음산한 묘사 등이 등장하지 않는다. 처음부터 다정함과 마주함, 성부와의 교감, 성자의 자비, 천상을 지향하는 성령의 권능에 관한 이야기로 가득 차 있다. 이 책은 지옥과 악마 묘사에서 중세의 그림자에서 벗어난 인문주의를 선보이는데, 지옥에는 화염도 고통도 구더기도 없어 오히려 단조롭게 보인다. 성모와 천사들과 성인들이 모인 곳이자 삼위일체 하느님의 처소인 천국에서 나오는 광채만 있을 뿐이다.

그렇기에 폴랑코는 이 모든 『선종사목지침』이 하느님의 영광과 은총을 위한 것이며(머리말), 임종자들이 하느님의 은총과 사랑 안에서 이승을 떠나도록 돕기 위한 것임을 강조한다.(2:2) 제6장(6:2, 5, 8, 11)에서 하느님은 행복·안녕·환희·거룩·의로움, 정의·아름다움·희열·친절·최고선·최상의 만

족·기쁨·선함·자선·자비·회개·용서·희망·생명[10] 등으로 나타난다. 7장은
자연·은총·영광을 선사하는 신(4~6장)이자 사랑으로 충만한 삼위일체 하느
님, 8장(5, 6항)은 우리를 사랑하셔서 십자가에 못 박혀 돌아가신 분의 모습
을 보여주며, 수난기를 읽고 십자가를 경배하도록 초대한다. 그다음 장부
터 각자의 상황에 따른 하느님의 형상을 제시하는데, 예를 들어, "계속 살기
를 열망하는" 이들에게는 생명, 유배 후의 보금자리, 안식과 영광의 문이신
하느님을 알려준다.(9장) 두려움이 많은 사람에게는 도우미·보호자·섭리
자·돌보미이신 성부 하느님을 소개한다(10장). 절망하는 이에게는 하느님
이 인내하시는 분, 중재자, 자비로운 재판관, 옹호자(13장)가 되어 주신다.

5. 맺음말

그리스도교가 인본주의(humanism)를 경계하라고 하지만 그리스도교만
큼 인간 중심적인 종교도 없다. 특정 시공간 속 인물들의 역사적 서사를 절
대화시킨 유대교의 전통을 이어받은 그리스도교는 신과 인간 사이의 분리
나 거리두기가 아닌 육화와 구원이란 핵심 개념 아래 줄곧 희로애락의 인
간 감정을 투영하고 생로병사의 인생사에 직접 관여한다. 특히 나사렛 예
수의 삶과 그의 십자가 죽음이란 극적인 사건을 결정적인 신의 계시로 여
기며 감히 진리요 구원이라 고백하는 이 종교는 신-인 관계에서 한결같이
강한 정서성과 긴밀한 인격적 관계를 강조한다. 이런 면에서는 불교가 오
히려 초연한 인간관계를 얘기한다. 그리스도교의 인본주의적 신앙은 한

---

10 felicidad, bienestar, alegría, santidad, justicia, hermosura, delicia, amabilidad, sumo bien,
    sumo placer, goce, bondad, dador, misericordioso, reparador, perdón, esperanza, vida.

사람 예수의 실존을 얘기하고 그를 따르는 이들을 얘기한다. 예수를 따르던 이들이 그의 가르침과 치유, 십자가 죽음을 통한 희생적 사랑, 그리고 부활이란 '지평 너머'(beyond horizon)의 사건을 목격하며 이해를 넘어선 어떤 체험에 이르렀을 때 비로소 "아, 주님이시구나. 아, 메시아시구나. 아, 하느님의 아들이었구나! 나의 주님, 나의 하느님!"이라고 고백했다. 이 '아하' 체험으로 온 실존이 뒤바뀐 이들의 고백이 복음서가 되고 편지들이 되고 철학의 용어를 빌려 신조가 되고 교회의 이름으로 다듬어진 교리가 되었다. 이런 실존적 체험과 고백을 바탕에 둔다면 임종과 관련해서도 그리스도교의 인본주의적 신앙의 관점에서 접근할 필요가 있다.

그런데 흥미롭게도 폴랑코의 『선종봉사지침』은 죽음을 슬픔의 정서로 바라보는 시선에서 멀리 떨어져 있고 심지어 무심해 보이기까지 한다. 그는 여왕의 시신을 보고 회심했던 데 보르하의 조언에 따라 생전에 죽음을 자주 떠올렸고,[11] 죽음을 일상적인 삶의 중심에 들여와 비극적인 성격을 완화시켰다. 이런 점에서 죽음에 대한 폴랑코의 태도는 애절한 정서로서의 인본주의와는 분명 거리가 멀다. 하지만 그가 죽는 법을 배움으로써 사는 법을 배운 셈이니 임종사목에 대한 그의 근본 바탕은 죽음에 대항하는 인생 애착의 미련이나 대책 없는 인생무상의 허무감보다, 신앙에 따라 삶에 새로운 방향을 정하고 의미를 부여하는 인생 질서의 올바른 재정립이며, 그런 면에서 결국 인본주의적 영성이라 할 수 있다.

11 성 프란치스코 데 보르하(Francisco de Borja, 1510-1572)는 교황(갈리스토 3세, 알렉산드로 6세)을 배출한 스페인 명문가 출신으로 포르투갈의 젊은 왕비 이사벨라의 시신을 옮기던 중 그 아름다운 얼굴이 부패한 것을 보게 되자 인생무상을 깨닫고 삶의 진로를 바꿔 1546년 예수회에 입회하였다. 1565년 예수회 3대 총장이 되어 다수의 예수회 대학 설립과 해외선교 확장에 헌신하였다. 사후 교황 클레멘스 10세에 의해 시성되었다. 그가 시신을 보고 회심하는 장면은 여러 회화와 조각으로 표현되었다.

보통 '종말론'(eschatology)이라고 부르는 그리스도교 신학은 적어도 한 개인의 실존 측면에서 보면, '구원'이란 최종 목적을 위해 죽음이 임박한 삶의 마지막 때의 엄중함과 하느님을 향한 온전하고 심오하며 근본적인 회심의 필요성을 다시 강조하는 경향이 있다. 이에 따르면 임종은 결정적이고 확정적인 결말의 순간, 최종적이고 총체적인 마지막 선택이자 본인의 인생사에서 인격적 완성의 순간, 만남·해방·변모와 온전한 자기실현과 진정성의 순간, 그리스도와 결정적 친교를 이루고 그분의 신비에 최대한 동화되는 순간, 그리고 '유한의 끝, 무로의 소멸, 무의미'가 아닌 '여기에서 저기로 넘어감'의 의미와 희망(교리적 개념으로는 심판과 구원)에 대한 질문의 시간이다. 폴랑코의 경우처럼 오늘날 가톨릭교회는 죽음 직전의 순간이 얼마나 중요한지 인식하는 것에만 그치지 않고, 그 시간을 최대한 존엄하게 살다가 복된 죽음으로 이어지도록, 곧 선종을 맞이하도록 돌보는 사목적 실천으로 발전하고 있다. 이 과정에서 핵심은 임종자 본인과 봉사자, 가족과 지인들 모두 죽음을 어떻게 바라보고 어떻게 마주할 것인지 식별하는 '태도'와 '준비'에 달려 있다.

이시가미 린타로(石上 麟太郎)

　먼저 이번 국제학술대회를 서강대학교와 공동 개최하게 된 것을 진심으로 기쁘게 생각하며 감사드립니다. 또한 이진현 교수님께서 훌륭한 논문을 써 주 주신 것에 대해 깊은 감사를 드립니다.

　『선생복종정로(善生福終正路)』, 즉 "선하게 살다가 복되고 거룩한 죽음을 맞이할 수 있도록 올바른 길을 걸어야 한다"는 지침은 이번 국제회의의 주제인 초고령화 사회에서의 웰에이징과 웰다잉(Well aging and Well dying in Superaged Society) 그 자체라고 할 수 있습니다.

　성 이냐시오 데 로욜라의 제자이자 그의 비서이자 총장 비서직이었던 폴랑코가 말년에 작성한 『선종봉사지침』은 임종자 돌봄과 관련된 초기 예수회 회원들의 저술을 요약한 것으로, 지혜와 실용성이 풍부한 실천적 내용을 담고 있습니다. 여기에는 전장에서 중상을 입거나 죽음에 가까운 중병을 자주 경험한 이냐시오 데 로욜라의 가르침도 반영되어 있습니다.

　『선종봉사지침』은 모두 6장으로 구성되어 있으며, 발표에서는 목차를 제시한 후 각 장의 내용을 주제별로 요약하여 소개하고 있습니다.

　여기서 제가 주목한 것은 전체 20장 중 대다수인 8장부터 18장까지가 '다양한 상황에 놓인 사람들과 동행하기'로, 죽음에 직면한 사람들과 함께하는 것에 대해 쓰여 있다는 점입니다. 즉, 내용의 대부분이 동행하는 것, 즉 곁에서 보살피는 것에 할애되어 있다는 것입니다. 거기에 『선종봉사지침』

의 진수가 있는 것 같다는 생각이 듭니다.

그래서 질문과 의견입니다만, 이 다양한 사람들과 동행하는 내용에 대해 구체적인 예시 등을 추가하여 설명해 주시면 감사하겠습니다. 또한 이 『선종봉사지침』은 임종을 맞이한 사람을 돌보고 보내는 측의 관점에서 구성되어 있는데, 반대로 이 내용을 임종하는 사람의 입장에서 본다면 어떻게 될 것인지도 함께 말씀해 주시면 감사하겠습니다.

먼저, 4-1)부터 2)까지는 폴랑코가 『선종봉사지침』에서 성경을 언급하고 있는 부분을 정리하고, 성전 등을 언급하고 있는 부분을 정리했습니다. 다음으로 4-3)에 대해 말씀드리면, 이 부분에서 매우 중요하다고 생각되는 것이, "폴랑코는 다양한 육체적 인물(임종자, 사제, 봉사자, 동반자)과 영적 인물(성부, 성자 예수 그리스도, 마리아, 천사, 성인)과의 일련의 대화를 조화롭게 전개한다"는 부분입니다 지침의 구체적인 내용이 대화와 조화에 있다는 것은 매우 중요한 시사점을 던져주고 있다고 생각합니다. 또한 이 다양한 목소리와 대화의 합창은 임종자와 영적 공감을 형성하면서 펼쳐지는 '구원의 교향곡'과 같은 것이라는 매우 아름다운 말로 표현하고 있습니다.

이 '임종자'와 그것을 '돌보는 사람(生者)', 그리고 '영적 인물'과의 구원의 교향곡으로서의 대화는 웰다잉의 중요한 개념이 될 수 있을 것입니다.

더 나아가 감동과 환희를 줄 수 있도록 하겠다는 구체적인 지침도 중요합니다. 4-4)에 대해서는 지침서 첫머리에 제시된 임종 봉사자의 자질은 애정이며, "선종 봉사 지침서에는 무서운 이미지, 우울한 묘사, 단죄의 위협, 음울한 묘사 등은 등장하지 않는다. 처음부터 친절하게 대면하고, 아버지와의 교제, 성자의 자비, 천국을 향한 성령의 권능에 관한 이야기로 가득 차 있다"는 점이 중요하다고 생각한다. 바로 이번 의회의 주제는 '늙음'과 '죽음'이 고통으로 가득 찬 어두운 것이라는 부정적인 두려움에 대해 사랑으로 희망의 빛을 비추는 것이다. 그런 점에서 폴랑코가 죽음에 대해 공포나 우울한 묘사를 전혀 하지 않고 빛과 희망으로 가득 찬 지침을 제시하고 있다는 점이 중요하다고 생각합니다.

예수회 폴랑코의 『선종봉사지침』은 현대에도 실천적이면서도 아름다운 영혼의 하모니를 연주하는 사랑과 빛과 희망이 가득한 지침서라는 것을 발표로 잘 알 수 있었습니다. 이진현 선생님, 멋진 발표 정말 감사합니다.

마지막으로 선생님께 한 가지 질문이 있습니다. 아시다시피 일본의 기독교 인구는 각 종파를 모두 포함해도 전체 인구의 1퍼센트 정도입니다. 저는 천주교 예수회 신자인데, 제가 소속된 이냐시오 교회 신자는 약 17,000명[1] 정도입니다. 일본에서 기독교인은 압도적인 소수이고, 그 중에서도 예수회 신자라면 더더욱 소수입니다.

그래서 발표하신 『선종봉사지침』의 취지를 예수회 신자가 아닌 일반 일본인들에게 어떻게 활용하면 좋을까요? 더 나아가 한국과 일본이 공동으로 동아시아에서 출발하여 전 세계 사람들을 향해 발신하고 활용하기 위해서는 어떻게 하면 좋을지(어떤 점이 중요하고 어떻게 적용할 수 있는지)에 대해 선생님의 견해를 들을 수 있으면 좋겠습니다.

---

1   천주교 도쿄 대교구 홈페이지에는 17,152명(2019년 12월 31일 기준)으로 되어 있다.

이진현

 십자가 사건(Crucifixion) 사건을 중심으로 예수 그리스도를 유일무이한
구원자이자 참 하느님, 참 사람으로 고백하며 궁극의 해방과 구원을 추구
하는 그리스도교 신앙은 전통적인 신도와 불교, 현대 세속문화에 익숙한
일본인들에게는 당연히 낯선 가치이며 지금까지도 기독교가 소수종파로
남아있는 이유이기도 합니다.

 이 낯섬과 거리감에도 불구하고 그리스도교 신앙과 일본인의 정서는 인
류 보편적 윤리를 향한 연대와 공동선의 가치를 공유할 수 있을 것입니다.
아무리 종교와 문화가 다르더라도 인간이라면 누구나 실천하는 도덕 가
치(moral value)가 있습니다. 예를 들어 각자의 위치에서 자신이 맡은 역할
에 최선을 다하며 공동체의 안정과 조화를 추구하는 일본의 '와'(和) 정서
와 그리스도교의 타인에 대한 연민(compassion)은 분명 자기 희생적 사랑
(sacrificial love)으로 이어지는 보편적 인류애의 요소가 있습니다. 다름으로
구별하고 거리 두고 배척하는 것보다 같은 점을 찾게 되어 서로가 더 기뻐
하고 위로하며 그 공통의 기반(common ground) 위에서 '따로 또 같이' 협력
할 수 있다고 생각합니다.

 『선종봉사지침』의 경우 '지침'이란 그리스도교의 규범적·의례적 의미에
매여 논의의 확대를 제한하기보다 '임종자가 좋은 죽음을 맞이할 수 있도

록 돕는다'라는 근본 취지에 동의한다면, 이는 초고령화사회를 마주하고 있는 한일 양국 모두 well-aging과 well-dying의 과제를 함께 고민하며 해결을 모색하는 데 도움이 될 수 있습니다. 특히 지침서 항목마다 강조하고 있는 임종 봉사자의 태도와 준비사항은 종교와 문화와 상관없이 누구나 동의하고 협력할 수 있는 공통의 동기부여 역할을 할 수 있다고 봅니다.

참고문헌
집필진 소개
찾아보기

참고문헌

□ 웰에이징(Well-Aging) 프로그램 개발 _ 강선경

강현도, 성윤정. 2023. 「감사일기 쓰기가 장기입원 중인 만성 조현병 노인 환자의 우울과
    행복감, 감사성향에 미치는 영향」, 『고령자·치매작업치료학회지』 17(1).
고대선, 원영신. 2005. 「노인주거복지시설 노인들의 성공적인 노화의 의미」, 『한국사회체
    육학회지』 24.
고수현, 윤선오. 2008. 『새로운 노인복지론』, 서울: 양서원.
고영복. 1991. 『현대사회문제』, 서울: 사회문화연구소출판부.
고영삼. 2016. 「고령화 문제의 해결법으로서 디지털 에이징 정책에 대한 탐색적 연구」,
    『디지털융복합연구』, 14(11).
김경주. 2021. 「한국 다섯 지성인의 삶 속에 녹아든 웰에이징 탐구」, 연세대학교 대학원
    박사학위논문.
김경호. 2012. 「웰에이징: 노년의 삶에 대한 여헌 장현광의 성찰」, 『동양고전연구』, 49.
김경호, 김지훈. 2008. 「삶의 만족도가 성공적 노화에 미치는 영향: 유배우자 노인을
    중심으로」, 『한국가족복지학』, 13(2).
김명숙. 2010. 「한국인의 죽음에 대한 인식과 태도에 관한 철학적 고찰」, 『유학연구』 22.
김명애, 김태주, 문미영, 김태희. 1999. 「사회적 노화이론에 대한 고찰」, 『노인간호학회
    지』, 1(1).
김영희, 박금숙, 진은영. 2019. 「지역사회 재가노인을 위한 웰에이징 프로그램의 효과」,
    『한국간호연구학회지』 3(4).
김용해. 2008. 「현대 영성의 초월철학적 이해」, 『가톨릭철학』 10.
캔다, 에드워드. 2007. 『영성과 사회복지실천』. 김용환, 김승돈, 최금주 역(Edited by
    Canda, E. R.. 1998. Spirituality in Social Work) 경기: 양서원.
김은희, 박상갑, 홍가람. 2019. 「범이론모형과 장수 운동프로그램이 고령 고혈압여성의
    건강관련체력, 혈압 및 내중막두께에 미치는 영향」, 『한국사회체육학회지』 75.
김재구. 2013. 「12주간의 요가 수련이 고령자의 운동기능과 정신건강에 미치는 영향」,
    『코칭능력개발지』 15(3).
김춘종. 2022. 「노인의 신체활동 변화에 의한 우울 분석: 코로나 19 영향을 중심으로」,
    『한국특수체육학회지』 30(2).
김형록. 2013. 「불교명상과 통합된 청소년 분노조절 프로그램 개발을 위한 이론적 고찰」,

『불교학보』 64.

남기민. 2007. 『고령화 사회와 노인복지』, 서울: 양서원.

도승자. 2017. 「통합적-영성적 사회복지실천의 필요성」, 『한국사회복지학회 학술대회 자료집』 2017(4).

모선희, 김형수, 유성호, 윤경아. 2006. 『현대노인복지론』, 서울: 학지사.

박지숭. 2013. 「중노년기 나이 인식과 영성적 경험이 삶의 만족도에 미치는 영향」, 『영성과 사회복지』 1(1).

백옥미. 2014. 「노년기 자원봉사활동 참여궤적에 따른 신체적, 정신적 건강과의 관계」, 『노인복지연구』 66.

신동민. 2013. 「노인의 영성이 자아통합감에 미치는 영향: 사회적 지지의 조절효과를 중심으로」, 『영성과 보건복지』 1(2).

신정란. 2020. 「여성노인의 명상상담 치유경험에 대한 내러티브 탐구 : 명상상담과 사회복지 통합적 접근」, 『자연치유연구』 5(1).

안정신, 강인, 김윤정. 2009. 「한국 중노년 성인들의 성공적 노화 척도 개발에 관한 연구」, 『한국가족관계학회지』 13(4).

안혜정. 2013. 「한국 노인에게 늙는 것과 잘 늙는 것의 의미: 성공적 노화 개념의 비판적 고찰을 중심으로」, 중앙대학교 석사학위논문.

이소원, 김찬우. 2016. 「여성노인이 경험한 영성의 유용성에 관한 질적 연구」, 『노인복지연구』 71(2).

이윤복. 2011. 「노인의 종교성과 삶의 질에 따른 연구: 자아존중감, 자기효능감의 매개변수를 중심으로」, 백석대학교 기독교전문대학원 박사학위논문.

이은숙, 조문경, 윤지원. 2008. 「회상을 도입한 원예치료 프로그램이 노인의 심리적 및 생리적 변화에 미치는 영향」, 『원예과학기술지』 26(2).

이진우. 2013. 「'인간 극복'과 니체의 트랜스휴머니즘」, 『니체연구』 24.

장병주. 2018. 「웰빙인식이 웰빙지향행동과 삶의 질에 미치는 영향」, 『관광레저연구』 30(10).

정진경, 박화옥, 이창호. 2009. 「노인자원봉사 실태조사 및 활성화 방안연구」, 보건복지부·한국자원봉사포럼.

조원규. 2013. 『웰다잉과 행복성찰』, 서울 : 책과 나무.

주해원. 2016. 「주관적 에이징웰: 에이징웰의 개념적 모델의 구성 및 척도의 타당화」. 중앙대학교 대학원 박사학위논문.

최금주. 2009. 「노인의 영적웰빙이 자아통합과 죽음불안에 미치는 영향」, 대구가톨릭대학교 대학원 박사학위논문.

최금주, 제석봉. 2007. 「노인의 영성이 자아통합에 미치는 영향」, 『노인복지연구』 38.

최일섭, 최성재. 1995. 『사회문제와 사회복지』, 서울: 나남출판.

통계청. 2020.「2019 고령자 통계 보도자료」, 서울: 통계청.

허윤, 문유선, 손봉기, 이상규, 이강, 노현진, 김도훈. 2008.「한국의 일 지역 독거노인에서 종교성 및 영성이 우울 및 삶의 질에 미치는 영향」,『노인정신의학』12(2).

홍현방. 2002.「성공적 노화개념 정의를 위한 문헌연구」, 이화여자대학교 대학원 박사학위논문.

Abbott R. A., Whear R., Thompson-Coon J.. 2013. Effectiveness of mealtime interventions on nutritional outcomes for the elderly living in residential care: A systematic review and metaanalysis. Ageing Res Rev 12.

Bandura, A.. 1997. Self-Efficacy: The Exercise of Control, New York: W. H. Freeman and Company.

Benson, P. L., Roehlkepartain, E. C., & Rude, S. P.. 2003. Spiritual development in childhood and adolescence: Toward a field of inquiry. Applied developmental science 7(3).

Blumer, H.. 1969. Symbolic interactionism. NJ: Prentic Hall.

Bowling, A.. 2011. Do older and younger people differ in their reported well-being? A national survey of adults in Britain. Family Practice 28.

Butler, R. N., & Gleason, H. P.. 1985. Productive aging: Enhancing vitality in later life. Springer Pub. Co.

Canda, E. R., and Furman, L. D.. 2010. Spiritual Diversity in Social Work Practice(2nd ed.), New York: Oxford Univ. Press.

Carroll, M. M.. 1998. Social Work's Conceptualization of Spirituality, in Spirituality in Social Work: New Directions, Edited by Canda, E. R., New York: Haworth Press.

Carroll, M. M.. 2001. Conceptual Models of Spirituality. in Transpersonal Perspectives on Spirituality in Social Work, Edited by Canda, E. R., and Smith, E. D., New York: Haworth Press

Cornett, C.. 1992. Toward a more Comprehensive Personology: Integrating A Spiritual Perspective into Social Work Practice. Social Work 37(2).

Crisp, B. R.. 2010. Spirituality and Social Work: Contemporary Social Work Studies, U.K.: Ashgate Publishing Limited.

Derezotes, D. S., and Evans, K. E.. 1995. Spirituality and Religiosity in Practice: In-Depth Interviews of Social Work Practitioners. Social Thought 18(1).

Diener, E., & Chan, M. Y.. 2011. Happy people live longer: Subjective well-being contributes to health and longevity. Applied Psychology: Health and Well-Being 3(1).

Dowd, J. J.. 1980. Stratif cation among the aged. CA: Brooks/Cole.

Erikson, E. H.. 1964. Childhood and society. NY: Norton.

Erikson, E. H.. 1980. Identity and The Life Cycle(2nd ed.), New York: W. W. Norton & Company Inc.

Faver, C. A.. 2004. Relational Spirituality and Social Care-Giving. Social Work 49(2).

Flood, M.. 2005. Amid-range nursing theory of successful aging. Journal of theory onstruction & testing 9(2).

Frederick, T. V.. 2014. Spiritual transformation: Honoring spiritual traditions in psychotherapy. Spirituality in Clinical Practice 1(2).

Fredrickson, B. L., Tugade, M., Waugh, C., & Larkin, G.. 2003. What good are positive emotionsincrisis? Journal of Personality and Social Psychology, 84(2).

Fries, J. F., and Crapo, L. M.. 1981. Vitality and Aging: Implications of the Rectangular Curve, San Francisco: W. H. Freeman.

Havighurst, R. J., Neugarten, B. L., and Tobin, S. S.. 1968. Disengagement and patterns of aging In B. L. Neugarten, (Ed.), "Middle age and aging", University of Chicago Press, Chicago.

Holstein, M.. 1993. Productive aging: A feminist critique. Journal of Aging & Social Policy,4.

Holstein, M. B., & Minkler, M.. 2003. Self, society, and the "new gerontology". The Gerontologist 43.

Homans, G. C.. 1961. Social behavior: Its elementary forms. Harcourt, Brace.

Joseph, M. V.. 1988. Religion and Social Work Practice. Social Casework 60(7).

Joseph, M. V.. 1987. The Religious and Spiritual Aspects of Social Work Practice: A Neglected Dimension of Social Work. Social Thought 13(1).

Kinch, J. W.. 1963. A formalized theory of self-concept. American Journal of Sociology 68.

Kirkpatrick, L. A., & Shaver, P. R.. 1990. Attachment theory and religion: Childhood attachments, religious beliefs, and conversion. Journal for the scientific study of religion.

Leary, M. R., Tipsord, J. M., & Tate, E. B.. 2008. Allo-inclusive identity: Incorporating the social and natural worlds into one's sense of self. In H. A. Wayment & J. J. Bauer (Eds.), Transcending.

March, J., Silva, S., Petrycki, S., Curry, J., Wells, K., Fairbank, J., ... & Severe, J.. 2004. Fluoxetine, cognitive-behavioral therapy, and their combination for adolescents with depression: Treatment for Adolescents With Depression Study (TADS) randomized controlled trial. Jama 292(7).

Maslow, A. H.. 1970. Motivation and Personality. New York: Harper and Row Publishers.

McCullough, M. E., Emmons, R. A., & Tsang, J. A.. 2002. The grateful disposition: A conceptual and empiricaltopo graphy. Journal of Personality and Social Psychology 82.

McKernan, M.. 2007. Exploring The Spiritual Dimension of Social Work. in Spirituality and Social Work: Selected Canadian Readings, Edited by Coates, J., Graham, J. R., and Swartzentruber, B., Toronto: Canadian Scholars' Press Inc.

Moody, H. R.. 2001. Productive aging and the ideology of old age. Productive aging: Concepts and challenges.

Morberg, D. O.. 1984. Subjective Measures of Spirituel Well-Being. Review of Religious Research 25(4).

Myers, J. E. (1990). Wellness throughout the lifespan. Guidepost, May.

OECD. (2019). Society at a glance 2019. Paris: OECD.

Osgood, N. (1984). Suicide: In Handbook on treatment in the United States. Greenwood Press.

Paloutzian. R. F., and Ellison. C. W.. 1982. Loneliness, Spiritual Well-Being and the Quality of Life. in Loneliness: A Source-Book of Current Theory, Edited by Peplau, L. A. and Perlman, D., Research and Therapy, New York: John Wiley & Sons.

Pargament, K. I., & Mahoney, A.. 2002. Spirituality: Discovering and conserving the sacred.

Pender N. J and Murdaugh C. L.. 2006. Parsons MA. Health promotion in nursing practices. 5th ed. Prentice Hall.

Pinheiro, M. B., Oliveira, J. S., Baldwin, J. N., Hassett, L., Costa, N., Gilchrist, H., & Tiedemann, A.. 2022. Impact of physical activity programs and services for older adults: a rapid review. International journal of behavioral nutrition and physical activity 19(1).

Puchalski, C., & Romer, A. L.. 2000. Taking a spiritual history allows clinicians to understand patients more fully. Journal of palliative medicine 3(1).

Ranzijn, R.. 2010. Active ageing-Another way to oppress marginalized and disadvantaged elders? Aboriginal elders as a case study. Journal of Health Psychology 15.

Rappaport, J.. 1985. The Power of Empowerment Language. Social Policy 16(2).

Rowe, J. W., & Kahn, R. L. (1987). Human aging: usual and successful. Science 237.

Rowe, J., & Kahn, R.. 1998. Successful aging. New York: Random House.

Schneiders, S. M.. 1989. Spirituality in the Academy. Theological Studies 50.

Schneiders, S. M.. 1990. Spirituality in the Academy. in Modern Christian Spirituality: Methodological and Historical Essays, Edited by Hanson, B. C., Atlanta Georgia: Scholars Press.

Schwartz, S. H.. 1992. Universals in the content and structure of values: Theoretical advances and empirical tests in 20 countries. In M. Zanna (Ed.), Advances in experimental social psychology (Vol. 25). Orlando, FL: Academic.

self-interest: Psychological explorations of the quiet ego. Washington: APA.

Sermabeikian, P.. 1994. Our Client, Ourselves: The Spiritual Perspective and Social Work Practice. Social Work 39(2).

Stephens, C., & Flick, U.. 2010. Health and ageing-Challenges for health psychology research. In: Sage Publications Sage UK: London, England.

Tornstam, L.. 2005. Gerotranscendence a develpmental theory of positive aging. New York: Springer Publishing Company.

Weick, A.. 1983, "Issues in Overturning a Medical Model of Social Work Practice," Social Work 28(6).

Whitson, H. E., Purser, J. L., & Cohen, H. J.. 2007. Frailty thy name is··· Phrailty?. The Journals of Gerontology Series A: Biological Sciences and Medical Sciences 62(7).

WHO. 2001. The World Health Report. Mental health: New understanding, new hope, Geneva.

Wilber, K.. 2000b. Integral Psychology: Consciousness, Spirit, Psychology, Therapy, Boston: Shambhala.

Williamson, G. M., and Dooley, W. K.. 2001. Aging and Coping: The Activity Solution. in Coping with Stress: Effective People and Processes(pp.240-258), Edited by Snyder, C. R., New York: Oxford Univ. Press.

World Health Organization. 2002. Active Ageing: A policy framework World Health Organization.

□ 커뮤니티와의 연결로 늙음을 빛나게 _도미자와 기미코

トーンスタム, L. 2017.『老年的超越；歳を重ねる幸福感の世界』, 冨澤公子・タカハシマ} サミ訳, 晃洋書房(Gerotranscendence；A Developmental Theory of positive Aging, Springer, 2005).

冨澤公子. 2009a.「奄美群島超高齢者の日常からみる『老年的超越』形成意識」,『老年社会科学』30.

――――――. 2009b.「ライフサイクル第9 段階の適応として「老年的超越」；奄美群島超高齢者の実態調査からの考察」,『神戸大学大学院人間発達環境学研究科研究紀要』2, 327-335頁, 2009b年.

冨澤公子・Masami Takahashi. 2010.「奄美群島超高齢者の「老年的超越」形成
　　　に関する検討：高齢期のライフサイクル第8段階と第9段階の比較」,
　　　『立命館大学産業社会学論集』46(1).
------------------. 2014.「長寿とコミュニティの役割：奄美群島の幸福な老い」,『2012
　　　年度公益財団法人ユニベール研究助成豊かな高齢者社会の探求』22.
冨澤公子. 2019a.「奄美群島における長寿の地域要因と支援要因の分析」,
　　　『国際文化政策』10.
------------. 2019b.『奄美のシマ(集落)にみる文化資本を生かした地域経営：長寿と人間
　　　発達を支える伝統と協働のダイナミズム』, 名古屋学院大学大学院博士論文.
------------. 2020.『長生きがしあわせな島〈奄美〉DVD付』, かもがわ出版.
------------. 2021.『幸福な老いを生きる：長寿と生涯発達を支える奄美の地域力』, 水曜社.
鹿児島県大島支庁. 2021.『令和3年度奄美群島の概要』. http://www.pref.kagoshima.jp/
　　　aq01/chiiki/oshima/chiiki/zeniki/gaikyou/r3amamigaikyou.html
石川雅信. 1993.「奄美の家族と「一重一瓶」」, 村武精一・大胡欣一,『社会人類学から見
　　　た日本』, 河出書房新社.
鹿児島県.「本県の百歳以上高齢者の地区別状況」(2022.9.9付) http://www.pref.
　　　kagoshima.jp/ab13/kenko.fukushi/koreisya/koreika/rouzinnnohi.html(2022.12.1.).
厚生労働省. 2020.「平成25年~平成29年 人口動態保健所・市区町村別統計の概要」
　　　(令和2.7.31付).
木下康仁. 1999.『グラウンデッド・セオリー・アプローチ；質的実証研究の再生』,
　　　弘文堂.
木下康仁. 2003.『グラウンデッド・セオリー・アプローチの実践；質的研究への誘い』,
　　　弘文堂.
福原義春. 2010.「銀座の街と資生堂」,『国際文化政策』.
柳田國男. 2004.『柳田國男全集第31巻』, 筑摩書房.
冨澤公子・Masami Takahashi. 2016.「健康長寿と幸福な老いの環境要因：長寿地域
　　　「京丹後市」を事例とした実証研究」,『2014年度助成ジェロントロジー研究報告』
　　　12.
冨澤公子. 2018c.「長寿地域における長寿の地域要因と支援要因の分析：京丹後市を事例
　　　として」『大阪ガスグループ福祉財団調査・研究報告集』, 31.8c年.

□ 초고령사회에서 웰에이징(well-aging)에 대한 철학상담적 고찰 _ 홍경자

그륀, 안셀름. 2000.『올해 만날 50천사』, 서명옥 옮김, 서울: 분도출판사.

박병준 외. 2020. 『코로나 블루, 철학의 위안』, 서울: 지식공작소.

박병준. 2015. 「철학상담과 해석학: 철학상담을 위한 해석학의 적용의 문제」, 『현대유럽 철학연구』 제38집, 한국현대유럽철학회.

박병준. 2014. 「하이데거의 존재와 해석: 『존재론: 현사실성의 해석학』에 대한 해석학적 탐구」, 『가톨릭철학』 제23호, 한국가톨릭철학회.

박병준. 2014. 「한나 아렌트의 인간관-『인간의 조건』에 대한 철학적 인간학적 탐구」, 『철학논집』 제38집, 서강대철학연구소.

박병준, 윤유석. 2015. 「영성과 치유-'치유의 철학'을 위한 영성 개념의 정초 작업」, 『가톨릭철학』 제25호, 한국가톨릭철학회.

박병준, 홍경자. 2018. 『아픈 영혼을 철학으로 치유하기 - 철학상담을 위한 공감적 대화와 초월 기법』, 서울: 학이시습.

아감벤, 조르조. 2021. 『얼굴없는 인간: 팬데믹에 대한 인문적 사유』, 박문정 옮김, 파주: 효형출판.

코레트, 에머리히. 1994. 『인간이란 무엇인가? 철학적 인간학의 기본 개요』, 서울: 성바오로출판사.

키르케고르, 쇠렌. 2007. 『죽음에 이르는 병』, 임규정 옮김, 서울: 한길사.

하이데거, 마르틴. 1993. 『기술과 전향』, 이기상 옮김, 서울: 서광사.

──────. 2002. 『존재론: 현사실성의 해석학』, 이기상, 김재철 옮김, 서울: 서광사.

홍경자. 2017. 「행복한 삶을 위한 전인적 '영성치유'와 철학상담」, 『가톨릭철학』 제28호, 한국가톨릭철학회.

──────. 2010. 「야스퍼스의 한계상황과 의미-정향된 철학상담」, 『현상학과 현대철학』 제47호, 한국현상학회.

Coreth, Emerich. 1994. *Grundriss der Metaphysik*, Innsbruck/Wien: Tyrolia-Verlag. (코레트, 에머리히. 2000. 『전통 형이상학의 현대적 이해-형이상학 개요』, 김진태 옮김, 서울: 가톨릭대학교출판부).

Jaspers, Karl. 1973. *Philosophie II, Existenzerhellung*, Berlin/Heidelberg: Springer.(야스퍼스, 칼. 2019. 『철학 II, 실존조명』, 신옥희, 홍경자, 박은미 옮김, 서울: 아카넷).

──────. 1971. *Psychologie der Weltanschauungen*, 7. Aufl. Berlin/ Heidelberg/ New York: Springer.

──────, 1973. *Vernunft und Existenz*, München: Piper(야스퍼스, 칼. 1999. 『이성과 실존』, 황문수 옮김, 서울: 이문출판사.

Kant, Immanuel. 1992. *Kritik der Urteilskraft*, Werkausgabe Band X, Hg. Wilhelm Weischedel, Frankfurt am Main: Suhrkamp.(칸트, 임마누엘. 2009. 『판단력비판』, 백종현 옮김, 서울: 아카넷).

Lahav, Ran. 1995. "A Conceptual Framework for Philosophical Counseling: Worldview Interpretation", *Essays on Philosophical Counseling*, Edited by Lahav, Ran/Tillmanns, Maria da Venza, Lanham/New York/London: University Press of America.(라하브, 란. 2013. 「철학상담의 개념 구조틀: 세계관 해석」, 『철학상담의 이해와 실천』, 란 라하브 · 마리아 벤자 틸만스 편저, 정재원 옮김, 서울: 시그마프레스).

------------------. 2016. *Handbook of philosophical-contemplative companionships: Principles, Procedures, Exercises*, Chieti: Solfanelli, (라하브, 란. 2016. 『철학친교, 원리와 실천』, 편상범 옮김, Hardwick: Loyev Books).

--------------------. 2016. *Stepping out of Plato's cave-Philosophical Practice and Self-Transformation*, Pre-Publication Edition, Chieti: Edizioni Solfanelli.

Pascal, Blaise. 1985. *Pensées*. Dijon: Victor Lagier.(파스칼, 블레즈. 2013. 『팡세』, 정봉구 옮김, 서울: 올재).

Salamun, Kurt. 1985. *Karl Jaspers*, München: C.H.Beck.(잘라문, 쿠르트. 1996. 『칼 야스퍼스』, 정영도 옮김, 서울: 이문출판사).

Saner, Hans. 1996. *Jasper*, Hamburg: Rowohlt Taschenbuch Verlag(자너, 한스. 1976. 『야스퍼스』, 신상희 옮김, 서울: 한길사).

Schelling, Friedrich Wilhelm Joseph von. 1799. *Einleitung zu seinem Entwurf eines Systems der Naturphilosophie*, Jena/Leipzig: Christian Ernst Gabler.

Simmel, Georg. 1922. Lebensanschauung-Vier metaphysische Kapitel, München/Leipzig: Verlag von Duncker & Humblot.(짐멜, 게오르그. 2014. 『개인법칙-새로운 윤리학의 원리를 찾아서』, 김덕영 옮김, 서울: 도서출판 길).

Tillich, Paul. 2000. *The Courage to Be*, 2th Edition, New Haven/London: Yale University Press.(틸리히, 폴. 2006. 『존재의 용기』, 차성구 옮김, 서울: 예영커뮤니케이션).

□ 죽음은 우리에게 무엇을 말하는가? _김용해

Desmond, William. 1997. *Being and the Between*, State University of New York Press.

_____. 2001. *Ethics and the Between*, State University of New York Press.

_____. 2008. *God and the Between*, Blackwell Publishing.

Marcel, Gabriel. 1965. *Die Menschenwuerde und ihr existenzieller Grund*, Frankfurt a.M..

Pope Francis. 2014. 『복음의 기쁨』, 서울: 천주교주교회의중앙협의회.

김용해. 2010. 「죽음의 철학적 함의와 죽음교육의 필요성」, 『생명연구』 18집.

라너, 칼. 1988. 『죽음의 신학』, 김수복 역, 서울: 가톨릭출판사.

정동호. 2004. 『철학, 죽음을 말하다』, 서울: 산해,

안나카 나오후미(安中尚史). 1996. 「근대 니치렌(日蓮) 교단에서의 종군승(從軍僧)의 활동에 대해」, 『인도불교학연구』 44(2).

Bartel, M. 2004. What is Spiritual? What is Spiritual Suffering, *The Journal of Pastoral Care and Counseling*, 58(3).

베커, 칼. 2012. 「죽음을 마주했을 때 드러나는 일본인의 근본적 종교관」, 『완화케어』 22(3), 靑海社.

Becker, C.B., Taniyama, Y., Kondo-Arita, M., Yamada, S., & Yamamoto, K. 2022a. How Grief, Funerals, and Poverty Affect Bereaved Health, Productivity, and Medical Dependance in Japan, *OMEGA: Journal of Death and Dying*, 85(3).

Becker, C.B., Taniyama, Y., Kondo-Arita, M., Sasaki, S., Yamada, S., & Yamamoto. 2022b. Mourners' Dissatisfaction with Funerals May Influence Their Subsequent Medical/Welfare Expenses - A Nationwide Survey in Japan, *International Journal of Environmental Research and Public Health*, 19.

Brun, W. L.. 2005. A proposed Diagnostic Shema for Religious/Spiritual Concerns, *The Journal of Pastoral Care and Counseling*, 59(5).

Doyle, D., Hanks, G., Cherny, N., and Calman, K. (eds.). 2005. *Oxford Textbook of Palliative Medicine*, Third Edition, Oxford: Oxford University Press.

Elkins, D. N., Hedstorm, L. J., Hughes, L. L., Leaf, J. A. and Sounders, C.. 1988. Toward a Humanistic Phenomenological Spirituality, *Journal of Humanistic Psychology*, 28(4).

Farran, C. J., Fitchett, G., Quiring-Emblen, J. and Burck, J. R.. 1989. Development of a Model for Spiritual and Intervention, *Journal of Religion and Health*, 28(3).

Fitchett, G.. 1995. Linda Krauss and the Lap of God: A Spiritual Assessment Case Study, *Second Opinion*, 20(4).

후지하라 아키코(藤腹明; Fujihara Akiko). 2000. 『불교와 간호 - 우파스나 : 곁에 서다』, 東京 : 三輪書店.

후카야 미에(深谷美枝)・시바타 미노루(柴田實). 2012. 「영적케어와 도우미의 종교성에 대한 실증적 연구」, 『메이지가쿠인대학 사회학부 부설연구소 연보』, 42.

이마이 마사하루(今井雅晴). 1984. 「중세의 진승(陣僧)의 계보」, 『인문학과논총』 17.

Jacobs, S. C., Hansen, F., Kasl, S., Ostfeld, A., Berkman, L., & Kim, K.. 1990. Anxiety disorders in acute bereavement: Risk and risk factors, *Journal of Clinical Psychiatry*, 51.

카미야 아야코(神谷綾子). 2000. 「第10章 영적케어라는 것」, 칼 베커 편저, 『생과 사의 케어를 생각하다』, 京都 : 法藏館.

가네다 타이오(金田諦應). 2021. 『동일본대지진 : 3.11생과 사의 사이에서』, 東京 : 春秋社.

앨런 클레히어(Allan Kllehear) 著, 다케노우치 호이로부미(竹之內裕文)·훗타 사토코(堀田聰子) 監譯. 2022.『컴패션 도시 : 공중보건과 말기 케어의 융합』, 東京 : 게이오주쿠대학출판회(Allan Kllehear. 2005. Comappsionate Cities: Public Health and End-of-Life Care, New York: Routledge).

기무라 노부카즈(木村信一). 1970.「우리나라 최초 개신교 교회에 대하여」,『모모야마가 쿠인대학 크리스트교 논집』6.

Klass, D.. 1996. Grief in an Eastern Culture: Japanese Ancestor Worship. in Klass, D., Silverman P.R., & Nickman S.L. eds., *Continuing Bonds: New Understandings of Grief*. New York: Routledge.

Koenig, Harold G.. 2008. *Medicine, Religion, and Health: Where Science and Spirituality Meet*, PA: Templeton Foundation Press.

구보데라 토시유키(窪寺俊之). 2017.『영적케어연구 : 기초의 구축에서 실천으로』, 아게오시(上尾) : 세이가쿠인대학출판회.

구로카와 토모부미(黑川知文). 2004.「일본에서 크리스트쿄 선교의 역사적고찰 Ⅲ」, 『아이치교육대학연구보고』53(인문·사회과학편).

Li, J., Precht, D. H., Mortensen, PO. B., & Olsen, J.. 2003. Mortality in parents after death of a child in Denmark: A nationwide follow-up study, *Lancet*, 361(9355).

무라타 히사유키(村田久行). 2011.「말기 암환자의 영적 고통과 그 케어」,『일본통증클리 닉학회지』18(1).

Murphy, S. A., Johnson, L. C., Chung, I. J., 6 Beaton, R. D.. 2003. The prevalence of PTSD following the violent death of a child and predictors of changes 5 year later, *Journal of Traumatic Stress* 16(1).

오가와라 마사미치(小川原正道). 2012.「근대 일본에 있어서 전쟁과 종교 - 불교계의 관점에서」 종교정보센터 기고칼럼, http://www.circam.jp/columns/detail/ id=3276(2021.2.26. 열람).

오시타 다이엔(大下大圓). 2005.『치유되고 치유되는 영적 케어 - 의료·복지·교육에 활용하는 불교의 마음』, 東京 : 医学書院.

오야마 신이치(大山眞一). 2010.「중세무사와 일편(一遍)·시중(時衆)의 주변」,『종교연 구』83(4).

Parkes, C. M.. 1964. The effects of bereavement on physical and mental health: A study of the medical records of widows, *British Medical Journal*, 2.

Rodgers R.F. & DuBois R.H.. 2018. Grief Reactions: A Sociocultural Approach. in Bui, E. ed., *Clinical Handbook of Bereavement and Grief Reactions*. Chum: Humana Press.

사카구치 유키히로(坂口幸弘). 2010.『비탄학(悲嘆學) 입문 - 사별의 슬픔을 배우다』, 京都 : 昭和堂.

시게타 신지(繁田真爾). 2019. 『'악(惡)'과 통치의 일본근대-도덕·종교·감옥 교회(教誨)』, 京都:法蔵館.

Stroebe, M. & Stroebe, W.. 2003. The mortality of bereavement: A review, in M. S. Stroebe, W. Stroebe, & R. O. Hansson eds., *Handbook of Bereavement: Theory, Research, and Intervention*. New York: Cambridge University Press.

Shuchter S.R. & Zisook S.. 2003. The course of normal grief. in Stroebe, M.S., Stroebe, W., & Hansson, R.O. eds., *Handbook of Bereavement: Theory, Research, and Intervention*. New York: Cambridge University Press.

다니구치 테루소(谷口照三). 2015. 「모모야마가쿠인 대학에 있어 '건학정신'과 교육연구-「크리스도교 정신」으로의 회귀동향과 앞으로의 과제」, 41(2).

다니야마 요조(谷山洋三). 2014. 「영적 케어의 담당자로서의 종교인: 비하라 승(Vihara 僧)과 임상종교사」, 가마타 도지(鎌田東二) 編, 『강좌영성학1 영적 케어』, being·net·press.

─────. 2016. 『의료인와 종교인을 위한 영적 케어 임상종교사의 관점에서』, 東京:中外醫學社.

다니야마 요조(谷山洋三). 2020. 「민간신앙에 뿌리를 둔 슬픔 케어의 가능성」, 『그리프&빌리브먼트 연구』 創刊号.

다니야마 요조(谷山洋三)·야마모토 카요코(山本佳世子)·미로타 다카후미(森田敬史)·시바타 미노루(柴田實)·가사이 켄타(葛西賢太)·우치모토 코유(打本弘祐). 2020. 「의료시설의 종교적 배경과 종교인의 활동 형태: 질문지에 의한 실태조사」, 『도호쿠종교학』 16.

세계보건기구WHO편, 다케다 후미카즈(武田文和) 역. 1993. 『암의 통증으로부터의 해방과 완화 케어-암환자의 생명에 대한 좋은 지원을 위하여』, 東京:金原出版(WHO Expert Committee. 1990. *Cancer pain relief and palliative care*, World Health Organization Technical Report Series 804, Geneva: World Health Organization.)

Zisook, S.. 2000. Understanding and managing bereavement in palliative care, in H. M. Chochinov, & W. Breitbart eds., *Handbook of psychiatry in palliative medicine*, New York: Oxford University Press.

□ 웰다잉(Well-dying), 초고령사회를 맞는 한국 사회복지의 새로운 패러다임 _ 김진욱

김미옥. 2017. 「사회복지학에서의 죽음에 관한 응시와 성찰」, 『한국사회복지질적연구』 9(1).

김미혜, 권금주, 임연옥. 2004. 「노인이 인지하는 '좋은 죽음' 의미 연구」, 『한국사회복지

학』 56(2).

김진욱, 임현, 최영준, 권진. 2021. 『행복의 정치-헌법 제 10조 시대를 위한 구상』, 서울: 경인문화사.

박중철. 2022. 『나는 친절한 죽음을 원한다』, 서울: 홍익출판미디어그룹.

신양준, 김진희, 김희년, 신영전. 2023. 「호스피스·완화의료 이용자의 삶과 죽음의 질에 영향을 미치는 요인에 대한 체계적 문헌고찰」, 『보건사회연구』 43(3).

유용식. 2017. 「사별한 노인이 인식하는 좋은 죽음에 관한 현상학적 연구」, 『한국지역사회복지학』 62.

이태수. 2022. 「문재인 정부 복지정책의 평가와 과제」, 문재인 정부 5년 평가와 과제. 소득주도성장특별위원회.

장경은. 2010. 「빈곤여성노인들은 어떻게 죽음을 인식하고 준비하고 있을까?」, 『한국사회복지학』 62(4).

차유림. 2022. 「죽음을 접하는 사회복지사에 대한 연구 동향 분석」, 『사회과학연구』 7(2).

Miyashita, M., Morita, T., Sato, K., Hirai, K., Shima, Y., & Uchitomi, Y.. 2008. Good death inventory: a measure for evaluating good death from the bereaved family member's perspective. Journal of pain and symptom management, 35(5).

OECD. 2021. OECD Health Statistics.

Patrick, D. L., Engelberg, R. A. & Curtis, J. R.. 2001. Evaluating the quality of dying and death. Journal of pain and symptom management, 22(3).

Pierson, C.. 2006. Beyond the Welfare State?. The Pennsylvania State University Press.

The Economist. The 2015 Quality of Death Index.

집필진 소개

〈저자〉

가마타 도지 (교토대학 명예교수) 〈종교학〉

다니야마 요조 (도호쿠대학 대학원 문학연구과 교수) 〈실천사생학〉

사사키 슌스케 (도호쿠대학 대학원 문학연구과 연구조수) 〈일본사상사〉

도미자와 기미코 (리쓰메이칸대학 기누가사 종합연구기구 객원연구원) 〈新노
년학〉

가타오카 류 (도호쿠대학 대학원 문학연구과 교수) 〈일본사상사〉

김용해 (서강대학교 신학대학원 교수) 〈인간학〉

이진현 (서강대학교 신학대학원 교수) 〈교회사〉

홍경자 (서강대학교 신학대학원 교수) 〈철학상담〉

강선경 (서강대학교 신학대학원 교수) 〈사회복지임상〉 & 토론자

김진욱 (서강대학교 신학대학원 교수) 〈사회복지정책〉

〈논평자〉

다카하시 하라 (도호쿠대학 대학원 문학연구과 교수) 〈종교학〉

이인자 (도호쿠대학 대학원 교육학연구과 준교수) 〈인류학〉

다나카 유키 (도쿄대학 동양문화연구소 준교수) 〈중국사상〉

이시가미 린타로 (이시가미 법률사무소 소장(변호사), 메이지대학 전문직대학
원 글로벌비즈니스연구과 겸임강사) 〈법학〉

우노 아카리 (도호쿠대학 스마트에이징 학제중점연구센터 조교) 〈임상심리학〉

박병준 (서강대학교 신학대학원 교수) 〈철학상담〉

차명희 (서강대학교 연구교수) 〈사회복지임상 & 통역사〉

이규성 (서강대학교 신학대학원 교수) 〈교의신학〉

찾아보기

[ㄱ]

가가와 도요히코 209
가브리엘 마르셀 172
가이바라 에키켄 25
간병인 277
간호 262
간호사 210
감사 성향 66
감사일기 70, 71
개방성 119
건강보험제도 88
경로사상 46
고독 48
고독사 106
고령자 97
고령화 50, 106
고통 189, 196, 199, 219
고해성사 285
고향 164, 165
공동체적 케어 221
공포 128
교도권 287
교탄고시 99
구원 295
구회일처 160, 161
국민연금 226
국민기초생활보장법 228
귀유광 28
그리스도교 218, 293

그리스도교 인본주의 291
기도 285
기초연금 228

[ㄴ]

낙(樂) 40, 42
낯선 나 159
내담자 128, 131
네오 지론톨로지 80
노년 82, 90, 92, 99, 125
노년기 영성 57
노년적 초월 81, 90, 92
노인 47, 75, 112
노인 돌봄 226
노인빈곤율 226
노인센터 75
노인 인구 증가 70
노인 차별 68
노인 혐오 110, 112, 126
노화 52
노후 난민 106
노후 파산 106
늙음 24, 40, 43, 45, 47
늙음의 가치 82

[ㄷ]

다의성 183
다이몬 184, 185
다정함 291
당혹감 182, 183
데스먼드 178, 179, 192
돌봄 262
돌봄 부담 231

동반 봉사자 277
두려움 111, 124

[ㄹ]

『라쿤』 34, 35
라하브 113

[ㅁ]

명상 70, 71
명상 상담 66
모리사키 가즈에 134, 136, 138, 141, 143,
    147, 148, 159
목표는 100세 91, 98
몰아적 행복 184
문화자본 101

[ㅂ]

반복적인 한국 여행 150
복지국가 227
분별력 291
빈곤율 237

[ㅅ]

사이론 177, 179, 192
사이 존재 120
사전연명의료의향제도 235
사회관계자본 101
사회복지사 233
사회복지 실천 59, 71
사회복지학 230
사회사업교육위원회(CSWE) 61

사회참여 68
사후적 생명 186, 188
삶의 영역 163, 164
삶의 적응 163, 166
삶의 전환점 163, 164
삼위일체론 220
상담자 128
생명 137, 181
『생명의 귀향』 255
『생명의 민낯』 144, 153
생명의 완성 182
생산적 노화 54
생존본능 189
『서클무라』 141
『선생복종정로』 296
선종 295
『선종봉사지침』 271, 272, 276, 277, 292,
    294, 296, 298
설문조사 92
성공적 노화 54
성전 287
세계관 해석 113, 115, 116, 124, 128
소득 차이 237
슬픔 케어 211, 213, 215, 217, 256, 257
『슬픔과 케어의 신화론』 255
슬픔 치료 257
신심 285
신적 위격 221
신중함 291
심층 면담 56

[ㅇ]

아마노 마사코 23, 82, 83, 86, 97
아마미 군도 85

아마미 초고령자 92
아이는 지역의 보물 98
안락사 199
애정 291
에도시대 20
에로스 145
에키켄 31, 33, 35, 44
연금제도 88
연명치료 231
영성 57, 58, 59, 60, 62, 65, 69, 70, 71, 73,
　　77, 118
영성 수련 65
영성적 담화 220
영성체 285
영성치료사 211
영적 고통 205
영적 케어 204, 205, 207, 217
예수 그리스도 219
예수회 298
예수회 임종사목 272
오복 230
요가 65, 70, 71
원예치료 69
원초적 혐오 108
월례 참배 214
웰다잉 108, 127, 236, 243, 266
웰에이징 47, 51, 52, 53, 55, 108, 127, 216,
　　243
웰에이징 척도 개발 연구 56
웰에이징 프로그램 63, 66, 67
위장된 평화 121
「의료, 돌봄 등 지역돌봄 통합지원에 관한
　　법률」 100
이냐시오 273, 274, 275
이데올로기 112

이율배반의 구조 123
이타적 삶 180
인격적인 케어 221
인간 정신 117
인구 고령화 106, 225
인본주의적 영성 294
일본 73
임상목회교육 211
임상 종교사 208
임상종교사 210, 211
임종 202, 276, 295
임종 봉사자 277, 278, 290
임종자 277, 279, 281

[ㅈ]

자급자족 경제 87
자기결정권 235
자기 되어감 178, 193
자기변형 122, 123
자기애적 주권 187
자기 초월 122
자기혐오 112
자기화 186
자기효능감 59
자살 197, 212, 213, 233
자아 196
자애적 삶 180
자연자본 101
자원봉사 활동 참여 68
장소의 의지 97
장수 20, 46, 98
장수의 저주 226
장수 축하 21, 22, 44, 47
장수 축하설 29, 30

장수 축하 풍습 21, 45
젊음 23
존엄성 236
존엄한 죽음 236
존재감 96
『존재와 사이』 192
존재의 생존본능 179
존재의 수동성 179
종교 62, 214, 262
종교인 210
종교적 케어 204, 205, 207, 217
종합사회복지관 75
좋은 죽음 125, 232
주택 임종 230
죽음 110, 127, 128, 172, 173, 174, 182,
　　196, 219, 230, 261, 295
죽음의 질 234, 235, 237
즐거움 41, 42
지역사회 99
지족안분 36

[ㅊ]

채플린 208, 209, 217
천주교 270
철학 상담 114, 116, 127
초고령사회 76, 225, 233
초고령 시대 74, 106
초고령자 84, 88
초관점적 접근 61
초월경험 175
초월성 117, 119
초월신학 177
초월체험 176
치료적 개입 72

[ㅋ]

커뮤니티 80, 82, 84, 88, 97, 98
컴패션 시티 203, 217
컴패션 커뮤니티 203, 216, 217
케어 215, 217
QOL(Quality of Life) 247

[ㅌ]

타임 퍼포먼스 44
타자성 180, 193
터미널 케어 203
톤스탐 81
투사적 혐오 108, 109
트랜스 소피아 119, 120, 127

[ㅍ]

평균 수명 224
폴랑코 281, 282, 283, 285, 289, 290
풍요로움 96

[ㅎ]

한국 복지국가 228
행복 184, 229
행복감 84, 98
혐오 108, 109, 110, 111
혐오감 127
호모 헌드레드 106
활동적 노화 54
회상 69